Das deutsche und italienische internationale Kindschaftsrecht
im Rechtsvergleich

Internationalrechtliche Studien

Beiträge zum Internationalen Privatrecht,
zum Einheitsrecht und zur Rechtsvergleichung

Herausgegeben von Ulrich Magnus

Band 30

PETER LANG

Frankfurt am Main · Berlin · Bern · Bruxelles · New York · Oxford · Wien

Irene von der Heyde

Das deutsche und italienische internationale Kindschaftsrecht im Rechtsvergleich

Favor filii oder favor filiationis?

PETER LANG
Europäischer Verlag der Wissenschaften

Bibliografische Information Der Deutschen Bibliothek
Die Deutsche Bibliothek verzeichnet diese Publikation in der Deutschen Nationalbibliografie; detaillierte bibliografische Daten sind im Internet über <http://dnb.ddb.de> abrufbar.

Zugl.: Hamburg, Univ., Diss., 2003

D 18
ISSN 0947-0395
ISBN 3-631-50910-3

www.peterlang.de

Meinen Eltern

Vorwort

Diese Arbeit ist vom Fachbereich Rechtswissenschaft der Universität Hamburg als Dissertation im WS 2003/04 angenommen worden.

Angeregt durch meine Anwaltstätigkeit in Palermo, konnte ich dieses Thema während meiner Tätigkeit als wissenschaftliche Mitarbeiterin im Italienreferat am Max-Planck-Institut für ausländisches und internationales Privatrecht in Hamburg vertiefen.

Ich danke Prof. Dr. Ulrich Magnus für seine freundliche Betreuung und Prof. Dr. Fritz Haag für die Erstellung des Zweitgutachtens. Zahlreiche Anregungen und Hinweise für meine Arbeit verdanke ich Prof. Dr. Erik Jayme von der Universität Heidelberg, Avvacoto Filippo Tortorici, Prof. Dr. Paolo Picone von der Sapienza in Rom, Prof. Dr. Kurt Siehr von der Universität Zürich, Jürgen Thieme vom Max-Planck-Institut, sowie dem italienischen Generalkonsulat Hamburg. Schließlich danke ich meinem Mann, Thomas von Hippel, ohne den ich diese Arbeit nicht vollendet hätte.

Hamburg, Januar 2004

Irene von der Heyde

INHALTSVERZEICHNIS

VIERTER ABSCHNITT: ANWENDUNGSFÄLLE

ZWEITER TEIL: RECHTSVERGLEICH

ABKÜRZUNGSVERZEICHNIS

a.A.	anderer Ansicht
ABl. EG	Amtsblatt der Europäischen Gemeinschaft
AcP	Archiv für die civilistische Praxis
aF	alte Fassung
AG	Amtsgericht
Anm.	Anmerkung
App	Corte d'Appello
Art(t).	Artikel
att.	disposizioni di attuazione del codice civile
Aufl.	Auflage
BayObLG	Bayerisches Oberstes Landesgericht
BayObLGZ	Entscheidungen des Bayerischen Obersten Landesgerichts in Zivilsachen
Bd.	Band
BGBl.	Bundesgesetzblatt
BGH	Bundesgerichtshof
BGHZ	Entscheidungen des Bundesgerichtshofes in Zivilsachen
BT-Drucks.	Bundestags-Drucksache
BVerfG	Bundesverfassungsgericht
BVerfGE	Entscheidungen des Bundesverfassungsgerichts
BVerwG	Bundesverwaltungsgericht
CC	Codice Civile
CPC	Codice di Procedura Civile
Cost.	Corte Costitutionale; Costitutione
DAVorm	Der Amtsvormund
decr.	decreto
DEuFamR	Das europäische Familienrecht
Dir. fam.	Diritto famiglia
disp. prel. CC,	disposizioni preliminari di Codice Civile
DnotZ	Deutsche Notarzeitschrift
DZWiR	Deutsche Zeitschrift für Wirtschaftsrecht
EGBGB	Einführungsgesetz zum Bürgerlichen Gesetzbuch

FamRZ	Zeitschrift für Familienrecht
ff.	folgende
FGG	Gesetz zur Freiwilligen Gerichtsbarkeit
Fn.	Fußnote
Foro it.	Foro italiano
FS	Festschrift
FuR	Familie und Recht
G.U.	Gazzetta Ufficale
G.U. Ser. gen.	Gazzetta Ufficale Serie generale
GdS	Gedächtnisschrift
Giur.it.	Giurisprudenza italiana
Giust. civ.	Giurisprudenza civile
Hdb. IZVR	Handbuch des internationalen Zivilverfahrensrechts
Hrsg.	Herausgeber
i.d. Fassg.	in der Fassung
Int. FamR	Internationales Familienrecht
IPR	Internationales Privatrecht
IPRax	Praxis des Internationalen Privat- und Verfahrensrechts
IPRspr.	Rechtsprechung zum Internationalen Privatrecht
JR	Juristische Rundschau
Jura	Jura
JZ	Juristenzeitung
krit.	kritisch
KSÜ	Haager Kindesschutzübereinkommen
LG	Landgericht
MSA	Haager Minderjährigenschutzabkommen
nF	neue Fassung
NGCC	Nuova Giurisprudenza Civile Commentata
NJW	Neue Juristische Wochenzeitschrift
NJW-FER	
NLCC	Nuova Legge Civile Commentata
Nr.	Nummer
OLG	Oberlandesgericht

PStG	Personenstandsgesetz
RabelsZ	Rabels Zeitschrift für ausländisches und internationales Privatrecht
RDI	Rivista di diritto internazionale
RDIPP	Rivista di diritto internazionale privato e processuale
Rep. Foro it.	Repertorium del Foro italiano
Revue critiqued. i. p.	Revue critique du droit international privé
Riv.dir.civ.	Rivista di diritto civile
RIW	Recht der internationalen Wirtschaft
Rn.	Randnote
RPfleger	Der Rechtspfleger
RuStAG	Reichs- und Staatsangehörigkeitsgesetz
S.	Seite
ss.	seguenti
StAZ	Das Standesamt
Suppl. ord.	Supplemento ordinario
Trib.	Tribunale
VE	Vorentwurf
Vgl.	Vergleiche
Vorb.	Vorbemerkung
z.B.	zum Beispiel
ZfJ	Zeitschrift für Jugendrecht
ZfRV	Zeitschrift für Rechtsvergleichung
ZVglRwiss	Zeitschrift für vergleichende Rechtswissenschaft
ZZP	Zeitschrift für Zivilprozeß

§ 1 Einführung

Rechtspolitische Entwicklungen in den letzten Jahrzehnten haben das Bedürfnis nach Reformen im internationalen Recht hervorgerufen. Emigration und das Problem der Integration von Ausländern haben das Bedürfnis nach Reformen im internationalen Recht deutlich werden lassen. Neben diesen Veränderungen im Makrokosmos, hat sich auch im Mikrokosmos der Familie ein Umdenken vollzogen, indem die Interessen des Kindes stärker in den dem Mittelpunkt rücken. Dies hat weltweit zu Reformen im nationalen und internationalen Kindschaftsrecht geführt. Insbesondere in Euiropa bleibt im internationalen Kindschaftsrecht bleibt kein Stein auf dem anderen. Tiefgreifende und umfassende Studien zu Reform und Wandel auf dem Gebiet des nationalen und internationalen Kindschaftsrechts in verschiedenen Ländern betonen die Notwendigkeit von Reformen und neuen Akzenten auch im deutschen internationalen Kindschaftsrecht[1]. Hier stellt sich die Frage, inwieweit das rechtspolitische Bedürfnis nach Integration mit den Interessen des Kindes harmoniert und somit in die Reform des deutschen internationalen Kindschaftsrechts einfließen oder sie sogar entscheidend bestimmen sollte.

Diese Frage wird exemplarisch anhand der jüngsten Reformen des deutschen und italienischen internationalen Kindschaftsrecht untersucht werden. Dabei betont das italienische auf den ersten Blick stärker die kulturelle Identität des Kindes, indem primär an sein Heimatrecht angeknüpft wird, während das deutsche durch eine primäre Anknüpfung an den gewöhnlichen Aufenthalt des Kindes stärker das Bedürfnis nach Integration hervorhebt. Ferner lassen sich Unterschiede darin erkennen, ob stärker die Favorisierung der ehelichen Kindschaft (favor filiationis) oder unabhängig davon das Kindeswohl (favor filii) die Anknüpfung bestimmt. Damit stellt sich zunächst die Frage nach der Auslegung und dem Verständnis des Kindeswohls im internationalen Kontext. Internationale Staatsverträge zum Unterhalt, zur Adoption und zur Kindesentführung[2] haben grundsätzliche Fragen zur Gleichstellung ehelicher, nichtehelicher und legitimierter Kinder, zum Kindeswohl und zur Parität der Elternrechte und -pflichten aufgeworfen. Der Trend geht in die Richtung, die Interessen des Kindes und das Kindeswohl stärker zu betonen, und eheliche und nichteheliche Kinder gleichzustellen[3]. Insbesondere wird in Anlehnung an Art. 7 UN-Kinderrechtskonvention das Recht auf beide Eltern hervorgehoben[4].

---

1 *Schwab/Henrich (Hrsg.)*, Entwicklungen im europäischen Kindschaftsrecht (1996); *Thieme*, Kindschaftsrecht im Wandel (1994), 183-296; *Verschraegen (Hrsg.)*, Gleichheit im Familienrecht (1997).

2 Siehe näher unter § 10.

3 *Clerici*, 103 (122); *Menegazzi Munari*, Dir. fam. 1998, 1220 (1222); *Munari*, Jahrbuch für italienisches Recht 9 (1996), 37ff.

4 UN-Konvention zum Schutz des Kindes vom 20.11.1989 (BGBl. 1992 II 121).

Diese Tendenzen haben sowohl in der Reform des italienischen internationalen Privatrechts von 1995[5] als auch in der deutschen Reform des materiellen und internationalen Kindschaftsrechts von 1998 ihren Niederschlag gefunden[6]. Das Kind, dessen Interessen vorrangig betroffen sind, bestimmt die kollisionsrechtliche Anknüpfung. Beide Reformen der Kollisionsrechte sind stark von dem Gedanken der Gleichstellung nichtehelicher, ehelicher und legitimierter Kinder geprägt[7]. Damit orientieren sich die Reformen an den zahlreichen, speziell im Kindschaftsrecht wichtigen Staatsverträgen, deren Vorrang in beiden Rechtsordnungen verankert ist (Art. 3 II EGBGB, Art. 2 I IPRG)[8].

Das italienische Kollisionsrecht folgt überwiegend dem Staatsangehörigkeitsprinzip, welches seit *Mancini* in Italien auf eine lange Tradition zurückblickt[9], während das deutsche IPR vom Aufenthaltsprinzip ausgeht, das schon bei *Savigny* seine Vorlage findet[10].

Das italienische Recht gibt den Vorrang der Anknüpfung an die Staatsangehörigkeit des Vaters zugunsten einer Anknüpfung an die Staatsangehörigkeit des Kindes auf. Die grundsätzlich für eheliche und nichteheliche Kinder einheitliche Anknüpfung zur Abstammung an die Staatsangehörigkeit des Kindes (Art. 33 I IPRG) wird ferner durch alternative Anknüpfungen ergänzt, die nach wie vor die eheliche Abstammung favorisieren. Ferner wird die eheliche Abstammung dadurch begünstigt, daß der in Italien neu eingeführte Renvoi nur eingreift, wenn er die eheliche Abstammung favorisiert (Art. 13 III IPRG).

Das deutsche IPR verwendet einheitlich für eheliche und nichteheliche Kinder primär zur Anknüpfung das Aufenthaltsprinzip und wendet sich ab von der

---

5 Gesetz vom 31.5.1995 Nr. 218 (Riforma del sistema di diritto internazionale privato) G.U. Ser.gen. 3.6.1995 Nr. 128, Suppl. ord. Nr.68, abgedruckt in RDIPP 31 (1995) 511 = RDI 78 (1995) 857 = Dir. fam. 24 (1995) 1284; *Picone/Focarelli*, Codice del diritto internazionale privato, 1996, S. 3 ff; deutsche Übersetzung (von *Jayme/Siehr/Kronke*) in: IPRax 1996, 356; dazu: *Ballarino*: Diritto internazionale privato, 2. aktualisierte Aufl. zu Gesetz 218/1995 (1996); *Boschiero*, Appunti sulla riforma del sistema italiano di diritto internazionale privato (1996); *Menegazzi Munari*, Dir. fam. 1998, 1220 (1222); *Mosconi*, Diritto internazionale privato e processuale, Parte generale e Contratti (1996); *Picone*, RDI 79 (1996) 289ff.; *ders.*, RDI 80 (1997) 277ff.; in deutscher Sprache bislang: *Clerici*, Länderbericht Italien, in: *Verschraegen (Hrsg.)* Gleichheit im Familienrecht, 103ff.; *Pesce*, RIW 1995, 977ff.; *Gebauer*, Jahrbuch für italienisches Recht 9 (1996), 61ff.; *Walter*, ZZP 109 (1996) 3ff.; *Kindler*, RabelsZ 61 (1997), 227ff.

6 BT-Drucks. 13/4899; BVerfGE 84, 168 (185f.); *Büscher*, 49 (55-57); *Henrich*, FamRZ 1998, 1401ff.

7 *Büscher*, 49 (55-57); *Clerici*, 103 (122).

8 Siehe näher unten § 10.

9 *Jayme*, Internationales Privatrecht zwischen Risorgimento und praktischer Jurisprudenz, Ebelsbach 1980; *ders.*, Nation und Staat im Internationalen Privatrecht, 3 (6f.).

10 *Staudinger/Kropholler*, 13. Bearb. Vorb. Art. 20 EGBGB aF Rn. 106; *Kropholler*, IPR, 263ff.

Anknüpfung an die Staatsangehörigkeit der Mutter bei nichtehelichen Kindern. Diese Abkehr vom Staatsangehörigkeitsprinzip orientiert sich an den Wertungen der Haager Unterhaltsabkommen, die an den gewöhnlichen Aufenthalt des Kindes anknüpfen[11].

Beide Kollisionsrechte sehen neben der Anknüpfung an die Person des Kindes alternative Anknüpfungen vor[12]. Dabei stehen mehrere Rechtsordnungen zur Anknüpfung gleichwertig nebeneinander[13]. Die Auswahl der anwendbaren Rechte soll sich danach richten, welches Sachrecht die Interessen des Kindes begünstigt[14]. Einigkeit besteht in beiden Rechtsordnungen darüber, daß dieses Ziel besser durch eine Anknüpfung an das Kind als an die eines Elternteils erreicht wird[15]. Sowohl die italienische Anknüpfung an die Staatsangehörigkeit des Kindes als auch die deutsche Anknüpfung an den gewöhnlichen Aufenthalt des Kindes bezwecken dies. Ferner beabsichtigt die alternative Anknüpfung eine Gleichstellung ehelicher und nichtehelicher Kinder. Es soll an das günstigste Recht angeknüpft werden, um ihnen einen optimalen Status zu garantieren[16]. Inwieweit auch rechtspolitsche Interessen bei der Anknüpfung eine Rolle spielen wird ebenfalls im folgenden untersucht werden.

Die vorliegende Arbeit stellt die beiden Reformen rechtsvergleichend dar unter dem Aspekt, welche Rechtsordnung den Interessen des Kindes am besten gerecht wird. Da die italienische Reform ferner das italienische internationale Zivilverfahrensrecht reformiert, wird aus aktuellem Anlaß auch rechtsvergleichend auf das internationale Zivilverfahrensrecht eingegangen. Die alternative Anknüpfung stellt das Kindeswohl in den Mittelpunkt. Das Verständnis des Kindeswohls scheint in beiden Kollisionsrechten zu divergieren. Dabei stellt sich die Frage, welche Lösungen beide Rechtsordnungen im Interesse des Kindes anbieten und welches die optimale Regelung im Interesse des Kindes ist. Durch die alternative Anknüpfung gehen Wertungen des materiellen Kindschaftsrechts in das internationale Kindschaftsrecht ein, so daß auch das deutsche und italienische materielle Kindschaftsrecht in die Rechtsvergleichung miteinbezogen wird. Besonderes Interesse gilt dabei der Polarisierung von einheitlicher Kindschaft im deutschen materiellen Rechts und gespaltener Kindschaft im italienischen materiellen Recht. Kollisionsrechtlich wichtig ist die Unterscheidung zwischen Aufenthaltsprinzip im deutschen Kollisionsrecht und Staatsangehörigkeitsprinzip im italienischen Kollisionsrecht. Außerdem ist insbesondere im Rahmen der Vaterschaftsanfechtung das Spannungsfeld

---

11 Siehe näher unten § 10 II 5.
12 *Baum*, 3 ff, 52ff.; *Kropholler*, IPR, 120.
13 *Schröder*, 35.
14 *Baum*, 94 ff, 99, 152 ff; *Kropholler*, IPR, 120; *Schröder*, 35.
15 Für Deutschland *Staudinger/Kropholler*, Vorb. Art. 18 Rn. 4; für Italien *Ballarino*, 444; *Campiglio*, 123.
16 *Baum*, 154f.; *Vitta*, 89.

zwischen dem Schutz des Familienfriedens[17] und dem Recht auf Kenntnis der eigenen Herkunft[18] von Interesse.

Ziel der Arbeit ist es damit, den Begriff des Kindeswohls im internationalen Kindschaftsrecht zu klären, die Unterschiede des deutschen und italienischen Kollisionsrechts zu ermitteln und eine optimale Lösung im Interesse des Kindes zu erarbeiten. Hierbei wird sich zeigen, inwieweit die Mikrointeressen des Kindes mit den Makrointeressen nach rechtspolitischer Integration harmonieren.

---

17 BVerfG NJW 1991, 1944 = FamRZ 1991, 913 m. Anm. *Bosch*, FamRZ 1991, 1121; AG Frankfurt/Main 1997, 637; dazu *Henrich*, Entwicklungslinien, 187 (190); die Betonung des Familienfriedens findet sich in Italien insbesondere in der Rechtsprechung zur Anfechtung bei künstlicher Befruchtung vgl. Cass. 26.9.1998 Nr. 347 = Giur. it. 1999, 1138 (1140); Trib. Napoli 2.4.1997 = Dir. fam. 1997, 1279. Hier überwiegen die Kindesinteressen an einem harmonischen Aufwachsen in einer Familie gegenüber der biologisch wahren Abstammung; geschützt wird das Familienleben ferner durch Art. 8 EMRK (BGBl. 1952 II 685) vgl. Marckx v.Belgien, EGMR, EuGrZ 1979, 454 = NJW 1979, 2449 = DAVorm1980, 265 m. Anm. *Sturm*, FamRZ 1982, 1150; dazu ferner *Büscher*, 49 (62).

18 BVerfG 31.1.1989 BVerfGE 79, 256; für Italien App. Brescia 10.5.1995 = Dir. fam. 1996, 116.

2. Teil: Länderberichte

1. Abschnitt: Italien

§ 2 Materielles Kindschaftsrecht

I. Abstammung

Das materielle italienische Recht unterscheidet das Eltern-Kind-Verhältnis nach drei Kategorien: eheliche Kinder (filiazione legittima), nichteheliche (filiazione naturale) und legitimierte Kinder (filiazione legittimata). Die nichteheliche Kindschaft gliedert sich wiederum in anerkannte und nicht anerkannte nichteheliche Kindschaft.

1. Abstammung von der Mutter

Im Gegensatz zum deutschen Recht weicht das italienische Recht bei der mütterlichen Abstammung vom Grundsatz "mater semper certa est" ab und sieht zur Begründung eines Mutter-Kind-Verhältnisses bei unverheirateten Müttern eine Anerkennungserklärung der Mutter vor (Art. 250 CC)[19]. Die Anerkennungserklärung kann gemäß Art. 254 I CC[20] entweder in der Geburtsurkunde eingetragen oder in einer öffentlichen Urkunde vor dem Standesbeamten, vor dem Vormundschaftsgericht oder in testamentarischer Form abgegeben werden.

---

19 Art. 250 [Riconoscimento] Il figlio naturale può essere riconosciuto, nei modi previsti dall'articolo 254, dal padre e dalla madre, anche se già uniti in matrimonio con altra persona all'epoca del concepimento (30 III cost.). Il riconoscimento può avvenire tanto congiuntamente quanto seperatamente.
deutsch: [Anerkennung] Das uneheliche Kind kann in den in Artikel 254 vorgesehenen Formen vom Vater und von der Mutter anerkannt werden, auch wenn sie bereits zum Zeitpunkt der Empfängnis mit einer anderen Person verheiratet waren (30 III Verf.). Die Anerkennung kann gemeinsam oder durch jeden Elternteil getrennt erfolgen.

20 Art. 254 [forma del riconoscimento] (I) Il riconoscimento del figlio naturale è fatto nell'atto di nascita, oppure con un apposta dichiarazione, posteriore alla nascita o dal concepimento (1 II), davanti ad un ufficiale o in un testamento (587), qualunque sia la forma di questo.
deutsch: [Form der Anerkennung] (I) Die Anerkennung des nichtehelichen Kindes erfolgt in der Geburtsurkunde oder mit einer gesonderten Erklärung , die nach der Geburt oder nach der Empfängnis (1 II) vor einem Standesbeamten oder vor dem Vormundschaftsgericht oder in einer öffentlichen Urkunde oder in einem Testament (587 II), welche Form dies auch immer hat, abgegeben wird.

Die Frage der Mutterschaft gewinnt bei der Leihmutterschaft eine neue Bedeutung[21]. Erkennt hier die gebärende Mutter das Kind nicht an, kann es zur Adoption freigegeben werden (vgl. unten unter 4).

2. *Abstammung vom Vater*

Für die Abstammung vom Vater gilt der Grundsatz, daß der Ehemann der Mutter der Erzeuger des Kindes ist (Art. 231 CC)[22]. Ferner wird gemäß Art. 232 CC[23] die Vaterschaft des Ehemanns vermutet, wenn das Kind innerhalb von 180 Tagen nach Eheschließung oder innerhalb von 300 Tagen nach Auflösung, Nichtigerklärung, dem Erlöschen der zivilrechtlichen Wirkungen der Ehe[24] oder innerhalb von 300 Tagen nach gerichtlicher Trennung geboren wurde. In der Vaterschaftsvermutung liegt eine Begünstigung der ehelichen Abstammung, da die Empfängnis des Kindes in dem genannten Zeitraum zwar möglich, aber nicht immer wahrscheinlich ist[25].

Die Vaterschaftsvermutungen der Artt. 231 und 232 CC werden von der Rechtsprechung in der Weise ausgelegt, daß die Vaterschaft des Kindes einer verheirateten Mutter nicht schon mit der Geburt konkretisiert ist, sondern erst mit Anmeldung des Neugeborenen beim Standesamt und Eintragung einer

---

21 Da es sich hierbei um Abstammung per se handelt, dürfte diese Frage unter Art. 33 I IPRG zu subsumieren sein. Verweist das Abstammungsstatut auf italienisches Recht, richtet sich im Falle eines nichtehelichen Kindes die Anknüpfung für die Anerkennung nach Art. 35 IPRG, da das italienische Recht zwischen Anerkennungs- und Abstammungsstatut trennt. Die Vorfrage der wirksamen Ehe ist dagegen nach Art. 29 IPRG zu beurteilen.

22 Art. 231 CC [Paternità del marito] Il marito è padre del figlio concepito durante il matrimonio (232, 235).
deutsch: [Vaterschaft des Ehemannes] Der Ehemann ist Vater des während der Ehe empfangenen Kindes (232, 235).
Dieser Grundsatz gilt allerdings dann nicht mehr, wenn die Eheleute gerichtlich getrennt leben. Ist diese Trennung eingetragen, gilt ein danach geborenes Kind als nichtehelich; vgl. LG Stuttgart 7.5.1995 = StAZ 1996, 175 zum deutsch-italienischen Rechtsverkehr,.

23 Art. 232 CC [Presunzione di concepimento durante il matrimonio] Si presume concepito durante il matrimonio il figlio nato quando sono trascorsi centottanta giorni dalla celebrazione del matrimonio (107), e non sono ancora trascorsi trecento giorni (462) dalla data dell'annullamento (324 CPC), dello scioglimento (149) o della cessazione degli effetti civili del matrimonio.
La presunzione non opera decorsi trecento giorni dalla pronuncia di separazione giudiziale (151)...
deutsch: [Vermutung der Empfängnis während der Ehe] Als während der Ehe empfangen wird das Kind vermutet, das nach Ablauf von 180 Tagen ab der Eheschließung (107) und innerhalb von 300 Tagen (462) vom Tag der Nichtigerklärung (324 CPC), der Auflösung (149) oder des Erlöschens der zivilrechtlichen Wirkungen der Ehe geboren wird.
Die Vermutung gilt nicht nach Ablauf von 300 Tagen ab dem Ausspruch der gerichtlichen Trennung (151)...

24 Art. 2 Gesetz 1.2.1970 Nr. 898.

25 *Holler*, 8.

entsprechenden Erklärung in die Geburtsurkunde[26]. Die Eintragung in der Geburtsurkunde bildet den Titel, aus dem sich die Ehelichkeit ableitet[27].

Es liegt damit in der Hand der verheirateten Mutter, ob sie ihr Kind als ehelich oder nichtehelich anmeldet[28]. Im letzteren Fall fungiert die Erklärung der Mutter als ihre Anerkennung des nichtehelichen Kindes gemäß Art. 250 CC (siehe näher gleich unter 3). Der wahre Vater kann jetzt sein Kind trotz bestehender Ehe der Mutter anerkennen[29]. Der Ehemann kann diese Erklärung anfechten.

Dagegen ist keine Anerkennung des wahren Vaters möglich, wenn das Kind als eheliches oder legitimiertes Kind eingetragen worden ist (Art. 253 CC)[30]. Ausgeschlossen ist ferner eine Anerkennung von Inzestkindern (Art. 251 CC)[31].

---

26 *Trabucchi*, 295; *Rauscher*, StAZ 1985, 194 (196); Trib. Milano, Giur. it. 1986 I 2, 344 (351f.).

27 *Buono*, StAZ 1997, 201 (203).

28 *Hausmann/Trabucchi*, StAZ 1982, 93ff.

29 Während vor 1942 eine vergleichbare Regelung in Italien nicht existierte, wurde mit Einführung des Codice civile sowohl für im Ehebruch gezeugte Kinder als auch für Kinder aus Inzest die Anerkennung und Untersuchungen über die Abstammung verboten; vgl. *Thieme*, Kindschaftsrecht im Wandel, 183 (253). Die überwiegende Lehre hält diese Diskriminierung für unvereinbar mit Art. 30 I Cost., der allen Kindern das gleiche Recht auf Erziehung, Ausbildung und Unterhalt zubilligt. Deswegen wurde Art. 279 CC insoweit für verfassungswidrig erklärt, als es Kindern aus solchen Verbindungen diese Rechte vorenthielt (Cost. 8.5.1974 Nr. 121; dazu *Trabucchi*, Riv. dir. civ. 1974 II, 232); verneinend gegenüber den übrigen Tatbestandsvoraussetzugen des Art. 279 CC, Cost. 8.5.1974 Nr. 118; *Tamburrino*, 414-419; *Ferrando*, 195-202; vgl. auch die kritischen Anmerkungen von *Bianchi*, *D'Espinosa*, 36 und *Majello*, 89.

30 Art. 253 CC [Inammissibilità del riconoscimento] In nessun caso è ammesso un riconoscimento in contrasto con lo stato legittimo o legittimato in cui la persona si trova (231ss., 280).
deutsch: [Unzulässigkeit der Anerkennung] In keinem Fall ist die Anerkennung einer Person zulässig, wenn sie im Widerspruch zu deren Personenstand als legitimes oder legitimiertes Kind steht (231 ff., 280).
Hier bedarf es der vorherigen Anfechtung der Vaterschaft; vgl. Cass. 5.11.1997 Nr. 10838 = Giur. it. 1997 I 1043.

31 Art. 251 [Riconoscimento di figli incestuosi] (I) I figli nati da persone, tra le quali esiste un vincolo di parentela anche soltanto naturale (433 n. 2 e 3), in liena retta all'infinito o in linea collaterale nel secondo grado (74), ovvero un vincolo di affinità in linea retta (78), non possono essere riconosciuti dai loro genitori (278), salvo che questi al tempo del concepimento ignorassero il voncolo esistente tra di loro o che sia stato dichiarato nullo il matrimonio da cui deriva l'affinità (78 III) Quando uno solo dei genitori è stato in buona fede, il riconoscimento del figlio può essere fatto solo da lui.
deutsch: [Anerkennung von im Inzest gezeugten Kindern] Kinder, die von Personen stammen, zwischen denen ein Verwandtschaftsverhältnis, sei es auch nur ein nichteheliches (433 S. 2 und 3), in gerader Linie unbegrenzt oder in der Seitenlinie bis zum 2. Grad (74) oder eine Schwägerschaft in gerader Linie (78) besteht, können von ihren Eltern nicht anerkannt werden (278), es sei denn, sie kannten zum Zeitpunkt der Empfängnis das Verwandtschaftsverhältnis nicht, oder die Ehe, aus der sich die Schwägerschaft

3. Anerkennung nichtehelicher Kinder

Die Rechtsbeziehung eines nichtehelichen Kindes zu seinen Eltern entsteht nicht mit der Geburt. Vielmehr wird dieser Status erst durch die Anerkennung der Mutter oder/und des Vaters gemäß Art. 250 CC begründet. Durch die Anerkennung übernimmt ein Elternteil gegenüber dem nichtehelichen Kind die gleichen Rechte und Pflichten wie gegenüber einem ehelichen Kind[32].

4. Nicht anerkannte nichteheliche Kinder

Das Gesetz verpflichtet weder den Vater noch die Mutter zur Anerkennung nichtehelicher Kinder. Bei fehlender Anerkennung werden die Kinder unter Vormundschaft (tutela) gestellt[33] und unverzüglich zur Adoption freigegeben. Wenn das Gericht die Adoptionsfähigkeit erklärt hat und eine vorläufige Übertragung der elterlichen Sorge (affidamento preadottivo) erfolgt ist, entfaltet eine spätere Anerkennung der leiblichen Eltern keine rechtlichen Wirkungen mehr. Diese Regelung dient dem Kindeswohl, da das Kind bei bereits erfolgter Integration nicht mehr aus der gewohnten Umgebung gerissen werden soll.

5. Nicht anerkennbare Kinder

Während mit der ersten Reform des Ehe- und Familienrechts von 1975 das Verbot für die Anerkennung und Vaterschaftsfeststellung von Ehebruchskinder aufgehoben wurde, gilt es weiterhin für Inzestkinder[34], (Art. 251 CC), es sei denn, die Eltern waren zum Zeitpunkt der Anerkennung gutgläubig[35]. Für diese Kinder tritt sofort eine Amtspflegschaft ein[36].

---

ableitet, wurde für nichtig erklärt (78 III). War nur ein Elternteil guten Glaubens, so kann die Anerkennung des Kindes nur durch ihn erfolgen (128 III).

32 Der Unterhalt wird wie bei ehelichen Kindern gemäß Art. 261 CC i.V.m. Art. 147 CC bzw. Art. 433 Nr. 3 CC geregelt, die elterliche Sorge gemäß Art. 317 bis CC, welcher ein gemeinsames Sorgerecht auch für nichteheliche Kinder vorsieht, vgl. dazu *Thieme*, Kindschaftsrecht im Wandel, 183 (216). Auch erbrechtlich stehen eheliche und nichteheliche Kinder gleich, ausnahmsweise ist aber eine Abgeltung des Erbanspruchs des nichtehelichen Kindes möglich, vgl. *Kindler*, § 18 Rn. 3. Unterschiede ergeben sich dagegen bei der Namensführung, da das Kind den Namen desjenigen trägt, der es zuerst anerkannt hat (Art. 262 CC); siehe auch AG Rottweil, IPRax 1993, 110.

33 *Thieme*, Kindschaftsrecht im Wandel, 183 (265).

34 *Thieme*, Kindschaftsrecht im Wandel, 183 (265f.), zu den Rechten dieser Kinder auf Unterhalt vgl. *Cian/Trabucchi/Cospite* Art. 279 CC Anm. III 3; *Tamburrino*, 431ff.

35 Ein berühmtes Beispiel hierfür ist Papst Gregor, dessen inzestuöse Abstammung als Vorlage für den Roman von *Thomas Mann* "Der Erwählte" diente.

36 *Thieme*, Kindschaftsrecht im Wandel, 183 (262, 265).

6. Feststellung der Abstammung

Das italienische Recht kennt zwei Feststellungsklagen. In der Praxis selten ist die Feststellung der ehelichen Abstammung (Art. 249 CC)[37] entgegen einer falschen oder fehlenden Eintragung in der Geburtsurkunde. In der Praxis häufiger ist dagegen die gerichtliche Feststellung der Vaterschaft gemäß Art. 269 CC[38]. Die gerichtliche Feststellung wirkt wie eine Anerkennung (Art. 277 CC)[39]. Sie kann nicht im Widerspruch zu einer wirksamen Statuseintragung erfolgen (Art. 253 CC).

7. Legitimation

Ferner regelt Art. 280 CC[40] die Legitimation durch nachfolgende Ehe oder in sonstiger Weise[41]. Durch die Legitimation erhält das Kind den Status eines ehelichen Kindes[42].

---

37 Art. 249 [Reclamo della legittimità] (I) L'azione per reclamare lo stato legittimo spetta al figlio...

(II) L'azione è imprescrivibile riguardo al figlio (2934 II).

deutsch: [Feststellung der Ehelichkeit] (I) Die Klage auf Feststellung der Ehelichkeit steht dem Kind zu, ...

(II) Der Klageanspruch ist für das Kind unverjährbar (2934 II).

38 Art. 269 [Dichiarazione giudiziale di paternità e maternità] (I) La paternità e la maternità possono essere giudizialmente dichiarate nei casi in cui il riconoscimento è ammesso (250ss., 253).

deutsch: [Gerichtliche Feststellung der Vaterschaft und Mutterschaft] (I) Die uneheliche Vaterschaft kann in den Fällen, in denen die Anerkennung zulässig ist, gerichtlich festgestellt werden (250ff., 253).

39 Art. 277 [Effetti della sentenza] (I) La sentenza che dichiara la filiazione naturale produce gli effetti del riconoscimento (258ss.).

deutsch: [Wirkungen des Urteils] (I) Das Urteil, das die uneheliche Abstammung feststellt, hat die Wirkungen der Anerkennung (258ff.).

40 Art. 280 [Legittimazione] (I) La legittimazione attribuisce a colui che è nato fuori matrimonio la qualità di figlio legittimo (283).

(II) Essa avviene per susseguente matrimonio dei genitori del figlio naturale o per provvedimento del giudice.

deutsch: [Legitimation] (I) Die Legitimation verleiht dem außerhalb der Ehe geborenen Kind die Eigenschaft eines ehelichen Kindes (283).

(II) Sie erfolgt durch nachfolgende Eheschließung der Eltern des unehelichen Kindes oder durch gerichtliche Verfügung.

41 Die Legitimation kann auch die Erben betreffen, wenn das betreffende Kind bereits verstorben ist; vgl. Cass. 12.9. 1997 Nr. 9033 = Giust. civ. 1998, 2923.

42 Eine Legitimation ist nach italienischem Recht ausgeschlossen, wenn der Status der Ehelichkeit bereits durch eine ausländische Adoption des eigenen nichtehelichen Kindes eintrat, wie es z.B. vor der Reform des deutschen materiellen Kindschaftsrechts gemäß § 1747 II BGB möglich war; zum deutsch-italienischen Rechtsverkehr vgl. Cass. 18.5. 1995 Nr. 5439 = Giust civ. 1995 I 2973.

8. *Kinder aus nichtiger Ehe*

Die Konsequenzen für das Eltern-Kind-Verhältnis aus einer nicht wirksamen Ehe betreffen ebenfalls die Frage der Ehelichkeit. Hier entfällt die Wirksamkeit der Eheschließung. Hinsichtlich der Wirkungen wird grundsätzlich auf die Gutgläubigkeit der Ehegatten abgestellt (matrimonio putativo). Im Verhältnis zum Kind bleibt die integrative Funktion des Eltern-Kind-Verhältnisses in jedem Fall erhalten[43].

II. Anfechtung

Das italienische Recht kennt folgende Anfechtungsklagen[44]: Die Ehelichkeitsanfechtung (azione di disconoscimento della paternità) gemäß Art. 244 CC[45], die Klage auf Bestreiten der Ehelichkeit (azione di reclamo della legittimità) gemäß Art. 248 CC[46] (die sich auf eine unrichtige Eintragung in der Geburts-

---

43 *Cicu*, 9. Im Interesse des Kindes ist zur Anknüpfung ebenfalls Art. 33 II heranzuziehen, wenn das Heimatrecht eines Elternteils eine für den Status des Kindes günstigere Lösung vorsieht. Die Vorteile dieses Rechts können sich auch auf Beweisfragen und Fristen erstrecken. In den Fällen, in denen das ausländische Recht keine Unterscheidungen zwischen ehelichen und nichtehelichen Kindern kennt, wird immer nach Art. 33 I an das Heimatrecht des Kindes angeknüpft; vgl. *Ballarino*, 448.

44 Dazu ausführlich *Holler*, 43ff.

45 Art. 244 [Termini dell'azione di disconoscimento] (I) L'azione di disconoscimento della paternità da parte della madre deve essere proposta nel termine di sei mesi dalla nascita del figlio (2964).

(II) Il marito può disconoscere il figlio nel termine di un anno (2964) che decorre dal giorno della nascita quando egli si trovava l tempo di questa nel luogo in cui è nato il figlio; dal giorno del suo ritorno nel luogo in cui è nato il figlio o in cui è la residenza familiare se egli ne era lontano. In ogni caso, se egli prova di non aver avuto notizia in detti giorni, il termine decorre dal giorno in cui ne ha avuto notizia.

(III) L'azione di disconoscimento della paternità può essere proposta dal figlio , entro un anno dal compimento della maggiore età o dal momento in cui viene successivamente a conoscenza dei fatti che rendono ammissibile il disconoscimento.

deutsch: [Fristen der Vaterschaftsbestreitensklage] (I) Die Vaterschaftsbestreitensklage seitens der Mutter muß innerhalb der Frist von sechs Monaten ab der Geburt des Kindes eingebracht werden (2964).

(II) Der Ehemann kann die Vaterschaft zum Kind innerhalb der Frist eines Jahres (2964) bestreiten, die mit dem Tage der Geburt zu laufen beginnt, wenn er sich zur Zeit der Geburt an dem Ort befand, wo das Kind geboren wurde; mit dem Tage seiner Rückkehr an den Ort, wo das Kind geboren wurde, oder an den Wohnsitz der Familie, wenn er abwesend war. Wenn er beweist, daß er an den genannten Tagen keine Kenntnis von der Geburt des Kindes hatte, läuft die Frist in jedem Fall von dem Tage an, an dem er von ihr Kenntnis erlangt hat.

(III) Die Vaterschaftsbestreitensklage kann vom Kind innerhalb eines Jahres ab Erreichen der Volljährigkeit oder ab jenem Zeitpunkt, zu dem es Tatsachen erfährt, die eine Vaterschaftsbestreitung zulässig machen, eingebracht werden.

46 Art. 248 [Legittimazione all'azione di contestazione della legittimità. Imprescribilità]

(I) L'azione per contestare la legittimità (117, 234, 239) spetta a chi dall'atto della nascita del figlio risulti suo genitore e a chiunque vi abbia interesse (100 CC).

urkunde[47] bezieht) und die Anfechtung der Anerkennung (impugnazione del riconoscimento) gemäß Art. 263 CC[48].

Die Ehelichkeit kann gemäß Art. 244 CC vom Scheinvater, von der Mutter und vom Kind angefochten werden[49]. Der Mutter steht innerhalb von sechs Monaten nach Geburt des Kindes gemäß Art. 244 I CC das Recht zur Anfechtung zu, dem Scheinvater gemäß Art. 244 II CC innerhalb der Frist von einem Jahr. Das Kind kann gemäß Art. 244 III CC die Ehelichkeit innerhalb eines Jahres ab Kenntnis der anfechtungsbegründenden Umstände oder innerhalb eines Jahres nach Volljährigkeit anfechten[50]. Alle anderen Anfechtungsklagen des Kindes sind unverjährbar, da sein Interesse auf Kenntnis der eigenen Abstammung als schützenswert angesehen wird.

Hinsichtlich der Anfechtung des Scheinvaters gelten folgende Beweisregeln: Der Vater kann gemäß Art. 244 II CC die Ehelichkeit innerhalb eines Jahres nach Geburt des Kindes anfechten[51]. Hatte er von der Geburt keine Kenntnis und war er zu diesem Zeitpunkt nicht am Geburtsort des Kindes, beginnt die Frist mit Rückkehr an den Ort, wo das Kind seinen Wohnsitz hat[52]. Eine vorherige Kenntnis ist für den Beginn der Frist unschädlich[53]. Dabei trägt der Scheinvater die Beweislast dafür, seine Abwesenheit vom Geburtsort des

---

(II) L´azione è impriscribile (2934 II).

deutsch: [Klagelegitimation für das Bestreiten der ehelichen Abstammung, Unverjährbarkeit] (I) Die Ehelichkeitsbestreitensklage (117, 234, 239) steht jedem zu, der in der Geburtsurkunde des Kindes als sein Vater oder seine Mutter erscheint und jedem, der daran ein Interesse hat (100 CC).

(II) Die Klage ist unverjährbar (2934 II).

47 *Luther*, Jahrbuch für italienisches Recht 7 (1994), 3 (33); *Torrente/Schlesinger*, 835; *Holler*, 48f.

48 Art. 263 [Impugnazione del riconoscimento per difetto di veridicità]

(I) Il riconoscimento può essere impugnato per difetto di veridicità dall´ autore del riconoscimento, da colui che è stato riconosciuto e da chiunque vi abbia interesse (100 CC)...

(III) L´azione è imprescrivibile (2934 II).

deutsch [Anfechtung der Anerkennung wegen Wahrheitswidrigkeit] (I) Die Anerkennung kann vom Anerkennenden, von jenem, der anerkannt wurde, und von jedem, der daran ein Interesse hat (100 CC), wegen Wahrheitswidrigkeit angefochten werden.

(III) Der Klaganspruch ist unverjährbar (2934 II).

49 Ausführlich dazu *Gabrielli*, 64f.; *Torrente/Schlesinger*, 835; *Holler*, 48f.

50 Dafür wird auf Antrag des Kindes ein Verfahrenspfleger bestellt, wenn dieses älter als 16 Jahre ist, ansonsten stellt die Staatsanwaltschaft den Antrag; vgl. *Gabrielli*, 65.

51 Art. 244 II CC bezieht sich zwar dem Wortlaut nach auf den Zeitpunkt der Geburt des Kindes, wurde aber durch Cost. 134/1985 insoweit für verfassungswidrig erklärt, als der Vater von dem Ehebruch seiner Frau keine Kenntnis hatte.

52 Cass. 14.4.1986 Nr. 2603 = Dir. fam. 1986, 539 (541).

53 Cass. 28.5.1980 Nr. 3500 = Foro it. 1981 I 823.

Kindes und seine Nichtvaterschaft zu beweisen[54]. Der Beklagte führt dagegen den Gegenbeweis[55].

Die Anfechtung der Vaterschaft kann nur aus den in Art. 235 CC genannten Gründen erfolgen[56]. Wird ein (eigentlich nichteheliches) Kind als ehelich eingetragen, ist die Anerkennung durch den wahren Vater ausgeschlossen. Eine eventuelle Anerkennung wird aber ex tunc wirksam, wenn die Vaterschaft angefochten wird[57]. Im Fall der künstlichen Befruchtung war streitig, ob der Scheinvater trotz erteilter vorheriger Zustimmung ein Anfechtungsrecht besitzt. Durch Entscheidung des Corte Costituzionale ist klargestellt worden, daß das Recht des Kindes, in einer harmonischen Familie aufzuwachsen, gegenüber der Feststellung der biologischen Wahrheit überwiegt[58].

---

54 *Tamburrino* 32, Cass. 25.6.1980 Nr. 4281 = Giust. civ. 1988 I 1410/11. A.A. *Gabrieli* 63; *Cian/Trabucchi/de Cupis* Art. 233 Rn. 3.

55 Cass. 30.3.1994 Nr. 3164 = Rep. Foro it 1994 voce "Filiazione " Nr. 24.

56 Art. 235 [Disconoscimento di paternità] (I) L'azione per il disconoscimento di paternità del figlio concepito durante il matrimonio è consentito solo nei casi seguenti:
1) se i coniugi non hanno coabitato nel periodo compreso fra il trecentesimo ed il centottantesimo giorno prima della nascita;
2) se durante il periodo predetto il marito era affetto da impotenza, anche se soltanto da genenrare;
3) se nel detto periodo la moglie ha commeso adulterio o ha tenuto o ha tenuto celata al marito la propria gravidanza e la nascita del figlio...
(III) L'azione di disconoscimento può essere esercitata anche dalla madre o dal figlio che ha raggiunto la maggiore età (244) in tutti i casi in cui può essere esercitata dal padre (238).
deutsch: [Bestreitung der Vaterschaft] (I) Die Klage auf Bestreiten der Vaterschaft zu dem während der Ehe empfangenen Kind ist nur in folgenden Fällen zulässig:
1) wenn die Ehegatten in der Zeit zwischen dem dreihundersten und dem einhundertachzigsten Tag vor der Geburt nicht zusammengewohnt haben;
2) wenn während der vorgenannten Zeit der Ehemann impotent, und zwar auch wenn er nur zeugungsunfähig war;
3) wenn während des genannten Zeitraums die Ehefrau Ehebruch begangen hat oder die eigene Schwangerschaft und die Geburt des Kindes dem Ehemann verheimlicht hat. Der Ehemann kann in diesen Fällen Beweis führen, daß das Kind genetische oder blutgruppenmäßige Merkmale aufweist, die mit jenen des vermuteten Vaters unvereinbar sind, oder jede andere Tatsache beweisen, die auf den Ausschluß der Vaterschaft gerichtet ist.
(III) Die Bestreitungsklage kann auch von der Mutter oder vom Kind, das die Volljährigkeit (Art. 244 IV) erreicht hat, in allen Fällen, in denen sie vom Vater eingebracht werden kann (238), erhoben werden.

57 Cass. 5. 11. 1997 Nr. 10838 = Giust. civ. 1997 I 1043.

58 Cost. 26.9.1998 Nr. 347 m. Anm. *Mannella* Giur. it. 1999, 1138; Trib. Napoli 24.6.1999 = NGCC 2000, 296, 305ff. m. Anm. *Bellini*; Trib. Napoli 2.4.1997 = Giur. it. 1998, 68 m. Anm. = Dir. fam. 1997, 1279, 522ff. m. Anm. *De Rubeis*; vgl. dazu *Patti*, Inseminazione eterologa e venire contra factum proprium, NGCC 2000, 13-15; *Lombardi*; Implicazioni psicologiche della riproduzione artificiale heterologa, Dir. fam. 1998, 663-672; *Cirillo*, La fecondazione artificiale eterologa ed il rapporto di paternità, nella filiazione legittima ed in quella naturale, Riv. dir. civ. 1998 II 661-680; a.A. Trib.

III. Elterliche Sorge

Elterliche Gewalt beinhaltet die Verantwortung für Erziehung, Ausbildung und Unterhalt. Diese Pflicht muß nicht mit der tatsächlichen Ausübung der elterlichen Gewalt zusammenfallen.

1. Eheliche Kindschaft

Beide Eltern üben gemeinsam die elterliche Gewalt (potestà) aus, die sie zur Ausbildung, Erziehung und materielle Verantwortung für das Kind verpflichtet (Art. 316 II CC)[59]. Der Begriff der "potestà" ist nicht mit der "elterlichen Sorge" identisch. So können z.B. seit der 2. Eherechtsreform von 1987 auch nach der Scheidung gemäß Art. 317 II CC[60] beide Eltern die elterliche Gewalt gemeinsam ausüben, selbst wenn das Kind gemäß Art. 155 I CC[61] nur einem Elternteil anvertraut wird (affidamento)[62]. Dieser übt dann das Aufenthaltsbestimmungsrecht aus[63] und trifft die Entscheidungen in Angelegenheiten des täglichen Lebens.

2. Nichteheliche Kindschaft

Mit Anerkennung erwirbt derjenige die elterliche Sorge, der das Kind zuerst anerkannt hat. Erkennt der Vater das nichteheliche Kind nachträglich an und leben beide Eltern zusammen, wird darüber hinaus aufgrund der nichteheli-

---

Cremona 17.2.1994 = Foro it. 1994, 1576; App. Brescia 10.5.1995 = Dir. fam. 1996, 116; die Zuordnung der Mutterschaft bei der Leihmutterschaft ist dagegen noch offen, vgl. Trib. Roma 17.2.2000, NGCC 2000, 310.

59 Art. 316 [Esercizio della potestà dei genitori] (II) La potestà è esercitata di comune accordo da entrambi i genitori...
deutsch: [Elterliche Gewalt] (II) Die elterliche Gewalt wird von beiden Eltern im gegenseitigen Einvernehmen ausgeübt...
Interessant ist die Entscheidung des Verfassungsgerichts Cost. 26.7.6.1997 Nr. 203 = Giur. it. 1998, 414, 205ff. m.Anm *Pasotti*, in der die Aufenthaltserlaubnis für einen außereuropäischen Elternteils auf das Umgangsrecht mit den eigenen Kindern gestützt wird.

60 Art. 317 [Impedimento di un genitore] (II) La potestà comune dei genitori non cessa quando , a seguito di separazione, di scioglimento , di annullamento o di cessazione degli effetti civili del matrimonio, i figli vengogno affidati ad uno di esso...
deutsch: [Verhinderung eines Elternteils] (II) Die gemeinsame elterliche Gewalt erlischt nicht, wenn infolge der Trennung, der Auflösung, der Nichtigerklärung oder des Erlöschens der zivilrechtlichen Wirkungen der Ehe die Kinder einem Elternteil anvertraut worden sind...

61 Art. 155 [Provvedimenti riguardo ai figli] (I) Il giudice che pronunzia la seperazione dichiara a quale dei coniugi i figli sono affidati...
deutsch: [Verfügungen, die Kinder betreffen] (I) Das Gericht, das die Trennung ausspricht, erklärt, welchem Ehegatten die Kinder anvertraut werden, ...

62 *Finocchiaro/Finocchiaro* I, 561ff.; *Thieme*, Kindschaftsrecht im Wandel, 183 (217).

63 Zu einer Beendigung desselben wegen Gefährdung des Kindeswohls BGH 18.6.1976 = FamRZ 1981, 547.

chen Lebensgemeinschaft gemäß Art. 317bis II CC[64] die gemeinsame elterliche Gewalt[65] gegenüber dem Kind begründet[66]. Diese setzt keine Erklärung der Parteien voraus. Die Anerkennung des Kindes und das faktische Zusammenleben führen automatisch zur gemeinsamen elterlichen Gewalt.

IV. Namensrecht und Erbrecht

Das eheliche Kind trägt den Familiennamen des Vaters, während die Ehefrau bei Heirat diesen als Zusatznamen führt und nach Scheidung wieder verliert, wenn sie nicht auf Antrag im Interesse der Kinder oder im eigenen Interesse zur Weiterführung des Namens berechtigt wird.

Das nichteheliche Kind erwirbt durch die Anerkennung seinen Status und das Recht den Namen des Elternteils zu führen, der ihn zuerst anerkannt hat. Bei gleichzeitiger Anerkennung, trägt es den Familiennamen des Vaters. Erkennt der Vater das Kind erst später an, bedarf seine Anerkennung der Zustimmung der Mutter und auch des Kindes, wenn es älter als 16 Jahre ist. In diesem Fall kann das Kind den Namen des Vaters zusätzlich oder ausschließlich führen. Die Entscheidung darüber trifft für Minderjährige das Gericht, ohne daß das Kind bei Volljährigkeit an diese Entscheidung gebunden wäre[67].

Erbrechtlich geht das italienische Recht grundsätzlich von einer Gleichstellung ehelicher und nichtehelicher Abkömmlinge aus, sieht aber ausnahmsweise für nichteheliche Kinder einen Abgeltungsanspruch in Geld vor.

V. Zusammenfassung

Seit der großen Eherechtsreform von 1975 sind im materiellen Kindschaftsrecht eheliche und nichteheliche Kinder in persönlicher und vermögensrechtlicher Beziehung ehelichen Kindern nahezu gleichgestellt. Unterschiede bleiben im Namens- und Erbrecht. Eine vollständige Gleichstellung erfolgt erst durch Legitimation.

---

64 Art. 317bis [Esercizio della potestà] (II) Se il riconoscimento è fatto da entrambi i genitori, l'esercizio della potestà spetta congiuntamente ad entrambi qualora siano conviventi.
deutsch: [Ausübung der elterlichen Gewalt] (II) Ist die Anerkennung durch beide Elternteile erfolgt, so steht die Ausübung der elterlichen Gewalt beiden gemeinsam zu, wenn sie zusammen leben.

65 Die elterliche Gewalt schließt sowohl die elterliche Sorge als auch die Vertretung des Kindes und die Verwaltung von Kindesvermögen ein; vgl. *Bile*, RDI 1997, 641 (642); *Busnelli/Santilli*, 95f., 109; *D'Angeli*, 365f.; *Tamburrino*, 409ff.; *Thieme*, Kindschaftsrecht im Wandel, 183 (243); *Vercellone*, 141; Cass. 8.2.1977 Nr. 556; Foro it. 1977 I 2268.

66 Prozessual ist allerdings die Regelung uneinheitlich, da das Jugendgericht über das Sorgerecht gegenüber einem nichtehelichen Kind entscheidet, während die ordentlichen Gerichte für den Unterhalt zuständig sind, vgl. *Buono*, StAZ 1997, 201 (204).

67 *Cian/Trabucchi*, Art. 252 CC Anm. II 2.

Hinsichtlich der Begründung des Eltern-Kind-Verhältnisses wird die eheliche Abstammung favorisiert. Nichteheliche Kinder haben aber keine Nachteile in Bezug auf die persönliche und vermögensrechtliche Sorge. Die Anfechtung betont dagegen das Recht auf Kenntnis der eigenen Abstammung, indem die meisten Anfechtungsklagen unverjährbar sind.

§ 3 Motive der Reform des Kollisionsrechts

Ein Bedürfnis nach Änderung des Kollisionsrechts ergab sich aus nationalen Gesetzesänderungen[68] einerseits und aus der Ratifizierung von kollisionsrechtlichen Staatsverträgen[69] andererseits. Dadurch hatten sich die Wertungen im internationalen Kindschaftsrecht verschoben, so daß eine Reform notwendig war.

Die zugrundeliegenden Wertungen der Reform sind die *Gleichbehandlung ehelicher und nichtehelicher Kinder*[70] und die *Anknüpfung an die Person des Kindes*[71]. Ursache für diese Entwicklung sind die gesellschaftlichen und politischen Veränderungen der letzten dreißig Jahre. Die 1975 eingeführte Gleichstellung des nichtehelichen Kindes bezweckte, die Kinder verheirateter, aber nicht miteinander verheirateter Eltern ebenfalls ein gemeinsames Sorgerecht zu gewähren[72], obwohl seinerzeit eine Scheidung in Italien nicht möglich war[73].

Durch die kollisionsrechtliche Anknüpfung primär an das Heimatrecht des Kindes behält in Italien das *Staatsangehörigkeitsprinzip* bei. Die Ursache hierfür bildete die starke Emigration von Italienern, die auch an ihrem neuen Wohnsitz auf die Anwendung des italienischen Rechts vertrauen sollen können. Auf dem Schutz der Emigranten basieren auch die Reform des Internationalen Zivilprozeßrechts, das die internationale Zuständigkeit italienischer Gerichte erweitert, im Gegenzug aber auch die Anerkennung ausländischer Urteile in Italien vereinfacht.

---

68 Vgl. die Reform des Kindschaftsrechts durch Gesetz vom 19.5.1975 Nr. 151, das die Rechte ehelicher und nichtehelicher Kinder weitgehend anglich, was sich z.B. auch darin zeigt, daß für nichteheliche Kinder ein gemeinsames Sorgerecht aufgrund des faktischen Zusammenlebens der Eltern in Art. 317 bis CC bestimmt ist; ausführlich *Menegazzi, Munari*, Dir. fam. 1998, 1220. Zu nennen sind außerdem die Reform des Staatsangehörigkeitsrechts durch Gesetz vom 1992 Nr. 91, das ebenfalls zu einer Gleichstellung ehelicher und nichtehelicher Kinder führte, indem ein nichteheliches Kind jetzt bereits durch Anerkennung eines italienischen Elternteils die italienische Staatsbürgerschaft erwirbt.

69 Insbesondere das Haager Minderjährigenschutzabkommen vom 5.10.1961, in Italien in Kraft getreten am 23.4.1995, das Haager Übereinkommen zur Kindesentführung von 25.10.1980, in Italien in Kraft getreten am 1.5.1995 (G.U. 29.1.1994 Nr. 23); *Focarelli* Nr. 52, 418.

70 *Menegazzi Munari*, Dir. fam. 1998, 1220ff.

71 *Ballarino*, 444; *Campiglio*, 123.

72 Das italienische Recht spricht weiterhin von "elterlicher Gewalt", die sich inhaltlich vom Sorgerecht insoweit unterscheidet, als ihre Innehabung und Ausübung auseinanderfallen können, weil das Aufenthaltsbestimmungsrecht und die Ausübung der Sorge im alltäglichen Leben auseinanderfallen können.

73 Die Scheidung wurde erst 1970 unter langwierigen Bedingungen in Italien eingeführt und 1987 stark vereinfacht.

§ 4 Alte Rechtslage

Das kollisionsrechtliche Rechtsverhältnis zwischen Eltern und Kindern war hinsichtlich des Status' in Art. 17 disp. prel. CC[74] sowie hinsichtlich der Kindschaftswirkungen in Art. 20 disp. prel. CC[75] geregelt. Streitig war, ob die Legitimation gemäß Art. 17 I disp. prel. CC als Statusfrage[76] oder gemäß Art. 20 I disp. prel. CC als Kindschaftswirkung zu qualifizieren sei[77]. Die herrschende Meinung tendierte zu der ersten Lösung, da die Legitimation den Status des Kindes modifiziere[78].

Gemäß Art. 17 disp. prel. CC richteten sich "der *Status* ... und das *Eltern-Kind-Verhältnis* nach dem Recht, dem die Personen angehören"[79]. Der Wortlaut ließ eine kumulative oder alternative Anwendung der Heimatrechte des Kindes und der Eltern offen[80]; die Rechtsprechung und herrschende Lehre typisierten hinsichtlich der Anknüpfung nach bestimmten Fallgruppen. Maßgebliches Kriterium war, für jede Konstellation das typischerweise sachnächste Recht zu finden[81]. Bei der Frage der ehelichen oder nichtehelichen Abstammung wurde das Heimatrecht des Kindes als das sachnächste angesehen[82]. Die

---

74 Art. 17 disp. prel. [Legge regolatrice dello stato e della capacità delle persone e dei rapporti di famiglia] (I) Lo stato e la capacità delle persone (2 CC) e i rapporti di famiglia sono regolati dalla legge dello Stato al quale esse appartengono.
deutsch: [Maßgebendes Recht für den Status und die Rechts- und Handlungsfähigkeit der Personen sowie für die Rechtsverhältnisse der Familie (I) Der Status und die Rechts- und Handlungsfähigkeit der Personen (2 CC) sowie die Rechtsverhältnisse der Familie werden vom Recht des Staates bestimmt, dem sie angehören...

75 Art. 20 disp. prel. [Legge regolatrice dei rapporti tra genitori e figli] (I) I rapporti tra genitori e figlio sono regolati dalla legge nazionale del padre (231 CC), ovvero da quella della madre se soltanto la maternità è accertatat (269 III CC) o se soltanto la madre ha legittimato il figlio (284 CC).
deutsch: [Maßgebendes Recht für die Rechtsbeziehung zwischen Eltern und Kindern] (I) Die Rechtsbeziehungen zwischen Eltern und Kindern werden durch das Heimatrecht des Vaters (231 CC) oder, wenn nur die Mutterschaft festgestellt ist (269 III CC) oder nur die Mutter das Kind legitimiert hat, durch jenes der Mutter bestimmt.

76 *Morelli*, 134f.; *Pallieri*, 220.

77 *Vitta*, 387.

78 *Morelli*, 134f.; *Pallieri* 220; *Maglio/Thorn*, ZvglRWiss 1997, 347 (362).

79 Art. 17 disp. prel. [Legge regolatrice dello stato e della capacità delle persone e dei rapporti di famiglia] (I) Lo stato e la capacità delle persone (2 CC) e i rapporti di famiglia sono regolati dalla legge dello Stato al quale esse appartengono.

80 *Cian/Trabucchi*, Art. 17 disp.prel.CC, Anm. VI 1; für eine alternative Anknüpfung Trib. Como, 20.4.1978, Dir. fam. 1978, 914; dagegen noch für eine kumulative Anknüpfung Trib. Roma 8.6.1963, RDI 1964, 297.

81 Trib. min Napoli 6.5.1992 = Dir. fam. 1992, 1151 (1164).

82 *Cian/Trabucchi*, Art. 17 Anm. VI 3. Das Heimatrecht bestimmt auch die Frist zur Vaterschaftsanfechtung vgl. Cass. 80/3500; das gleiche gilt für die Anfechtung der Anerkennung; vgl. Trib. Roma 5.6.1975, Rep. Foro it. 67. Wird die Anfechtungsberechtigung des Kindes ausgeschlossen, verstößt dies gegen den italienischen ordre public, vgl. Trib. min. Napoli 6.5.1992, Dir. fam. 1992, 1151 (1164).

Anerkennung eines nichtehelichen Kindes folgte dagegen dem Heimatrecht des jeweils Anerkennenden, weil sein Verhältnis zum Kind betroffen war[83]. Entsprechend richteten sich die Voraussetzungen der Abstammungsfeststellung[84] und deren Anfechtung nach der Staatsangehörigkeit des Feststellenden bzw. Anfechtenden[85]. Die – nach h.M. Art. 17 disp. prel. CC unterfallende[86] – Legitimation richtete sich nach der Staatsangehörigkeit des Legitimierenden[87].

Art. 20 disp. prel. CC [88] regelte dagegen die *Kindschaftswirkungen*, also den (nicht schon durch Abkommen geregelten[89]) Kindesunterhalt sowie die elterliche Gewalt. Die Kindschaftswirkungen richteten sich danach grundsätzlich nach der Staatsangehörigkeit des Vaters. Die Staatsangehörigkeit der Mutter galt nur dann, wenn kein Rechtsverhältnis zum Vater durch Anerkennung, Feststellung der Vaterschaft oder Legitimation begründet worden war. 1987 hatte der Corte Costituzionale Art. 20 disp. prel. CC teilweise für verfassungswidrig erklärt, weil er durch seine einseitigen Favorisierung der Staatsangehörigkeit des Vaters gegen den Gleichheitssatz gemäß Art. 3 Cost. verstoße[90]. Die Gerichte wendeten seitdem die Staatsangehörigkeiten beider Elternteile an[91]. Allerdings wichen sie von diesem Grundsatz ab, wenn ein Elternteil Italiener war und das Kind in Italien seinen gewöhnlichen Aufenthalt hatte bzw. die italienische Staatsangehörigkeit besaß. Dann galt italienisches Recht, um dem Kind ein harmonisches Aufwachsen in Italien zu gewährleis-

---

83 App. Torino 21. 4. 1989 = Dir. fam. 1989, 74ff.; *Cian/Trabucchi*, Art. 17 Anm. VI 1.

84 *Cian/Trabucchi*, Art. 17 Anm. VI 2; Trib. Napoli 1990 Nr. 2350; *Thieme*, ZVglRwiss 1997, 264; für eine kumulative Anwendung des Heimatrechts des Kindes und des Rechts des festzustellenden Elternteils Cass. 8. 3. 1999 Nr. 1951; Dir. fam. 2000, 130.

85 *Cian/Trabucchi*, Art. 17 Anm. VI 2.

86 Cass. 18.5.1995 Nr. 5439 = Dir. fam. 1995, 1435 (1436).

87 Cass. 21.3.1990 Nr. 2350 = RDI 73 (1990) 1035 = Giust. civ. 1990 I 1739 = RDIPP 27 (1991) 734; Cass. 17.4.1991 Nr. 4103 = Dir. fam. 1992, 939 = NGCC 8 (1992) 164 m. Anm. Pagano = RDIPP 28 (1992) 369; Trib. min. Napoli 3.4.1989 = RDIPP 28 (1992) 598; zum Streitstand vgl. *Thieme*, Jahrbuch für italienisches Recht 8 (1995), 112; für eine kumulative Anwendung des Heimatrechts des Legitimierten und des Legitimierenden im deutsch-italienischen Rechtsverkehr Cass. 18.5.1995, Nr. 5439 = Giust. civ. 1995 I 2973.

88 Wortlaut siehe N. 75.

89 Vgl. Cass. 18.5.1995 Nr. 5439 = Dir. fam. 1995, 1435. Art. 20 disp. prel. CC betraf vorrangig die elterliche Sorge, da der Kindesunterhalt meist durch Art. 6 der Haager Konvention vom 2.10.1973 und Art. 2 der Haager Konvention vom 15.4.1958 geregelt wurde, welche an den gewöhnlichen Aufenthalt des Kindes anknüpft. (Diese Unterhaltsentscheidungen wurden in Italien delibiert.)

90 Siehe Cost. 25.11.1987, Nr. 477, RDI 1988, 220ff. zur Verfassungswidrigkeit von Art. 20 I disp. prel. wegen Verstoßes gegen den Gleichheitssatz der Geschlechter in Art. 3 Cost. und der Ehegatten in Art. 29 Cost.; dazu *Giardina*, RDIPP, 1974, 6ff.; *Ballarino*, Costituzione e diritto internazionale privato, 33; vgl. zur ähnlichen Orientierung in der deutschen Literatur *Makarov*, RabelsZ 17 (1952), 382ff.; *Sturm*, Gleichberechtigung, 155 (162).

91 *Cian/Trabucchi*, Art. 20 disp. prel, CC Anm. II 3.

ten[92]. Eine Grenze für eine Dominanz des italienischen Rechts beinhalteten die Artt. 330 und 333 CC[93] in Fällen der Gefährdung des Kindeswohls[94].

Ein Renvoi war dem italienischen Recht unbekannt[95].

Der in Art. 31 disp. prel. CC[96] niedergelegte *ordre public* wurde von den italienischen Gerichten großzügig angewendet. Dies galt vor allem für Fristen zur Abstammungsfeststellung und zur Anfechtung, weil die italienischen Regelungen als optimal betrachtet wurden[97]. So ist nach italienischem Recht insbesondere die Feststellung der Abstammung unverjährbar, somit verstießen diesbezügliche Fristen einer anderen Rechtsordnungen gegen den italienischen

---

92 Trib. min. Napoli, decr. 3.4.1989, RDIPP 90, 150.

93 Art. 330 CC [Decadenza dalla potestà sui figli] (I) Il giudice può pronunziare la decadenza dalla potestà quando il genitore viola o trascura i doveri ad essi inerenti (147; 570 cp) o abusa dei relativi poteri (320, 324; 571, 572 cp) con grave pregiudizio al figlio.
(II) In tale caso il giudice, per gravi motivi, può ordinare l'allontanamento del figlio dalla residenza familiare (333; 38, 51 att.).
deutsch: [Verwirkung der elterlichen Gewalt über die Kinder] (I) Das Gericht kann die Verwirkung der elterlichen Gewalt aussprechen, wenn ein Elterteil die sich aus ihr ergebenen Pflichten (147; 570 cp) verletzt oder vernachlässigt oder die betreffenden Befugnisse (320, 324; 570, 571 cp) zum schweren Nachteil des Kindes mißbraucht.
(II) In diesen Fällen kann das Gericht aus schwerwiegenden Gründen die Entfernung des Kindes vom Familienwohnsitz anordnen (333; 38, 51 att.).
Art. 333 [Condotta del genitore pregiudizievole ai figli] (I) Quando la condotta di uno di entrambi i genitori non è tale da dare luogo alla pronunciodi decadenza prevista dall'articolo 330, ma appare comunque pregiudizievole al figlio, il giudice, secondo le circostanze può adottare i provvedimenti convenienti e può anche disporre l'allontanamento di lui dalla residenza familiare.
deutsch: [Verhalten eines Elternteils zum Nachteil der Kinder] (I) Ist das Verhalten eines oder beider Elternteile zwar nicht so, daß die in Art. 330 vorgesehen Verwirkung auszusprechen ist, erscheint aber doch nachteilig für das Kind, so kann das Gericht je nach den Umständen geeignete Verfügungen treffen und auch die Entfernung des Kindes vom Familienwohnsitz anordnen.

94 *Cian/Trabucchi*, Art. 20 disp. prel, CC Anm. II 3.

95 Bestätigend Cass. 18.5.1995 Nr. 5439 = Dir. fam. 1995, 1432.

96 Art. 31 disp. prel. CC (Limiti derivanti dall'ordnie pubblico e dal buon costume] Nonstante le disposizioni degli articoli precedenti, in nessun caso le leggi e gli atti di uno Stato estero, gli ordinamenti e gli atti di qualunque istituzione (12 CC) o ente (16, 36 CC), o le private disposizioni e convenzioni (1321 CC) possono aver effetto nel territorio dello Stato, quando siano contrari all'ordine pubblico o al buon costume (797 CPC).
deutsch: [Einschränkungen durch die Grundwertungen der Rechtsordnung und die guten Sitten] Ungeachtet der Bestimmungen der vorhergehenden Artikel haben Gesetze und Rechtshandlungen eines fremden Staates, Satzungen und Rechtshandlungen irgendeiner Einrichtung (12 CC) oder Körperschaft (16, 36 CC) oder private Verfügungen und Vereinbarungen (1321 CC) keine Wirkung im Inland, wenn sie gegen die Grundwertungen der Rechtsordnung oder die guten Sitten (797 CPC) verstoßen.

97 Die Fristen richteten sich grundsätzlich nach dem Heimatrecht des Kindes; vgl. oben.

ordre public[98]. Ein Verstoß gegen den ordre public wurde ferner angenommen, wenn das Heimatrecht des vermuteten Vaters ein Antragsrecht des Kindes auf Vaterschaftsfeststellung bei Minderjährigkeit ausschloß[99] oder wenn die Vertretung des Kindes z.B. bei der Zustimmungserklärung durch einen nach seinem Heimatrecht vertretungsberechtigten Elternteil oder eine staatliche Instanz (Jugendamt oder Vormundschaftsgericht) nach dem Heimatrecht des Vaters nicht vorgesehen war[100]. Gegen den ordre public verstieß es auch, wenn der vertretungsberechtigte Elternteil die Mitwirkung verweigerte. Im Gegensatz hierzu wurde kein Verstoß gegen den ordre public bei ausländischen Unterhaltsentscheidungen angenommen[101].

Der ordre public verliert durch die Reform des internationalen Zivilverfahrensrechts an Bedeutung, da eine Vereinbarkeit der ausländischen Entscheidung mit dem italienischen ordre public nicht mehr obligatorisch, sondern nur noch auf in Ausnahmefällen geprüft wird[102].

---

98 *Ballarino*, 264.

99 Cass. 90/2350, *Cian/Trabucchi*, Art. 17 disp. prel. CC Anm. VI 2 m. Anm. *Thieme*, ZVglRwiss 1997, 264; Trib. min. Napoli 6. 5. 1992 = Dir. fam. 1992, 1151 (1163).

100 Cass. 90/2350.

101 Cass. 78/4480; 86/3015; 91/4103.

102 Siehe näher unten unter § 5 I 2 d und e.

§ 5 Neue Rechtslage

Die Reform ist gekennzeichnet erstens durch eine Einbeziehung prozessualer Vorschriften und staatsvertraglicher Verweisungen, zweitens einer starken Gewichtung des Heimatrecht des Kindes, drittens einer alternative Anknüpfung unter Günstigkeitsaspekten und viertens der Neuregelung des Renvoi, der sich im internationalen Kindschaftsrecht ebenfalls an Günstigkeitsaspekten orientiert.

Die Anknüpfung an die Person des Kindes steht im Mittelpunkt. Dabei sollen eheliche und nichteheliche Kinder möglichst gleich gestellt werden (vgl. Art. 33-36 IPRG)[103]. Im folgenden werden zunächst die Reform des internationalen Zivilverfahrensrechts(I), anschließend die kollisionsrechtlichen Veränderungen, im Einzelnen die Begründung des Eltern-Kind-Verhältnisses (II), seine Anfechtung (III) und die Kindschaftswirkungen (IV) untersucht.

I. Internationales Zivilverfahrensrecht

Die Reform weist sowohl hinsichtlich der internationalen Zuständigkeit in Art. 37 IPRG als auch hinsichtlich der Anerkennung und Vollstreckung in den Artt. 64-67 IPRG wichtige Neuerungen auf[104].

Bislang waren die italienischen Gerichte international zuständig, wenn entweder einer der Parteien Italiener war oder der Beklagte seinen Wohnsitz in Italien hatte. Zur Anerkennung und Vollstreckung ausländischer Entscheidungen in Ehe- und Kindschaftssachen war nach Artt. 796-805 CPC eine Delibation notwendig, d.h. eine gerichtliche Bestätigung der formellen Richtigkeit der ausländischen Entscheidung und deren Vereinbarkeit mit dem italienischen ordre public[105].

1. Internationale Zuständigkeit

Die internationale Zuständigkeit ist in den Artt. 3, 9 und 37 IPRG geregelt, wobei Art. 37 IPRG eine besondere Zuständigkeit in Kindschaftssachen neben der allgemeinen Zuständigkeit beinhaltet.

Gemäß Art. 3 I IPRG sind die italienischen Gerichte international zuständig, wenn der Beklagte seinen Wohnsitz oder gewöhnlichen Aufenthalt in Italien hat oder dort einen Vertreter bestellt hat, der ermächtigt ist, vor Gericht aufzutreten. In Unterhaltssachen ist ferner gemäß Art. 3 II IPRG das EuGVÜ beachtlich. Ein im Ausland lebender Italiener kann also auch in Italien verklagt werden, wenn er dort eine Prozeßbevollmächtigten bestellt.

---

103 Text der reformierten Normen des italienischen Kollisionsrechts siehe Anhang.

104 Text der reformierten Normen des italienischen internationalen Zivilverfahrensrechts siehe Anhang.

105 *v. d. Heyde*, Jahrbuch für italienisches Recht 10 (1997), 173 ff.

Ferner sieht Art. 37 IPRG in Fällen der Abstammung und der persönlichen Beziehungen zwischen Eltern und Kindern eine Zuständigkeit italienischer Gerichte vor, wenn einer der Eltern oder das Kind Italiener ist oder in Italien seinen gewöhnlichen Aufenthalt hat.

Schließlich sind in Verfahren der freiwilligen Gerichtsbarkeit die italienischen Gerichte international zuständig, wenn die beantragte Maßnahme einen Italiener oder eine Person mit gewöhnlichem Aufenthalt oder Wohnsitz in Italien betrifft. Darüber hinaus liegt die italienische internationale Zuständigkeit auch dann vor, wenn italienisches Recht anwendbar ist. Dadurch wird die Zuständigkeit der italienischen Gerichte stark erweitert.

2. *Automatische Anerkennung ausländischer Entscheidungen in Italien gemäß Artt. 64-66 IPRG*

Die automatische Anerkennung ausländischer Entscheidungen in Italien gehört zu den wichtigsten Reformen im italienischen Zivilverfahrensrecht und ist in den Artt. 64-66 IPR-Gesetz 218/95 geregelt[106]. Anlaß dafür bildete das Bestreben nach größerer internationaler Offenheit und Effektivität ausländischer Entscheidungen[107]. Rechtssicherheit und internationaler Entscheidungseinklang spielten dabei ebenfalls eine große Rolle. Die Artt. 64 ff. IPRG erfassen diejenigen ausländischen Entscheidungen, die nicht schon aufgrund des Art. 26 EuGVÜ automatisch wirksam sind[108]. In der Praxis handelt es sich überwiegend um Entscheidungen auf dem Gebiet des Familien- und Kindschaftsrechts[109]. Der Anwendungsbereich der Artt. 64-66 IPRG umfaßt sowohl Urteile (Art. 64 IPRG), als auch gerichtliche Maßnahmen in Bezug auf die

106 Gesetz vom 31.5.1995 Nr. 218 (Riforma del sistema italiano di diritto internazionale privato), in Kraft getreten zum 3.9.1995, vgl. G.U. Ser. gen. 3.6.1995 Nr. 128, Suppl. ord. Nr. 68, bis auf die Artt. 64-71. IPRG, welche erst nach neunmaligem Aufschub zum 31.12.1996 In Kraft getreten sind; vgl. D.L. 23.12.1996 Nr. 649 in G.U. 1996, Nr. 300. Hier zeigt sich die Unsicherheit, die mit dem Verzicht auf ein förmliches Anerkennungsverfahren verbunden war. Der deutsche Gesetzestext ist abgedruckt bei *Jayme/Kronke/Siehr*, IPRax 1996, 356; zur Reform vgl. *Munari*, Jahrbuch für italienisches Recht 9 (1996), 37ff.; *Picone*, RDI 1997, 913ff.; *Walter*, ZZP 109 (1996) 3ff.

107 *Nivarra*, Vita notarile 1996, 554ff.

108 Dieser gilt im Bereich des Wirtschafts- und Handelsrechts; vgl. Brüsseler EWG-Übereinkommen über die gerichtliche Zuständigkeit und die Vollstreckung internationaler gerichtlicher Entscheidungen in Zivil- und Handelssachen vom 27.9.1968 (BGBl II 1972 774), abgedruckt bei *Jayme/Hausmann*, Nr. 72, 222ff.; in Italien in Kraft seit dem 15.2.1989 (BGBl. II 1990 214); vgl. dazu *Picone/Focarelli*, Nr. 47, 294ff.; vgl. dazu *Gebauer*, Jahrbuch für italienisches Recht 9 (1996), 70ff.

109 Teilweise wird hinsichtlich der Wirksamkeit ausländischer Entscheidungen in Italien (wie z.B. in Art. 41 IPRG bezüglich der Wirksamkeit von ausländischen Adoptionen) ausdrücklich auf die Art. 64-66 IPRG verwiesen; vgl. dazu *Pietrangeli*, RDIPP 1997, 557 (589).

Geschäftsfähigkeit, familiäre Beziehungen[110] und Persönlichkeitsrechte (Art. 65 IPRG) sowie Maßnahmen der freiwilligen Gerichtsbarkeit (Art. 66 IPRG).

Im folgenden wird der Frage nachgegangen, ob die Wirksamkeit der ausländischen Entscheidung noch durch ein italienisches gerichtliches Verfahren festgestellt werden muß (d). Zu diesem Zweck sind zunächst ein Rückblick (a) und eine Darstellung des intertemporalen Rechts (b) sowie des Inhalts der Neuregelung (c) sinnvoll.

a) Rückblick

Bislang war zur Anerkennung und Vollstreckung ausländischer Entscheidungen gemäß Artt. 796-805 CPC ein Delibationsverfahren erforderlich.[111] Art. 73 IPRG[112] hat diese prozessualen Vorschriften aufgehoben. Die Delibation bewirkte die Anerkennung ausländischer Entscheidungen in Italien. Im Verfahren wurde summarisch geprüft[113], ob die prozessuale Zuständigkeit und der ordnungsgemäße Prozeßverlauf nach ausländischem Recht beachtet wurden, die ausländische Entscheidung Rechtskraft erlangt hatte und mit dem italienischen ordre public vereinbar war[114]. Dies führte bei ausländischen Eheschei-

---

110 Zu den Maßnahmen in Bezug auf familiäre Beziehungen und Persönlichkeitsrechte gehören auch Verwaltungsakte, die den Status einer Person betreffen; vgl. *Mosconi*, 154; *Picone*, Metodi di coordinamento, 173 (200).

111 Die Delibation ist diejenige Rechtshandlung, die zur Wirksamkeit einer ausländischen Entscheidung in Italien führt und dazu dient, den Schwebezustand zwischen ausländischer Rechtskraft und inländischer Wirksamkeit zu beenden. Erst durch die Delibation ist die ausländische Entscheidung in Italien vollstreckbar; vgl. *Ballarino*, 156. Die ausländische Ehescheidung konnte ferner als Scheidungsgrund für eine italienische Entscheidung gelten; zu Veränderungen durch die Reform vgl. *Stottmeister*, Jahrbuch für italienisches Recht 9 (1996), 117ff.

112 Zum Text siehe Anhang

113 Siehe hierzu z.B. Cass. 29.8.1990 Nr. 8981, NGCC 1991 I, 47; m. Anm. *Campeis/De Pauli*; Cass. 10.11.1989 Nr. 4769 RDIPP 1990, 997, m. Anm. *Cristiani*; Cass. 18.1.1988 Nr. 325, RDIPP 1989, 666ff.; Cost. 1.10.1982 Nr. 5026, RDIPP 1983, 661ff. Vgl. auch zur Delibation kanonischer Entscheidungen *Jayme*, FamRZ 1988, 790ff.; *Grunsky*, FamRZ 1988, 783ff. mit Übersetzung des Gesetzestextes; *Vogler*, Jahrbuch für italienisches Recht 5 (1992), 155ff.

114 Siehe zur Delibation ferner Cost. 18.7.1983 Nr. 214 = RDIPP 1984, 112ff.. Die ausländische Entscheidung kann in ihren Wirkungen inländischen Rechtsinstituten angeglichen werden, kann aber in ihren Wirkungen aber auch über die italienischer Rechtsinstitute hinausgehen, vgl. Cass. 10.11.1987 Nr. 8506, RDIPP 1990, 166ff.; dazu *Ziccardi*, RDIPP 1995, 5 (11). Zur Frage der Delibation von kanonischen Entscheidungen grundlegend Cass. 28.10.1978 Nr. 4972, Dir. fam. 1980, 785 m. Anm. *Baldiserotto*; ferner *Coloianni*, Foro it. 1993 I 731ff.; zur Ehescheidung nach jüdischem Recht vgl. *Thieme*, Jahrbuch für italienisches Recht 8 (1995), 107; Trib. Milano 5. 10. 1991, RDIPP 1992, 123, m. Anm. *Rimini*, Dir. fam. 1992, 237; zur Delibation einer israelischen Rabbinatsscheidung, die wie jede Auslandscheidung behandelt wird, siehe Appello Milano 10.1.1992 Nr. 13 und 15/92, RDIPP 1992, 402ff.

dungen häufig dazu, daß den Parteien durch die zügige Delibation der ausländischen Entscheidung rasch eine in Italien wirksame Scheidung ermöglicht wurde, ohne das langwierige italienische Separationsverfahren[115] abwarten zu müssen. Im Interesse der Parteien hinderte die Rechtshängigkeit eines italienischen Separations- oder Scheidungsverfahrens nicht die Delibation der ausländischen Ehescheidung[116]. Wenn die ausländische Ehescheidung nicht in Italien anerkannt wurde, konnte sie ferner gemäß Art. 3 Nr.2e Gesetz 898/1970 als Scheidungsgrund innerhalb eines italienischen Scheidungsverfahrens angeführt werden[117]. Die Delibation konnte z.B. an einem Verstoß gegen den ordre public scheitern[118]. Der Aspekt des ordre public bildete ferner häufig eine entscheidende Hürde bei der Anerkennung ausländischer Adoptionen in Italien[119].

b) Intertemporales Recht

Die Artt. 64 ff. IPRG sind zum 31.12.1996 in Kraft getreten[120]. Gemäß Art. 72 IPRG[121] gilt die Neuregelung für die Streitigkeiten, die erst nach Inkrafttreten

---

115 Das italienische Separationsverfahren beinhaltet eine gerichtliche Trennung als Voraussetzung für ein Scheidungsverfahren.

116 Cass. 28. 10. 1987 Nr. 7957, Giust. civ. 1988 I 64.

117 Eine Rabbinatsscheidung wurde nicht als delibierbar angesehen, sondern unter den Scheidungsgrund der "ausländischen Ehescheidung" subsumiert; zur Auslandsscheidung als Scheidungsgrund gemäß Art. 3 Nr. 2e Gesetz 898/1970 vgl. *Thieme*, ZVglRWiss 96 (1997), 263.

118 Dies war bei der Anerkennung kanonischer Entscheidungen, die wie ausländische Entscheidungen grundsätzlich delibiert werden konnten, häufig der Fall; zur Delibation vgl. Cass. 28.10.1978 Nr. 4972, Dir. fam. 1980, 785, m. Anm. *Baldiserotto*, zum Ausschluß der Delibation wegen Verstoßes gegen den Ordre public Cass. 18. 6. 1987 Nr. 5354 und Nr. 5358 = Giur. it. 1988 I 1, 209ff.; m. Anm. *Botta*.

119 Die Einzeladoption, die Altersdifferenz zwischen Adoptierendem und Adoptierten sowie die Beachtung vorläufiger präadoptiver Maßnahmen gemäß dem italienischen Adoptionsgesetz 184/1983, die als Konkretisierung des italienischen ordre public angesehen wurden, führten zu einer differenzierten Rechtsprechung zur Vereinbarkeit der ausländischen Adoption mit dem italienischen ordre public. Cass. 5.10.1992 Nr. 10923 = RDIPP 1993, 962 sieht erstmalig in der ausländischen Einzeladoption keine Verstoß gegen den italienischen ordre public, da diese aufgrund des Straßburger Übereinkommens vom 24.4.1967, in Italien in Kraft seit dem 22.5.1974 Nr. 357 (G.U. 1974 Nr. 218, Suppl. 5534), unter gewissen Voraussetzungen zulässig sein soll; zur Vereinbarkeit von Art. 6 des Straßburger Adoptionsübereinkommens mit dem italienischen Adoptionsgesetz 184/1983 vgl. Cost. 16.5.1994 Nr. 183 (aufgrund von Trib. Roma 24.3.1993 und App. Roma 25.9.1993) in RDIPP 1994, 319ff.; die internationale Einzeladoption verneinend Cass. 5.7.1991 Nr. 7439 RDIPP 1992, 966; dafür Cost. 1.4.1992 Nr. 148 = RDIPP 1992, 933; Cass. 2. 2. 1993 Nr. 1266 = RDIPP 1994, 110 sowie Cass. 1.5.1993, Nr. 3907 = RDIPP 1994, 130; Corte Cost. 16.5.1994, Nr. 183, in Foro it. 1995, 3408ff.; vgl. ferner hierzu *Galuppi/Grasso* Dir. fam. 1996, 207ff.; *Dogliotti*, Dir. fam. 1995, 263ff.; *Jayme*, IPRax 1983, 305ff.; *Luther*, StAZ 1983, 333 (335); *v. d. Heyde* Jahrbuch für italienisches Recht 10 (1997), 178; *Tamburrino*, 258ff.

120 Die Artt. 796-805 CPC zur Delibation wurden durch Art. 73 IPRG 218/95 eingeführt durch Art. 10 Gesetz 23. 12. 1996 Nr. 649, G.U. 1996, Nr. 300, zum 31. 12. 1996 aufge-

der Reform, d.h. nach dem 31.12.1996 begonnen wurden[122]. Problematisch ist demnach die Anwendbarkeit der Reform auf Streitigkeiten, in denen das ausländische Verfahren vor dem Stichtag abgeschlossen worden war, ohne daß ein Delibationsverfahren angestrengt wurde. Hier sind zwar die Voraussetzungen für die Wirksamkeit in Italien nahezu identisch geblieben, diese mußten aber nach altem Recht in einem Verfahren überprüft werden, während die Wirksamkeit ausländischer Entscheidungen nach neuer Rechtslage automatisch erfolgen soll. Die Meinungen über die Anwendung alten oder neuen Rechts gehen hier auseinander.

Nach einer Auffassung erfaßt die Neuregelung nicht die Fälle, die vor dem 31.12.1996 hätten delibiert werden können, da die Parteien zum Zeitpunkt des Prozesses von der Notwendigkeit des Delibationsverfahrens ausgegangen sind[123]. Nach anderer Meinung entfällt die Notwendigkeit einer Delibation, da es bei der Reform nicht um den konkreten materiellen Rechtsstreit, sondern um prozessuale Veränderungen geht[124]. Es stehe im Einklang mit dem Ziel der Reform nach größerer internationaler Öffnung[125], die Konsequenzen der Reform, d.h. die automatische Wirksamkeit ausländischer Entscheidungen auch auf diese Fälle auszudehnen. Dieser Auffassung ist zuzustimmen, da sie mit der Unverjährbarkeit der Anerkennung harmoniert[126]. Eine Delibation ist somit nicht mehr notwendig. Vielmehr eröffnet die Neuregelung die Chance, Entscheidungen, die vor dem 1.1.1997 ergangen sind, nunmehr vereinfacht in die italienischen Register eintragen zu lassen[127].

c) Inhalt der Artt. 64-66 IPRG

Ein Blick auf die Artt. 64-66 IPRG zeigt, daß die automatische Wirksamkeit an Voraussetzungen geknüpft ist, die fast identisch mit denen des alten Delibationsverfahrens gemäß Artt. 796-805 CPC sind: Das ausländische urteilende Gericht muß zuständig gewesen, der Prozeß ordnungsgemäß verlaufen, die Entscheidung rechtskräftig und mit dem italienischen ordre public vereinbar

---

hoben; dazu *Carlevaris*, RDI 1997, 740 (753); zu Art. 72 IPRG *Giardina*, RDIPP 1995, 1265ff.; Zum Ausschluß der Rückwirkung von Gesetzen *Rescigno*, 102.

121 Zum Text siehe Anhang.

122 Bestätigend Cass. 21. 4. 1997 Nr. 3411, RDI 1997, 860ff.; Cass. 1. 10. 1996, Nr. 8590, RDI 1997, 855ff.; Trib. min. Napoli, 3. 3. 1997, Dir. fam. 1997, 1074ff.; vgl. dazu *Nivarra*, Vita notarile 1996, 554ff.; *Carlevaris*, RDI 1997, 740ff.

123 *Saravalle*, Art. 71, NLCC 1996, 1493.

124 *Carlevaris*, RDI 1997, 740 (750); *Broggini*, Art. 72 NLCC 1996, 1496; *Maresca*, Art. 64-66 NLCC 1996, 1466.

125 *Maresca*, Art. 64-66 NLCC 1996, 1466.

126 Die Unverjährbarkeit ergibt sich daraus, daß Art. 73 IPRG die Art. 796-805 CC aufhebt; Cass. 1.10.1996 Nr. 8590, RDI 1997, 855ff., hatte in einem italienisch-schweizerischen Fall entschieden, daß die Verjährung den materiellen Anspruch, aber nicht die prozessuale Delibation der Unterhaltsentscheidung betreffen könne.

127 *Buonaiuti* RDIPP 1998, 375ff.

sein. Ferner darf keine rechtskräftige italienische Entscheidung bezüglich desselben Streitgegenstandes ergangen sein. Allerdings unterscheidet sich die Reform insofern von dem vorher geltenden Art. 797 CPC als die Parteien, nicht nur der Beklagte, ihrer prozessualen Mitwirkungspflicht genügen müssen. Eine italienische Entscheidung hindert die Wirksamkeit einer ausländischen Entscheidung nur noch dann, wenn sie selbst bereits Rechtskraft erlangt hat. Insofern liegt eine größere internationale Offenheit vor, als sie die alte Regelung gewährte[128]. Im übrigen wurde die Zuständigkeit für die Überprüfung ausländischer Entscheidungen gemäß Art. 67 IPRG[129] vom Tribunale auf den Corte d´Appello verlagert.

Der sachliche Anwendungsbereich der Neuregelung betrifft 3 Entscheidungstypen: Urteile (Art. 64 IPRG); gerichtliche Maßnahmen bzgl. der Geschäftsfähigkeit, familiärer Beziehungen und Persönlichkeitsrechte (Art. 65 IPRG) sowie Maßnahmen der freiwilligen Gerichtsbarkeit (Art. 66 IPRG).

Da Art. 65 IPRG geringere Voraussetzungen als Art. 64 IPRG aufstellt[130], ist zwischen beiden Normen eine Abgrenzung notwendig[131]. Hier stellt sich insbesondere die Frage, unter welchen Artikel Entscheidungen betreffend der Geschäftsfähigkeit, familiärer Beziehungen und Persönlichkeitsrechte zu subsumieren sind. Nach herrschender Meinung ist objektbezogen und nicht nach Entscheidungstypen zu unterscheiden, so daß etwa im Bereich der Geschäftsfähigkeit und der Gestaltung familiärer Beziehungen nur die geringeren Anforderungen des Art. 65 IPRG einschlägig sind[132]. Dies betrifft z.B. ausländische Scheidungen und Ehelichkeitsanfechtungen.

d) Anerkennungsverfahren – ja oder nein ?

Es fragt sich, ob die Delibation nur scheinbar oder de facto weggefallen ist. Nach dem Wortlaut des Gesetz sind rechtskräftige ausländische Entscheidun-

---

128 *Nivarra*, Vita notarile 1996, 554 (558).

129 Zum Text siehe Anhang.

130 So setzt Art. 65 IPRG nicht ausdrücklich voraus, daß kein italienisches Verfahren über denselben Streitgegenstand anhängig oder rechtskräftig ergangen ist. Zu den unterschiedlichen Voraussetzungen von Art. 64 IPRG und Art. 65 IPRG im einzelnen vgl. *Picone*, RDI 1997, 913 (920f.).

131 Nur von theoretischem Interesse ist hingegen die umstrittene Abgrenzung zwischen Art. 65 IPRG und Art. 66 IPRG, denn beide Normen stellen dieselben Voraussetzungen auf. Siehe dazu *Campeis/De Pauli*, Giustizia civile 1995, 495 (507ff.); a.A. *Picone*, RDI 1997, 289 (353); *ders.*, RDI 1997, 913 (922).

132 Die allgemeine Formulierung des Art. 65 "Provedimenti stranieri" unterstützt eine objektbezogenen Anknüpfung, so daß alle rechtlichen Streitigkeiten mit diesem Streitgegenstand unter Art. 65 IPRG fallen. "Provvedimenti" umfassen alle Maßnahmen hinsichtlich der Feststellung, der Entstehung, Änderung oder des Erlöschens eines Rechts. Es fragt sich, ob auch Urteile darunter fallen, wenn diese für die Entstehung, Feststellung, Modifikation oder das Erlöschen eines Rechts ausschlaggebend sind; bejahend *Mosconi*, 155; *Nivarra*, Vita notarile 1996, 554 (559).

gen grundsätzlich in Italien wirksam[133]. Die Neuregelung ähnelt einer widerleglichen Vermutung dafür, daß die Voraussetzungen der Artt. 64 ff. IPRG vorliegen. Der Verzicht auf ein förmliches Anerkennungsverfahren in Italien entspräche dem Ziel nach größerer internationaler Offenheit.

e) Behördliche Umsetzung

Somit stellt sich die Frage, ob italienische Behörden nunmehr aufgrund ausländischer Entscheidungen Eintragungen, Umschreibungen und Randvermerke vornehmen dürfen.

Aus der Circolare[134] ergibt sich folgendes:

Anfänglich war unklar, ob eine behördliche Maßnahme wie z.B. eine Registereintragung ohne die Mitwirkung italienischer Gerichte erfolgen könne. Deswegen diskutierte der italienische Gesetzgeber nach Verabschiedung, aber vor dem Inkrafttreten der Artt. 64ff. IPRG, eine Gesetzesänderung von Art. 71 I IPRG[135] in der Weise, daß ein Anerkennungsverfahren vor dem Corte d'Appello für die Wirksamkeit der ausländischen Entscheidung in Italien obligatorisch sei[136]. Diese Überlegungen haben sich aber nicht durchgesetzt, sondern die Artt. 64ff. IPRG traten unverändert in Kraft[137]. Die Erläuterungen der Circolare sagen ausdrücklich, daß grundsätzlich ausländische Entscheidungen z.B. über Statusänderungen für entsprechende Eintragungen italienischer Behörden hinreichend sind, ohne daß ein Verfahren vor einem italienischen Gericht erfolgen muß[138]. Nur bei berechtigten Zweifeln kann die Behörde die ausländische Entscheidung dem italienischen Oberstaatsanwalt vorlegen, welcher entweder unverzüglich das Vorliegen der Voraussetzungen der Artt. 64 ff. IPRG bestätigt, so daß die Behörde zur Vornahme einer Umschreibung, Eintragung oder eines Randvermerks verpflichtet ist, oder aufgrund von Zweifel die Behörde dazu anhält, der Partei zu raten, ein Verfahrens vor dem Corte

---

133 Trib. min. Napoli 3.3.1997, in Dir. fam. 1997, 1074ff.

134 Ministero di grazia e giustizia, Direzione generale affari civili e libere professioni, Ufficio I, Legge 31 maggio 1995, Nr. 218, di riforma del sistema italiano di diritto internazionale privato. Istruzioni per gli uffici dello stato civile, Roma, 7 gennaio 1997, Nr. 1/50/FG/29(96)1227 di protocollo, abgedruckt in RDIPP 1997, 224f. = Foro it. 1997 V 82.

135 Zum Text siehe Anhang.

136 Diese Diskussion bewirkte die in (N. 1) geschilderte Verzögerung des Inkrafttretens der Artt. 64ff. IPRG. Zum Gesetzesentwurf Nr. 2200/96 zur Änderung des Art. 67 I IPRG vgl. *Buonaiuti*, RDIPP 1998, 375 (383); *Salerno*, RDI 1997, 178ff.

137 Gesetz vom 31.5.1995 Nr. 218 (Riforma del sistema italiano di diritto internazionale privato), in Kraft getreten zum 3.9.1995 vgl. G.U. Ser. gen. 3.6.1995 Nr. 128, Suppl. ord. Nr. 68; bis auf die Artt. 64-71. IPRG, welche erst nach neunmaligem Aufschub zum 31.12.1996 In Kraft getreten sind.

138 *Buonaiuti*, RDIPP 1998, 375 (385); *Massetani*, Foro it. 1997 V, 80ff.; vgl. auch Jahrbuch für italienisches Recht 10 (1997), 241.

d´Appello zwecks Bestätigung der ausländischen Entscheidung durchzuführen[139].

Zunächst rieten die Behörden aus Vorsicht häufig den Parteien, die ausländische Entscheidung durch den Corte d`Appello bestätigen zu lassen[140]. Häufig waren auch Anfragen beim Oberstaatsanwalt. Bestätigte dieser, daß die Voraussetzungen der Artt 64 ff. IPRG vorhanden waren, nahm die Behörde eine Umschreibung aufgrund des ausländischen Titels vor[141].

Nach anfänglichen Unsicherheiten der italienischen Behörden, hat sich mittlerweile die folgende Praxis durchgesetzt: Die Behörden neben entsprechende Eintragungen vor, wenn folgende Unterlagen vorliegen: Ausreichend sind eine konsularisch beglaubigte Übersetzung der ausländischen Entscheidung, verbunden mit der Erklärung der Parteien über das Fehlen einer italienischen Rechtshängigkeit[142] und der Bescheinigung des Konsulats über die Vereinbarkeit der ausländischen Entscheidung mit dem italienischen ordre public[143]. Aufgrund dieser Voraussetzungen werden z.B. Statusänderungen in das italienische Personenstandsregister eingetragen[144].

In Streitfällen kann jede Partei gemäß Art. 67 IPRG den Corte d'Appello anrufen, um die ausländische Entscheidung anzufechten oder bestätigen zu lassen. In diesem Verfahren werden die Voraussetzungen der Artt. 64 ff. IPRG summarisch überprüft[145]. Dies gilt gleichermaßen für Verfahren der ordentlichen und freiwilligen Gerichtsbarkeit[146]. Wurde eine rechtskräftige ausländische

---

139 Eine schweizerische Unterhaltsentscheidung bestätigend App. Milano 4.12.1998, Dir. fam. 2000, 110.

140 Vgl. App. Milano 17.2.1997, Dir. fam. 1997, 271.

141 Die Beteiligung des Oberstaatsanwalts ist eine italienische Besonderheit. Wichtig ist nach italienischem Recht die Möglichkeit seiner Einlassung; vgl. dazu *Tortorici*, IPRax 1983, 252f.; zur Eintragung einer Statusänderung aufgrund der Ehescheidung des LG Hanau vom 20.3.1975 in das Personenstandsregister in Rom vgl. *Buonaiuti*, RDIPP 1998, 375 (385 Fn. 20); *Massetani*, Foro it. 1997, 80ff.

142 Diesen Hinweis verdanke ich dem Italienischen Generalkonsulat Hamburg; in der Praxis ebenso das Italienische Generalkonsulat Stuttgart.

143 *Picone*, RDI 1997, 913 (920), betont den Zweck der vereinfachten Anerkennung; vgl. auch die Materialien: disegno di legge Nr. 1192 vom 29. 4. 1993, 35; abgedruckt in: Riforma del sistema italiano di diritto internazionale privato (A.C. 1286) Bd. 2, 251. Diese soll insbesondere die Anerkennung der in Art. 65 IPRG genannten Materien erleichtern.

144 Nach Auskunft des Generalkonsulats Hamburg wird mittlerweile nur noch in 0,5 % der Fälle ein Verfahren in Italien eingeleitet.

145 Vereinzelt wird auch vertreten, daß die Behörde, die z.B. für eine Eintragung zuständig ist, ein Verfahren gemäß Art. 67 einleiten kann; *Carlevaris*, 740ff m.w.N.; dagegen spricht, daß durch den Rechtsstreit nicht privatrechtliche Belange der Behörde berührt werden. Daher erscheint eine Lösung dieser Frage auf notariellem oder konsularischem Weg angemessener.

146 *Nivarra*, Vita notarile 1996, 554 (566).

Entscheidung ausgesprochen, so verdrängt diese die Kompetenz des inländischen italienischen Richters[147].

Trotz der Neuregelung wird teilweise für die Anerkennung kanonischer Urteile zur Ehenichtigkeit nach wie vor eine Delibation für notwendig gehalten.[148] Schließlich ist zur Zwangsvollstreckung gemäß Art. 67 IPRG z.B. von Unterhaltsentscheidungen in jedem Fall eine Titelumschreibung durch den Corte d`Appello vorgesehen.[149]

f) Ergebnis

Grundsätzlich sind rechtskräftige ausländische Entscheidungen in Italien automatisch wirksam. Wenn eine Eintragung in italienische Register notwendig ist, werden die Behörden tätig, sobald die ausländische Entscheidung in Form einer notariell oder konsularisch beglaubigten Übersetzung eingereicht wird, verbunden mit der konsularischen Bestätigung, daß die Entscheidung mit dem italienischen ordre public vereinbar ist. Außerdem müssen die Parteien bestätigen, daß über den entschiedenen Streitgegenstand kein italienisches Verfahren rechtshängig ist. Ein gerichtliches Verfahren vor dem Corte d'Appello erfolgt nur noch auf Antrag einer Partei oder zum Zweck der Vollstreckung[150]. Der generelle Verzicht auf ein förmliches Anerkennungsverfahren zeugt von einem Bemühen um stärkeren internationalen Entscheidungseinklang.

II. Begründung des Eltern-Kind-Verhältnisses

Bei der Begründung von Eltern-Kind-Verhältnisses unterscheiden die Rechtsordnungen zwischen Abstammungs- und Anerkennungssystemen. Das italienische Recht folgt dem Anerkennungssystem[151]. Das IPRG unterscheidet folglich zwischen dem Abstammungsstatut (Art. 33 I, II IPRG) (1), dem Anerkennungsstatut (Art. 35 I IPRG) (2) und dem Legitimationsstatut (Art. 34 IPRG) (3).

---

147 Trib. min. Napoli 3.3.1997, in Dir. fam. 1997, 1074ff.

148 Vgl. App. Napoli 15. 4. 1997; Dir. fam. 1997, 1383; m. Anm. *Comolli*, Dir. fam. 1997, 1642ff.; grundlegend *Massetani*, Foro it. 1997 V 148ff.; in dieselbe Richtung bereits *Jayme*, FamRZ 1988, 790ff.

149 Ministero di grazia e giustizia, Direzione generale affari civili e libere professioni, Ufficio I, Legge 31 maggio 1995, Nr. 218, di riforma del sistema italiano di diritto internazionale privato. Istruzioni per gli uffici dello stato civile, Roma, 7 gennaio 1997, Nr. 1/50/FG/29(96)1227 di protocollo, abgedruckt in RDIPP 1997, 224f. = Foro it. 1997 V 82 Anm. 4.

150 So auch *Mosconi*, 162. Ein förmliches Anerkennungsverfahren zur Anerkennung einer Vaterschaftsfeststellung wurde z.B. durchgeführt in Cass. 14.1.2003 Nr. 356, RDIPP 2003, 201.

151 Siehe oben § 2 I 1.

1. Abstammungsstatut

Zur Begründung der Abstammung wird gemäß Art. 33 I IPRG an die Staatsangehörigkeit des Kindes zur Zeit seiner Geburt angeknüpft, da seine Interessen in erster Linie betroffen sind. Eine alternative Anknüpfung ist für den Fall vorgesehen, daß das Kind nach seinem Heimatrecht nichtehelich, aber nach dem Heimatrecht eines Elternteils ehelich ist (Art. 33 II IPRG). Dies dient dazu, die eheliche Abstammung zu begünstigen. Die Feststellung der Abstammung richtet sich gemäß Art. 33 III 1 IPRG ebenfalls nach den berufenen Heimatrechten. Anwendbar ist dasjenige Recht, das die Wirksamkeit der Feststellung begünstigt. Erwirbt das Kind erst durch die Feststellung eine bestimmte Staatsangehörigkeit, wirkt dies auf den Zeitpunkt der Geburt zurück, da die Staatsangehörigkeit bereits latent vorhanden war[152]. Ein Gleichlauf mit den Haager Unterhaltsabkommen ist daher grundsätzlich nicht vorgesehen.

Moderne technische Entwicklungen lassen die Frage nach der Feststellung der Mutterschaft wichtig werden. Sie gewinnt insbesondere bei der Frage der Leihmutterschaft, sowie der Ei- und Embryonenspende an Bedeutung, auch wenn diese in den meisten Ländern strafrechtlich verboten ist[153]. Die Feststellung der mütterlichen Abstammung richtet sich gemäß Art. 33 III 1 IPRG i.V.m. Art. 33 I IPRG nach dem Heimatrecht des Kindes. Es fragt sich, ob hier ferner an das Heimatrecht eines Elternteils anknüpft werden darf. In der italienischen Lehre wird dies verneint, da es bei der künstlichen Befruchtung nicht um die Ehelichkeit, sondern um die Begründung der Kindschaft geht. Deswegen richtet sich die Feststellung ausschließlich nach dem Heimatrecht des Kindes[154].

a) Erstfrage der Staatsangehörigkeit

Die Anknüpfung an die Staatsangehörigkeit ist mit der Erstfrage nach der Staatsangehörigkeit verknüpft[155]: Diese wird nach herrschender Meinung unselbständig angeknüpft werden, da hier der interne Entscheidungseinklang wichtiger ist[156].

Die Erstfrage nach der Staatsangehörigkeit des Kindes läßt sich nach dem Modell der ius sanguinis oder nach der ius soli in der Regel feststellen[157]. Der ius sanguinis folgen die meisten europäischen Staaten, die ius soli gilt in Einwanderungsländern wie den USA, Argentinien und Israel. Italien folgt der ius

---

[152] *Ballarino*, 447.

[153] Zur Leihmutterschaft in Italien vgl. Trib. Roma 17. 2. 2000, NLCC 2000, 310.

[154] *Ballarino*, 447.

[155] Dieselbe Erstfrage stellt sich ferner gemäß Art. 35 I 2 IPRG und Art. 34 IPRG.

[156] *Neuhaus*, 346f.; *Koch/Magnus/Winkler v. Mohrenfels*, 13.

[157] Dazu ausführlich *Jayme*, Nation und Staat im Internationalen Privatrecht, 3f.

sanguinis[158], gewährt aber auch staatenlosen Kindern mit gewöhnlichem Aufenthalt in Italien die italienische Staatsangehörigkeit nach der ius soli[159]. Das Personalstatut von Flüchtlingen richtet sich gemäß Art. 12 der Genfer Flüchtlingskommission nach ihrem Wohnsitz oder gewöhnlichen Aufenthalt[160].

Das Abstammungsstatut stellt auf das Heimatrecht des Kindes zur Zeit der Geburt ab. Problematisch ist der Zeitpunkt des Erwerbs der Staatsangehörigkeit bei nichtehelichen Kindern, wenn dafür, wie z.B. nach italienischem Recht, entweder eine Anerkennungserklärung oder die Feststellung der Abstammung erforderlich ist[161]. Fraglich ist, ob diese Staatsangehörigkeit, die eine gerichtliche Feststellung oder zumindest die Anerkennungserklärung voraussetzt, bei der Qualifikation des Heimatrechts berücksichtigt werden kann. In der Literatur wird vertreten, diese zur Bestimmung des Heimatrechts heranzuziehen, da das Kind zwar zur Zeit der Geburt noch nicht die italienische Staatsangehörigkeit besitze, diese aber bereits "latent" vorhanden sei und nur noch aktualisiert werden müsse[162]. Hier steht der Gedanke im Vordergrund, die Interessen des Kindes an der Begründung der Abstammung zu begünstigen.

Diese Auffassung ist allerdings nicht unproblematisch, da sich hier die Frage nach der effektiven Staatsangehörigkeit von Doppelstaatern stellt.

Bei Doppelstaatern sieht Art. 19 II 1 IPRG[163] diejenige Staatsangehörigkeit als effektiv an, zu der eine engere Verbindung besteht[164]. Ist eine Staatsangehö-

---

158 Gesetz vom 5.2.1992 Nr. 91 (G.U. v. 15.2.1992 Nr.38); ins Deutsche übersetzt von *Vogler*, in: Jahrbuch für italienisches Recht 6 (1993), 151.

159 Art. 16 Gesetz 91/1992. Dies steht im Einklang mit der Genfer Flüchtlingskonvention vom 28.7.1951, umgesetzt in Italien durch Gesetz 24.7.1954; in Kraft seit dem 13.2.1955 (*Picone/Focarelli* Nr. 11; *Jayme/Hausmann*, Nr. 5), und dem New Yorker Übereinkommen über Staatenlose vom 28.9.1954; in Italien umgesetzt durch Gesetz vom 1.2.1962; in Kraft seit 3.2.1963 (*Jayme/Hausmann*, Nr. 7).

160 Genfer Flüchtlingskonvention vom 28.7.1951 (G.U. 24.7.1954 Nr. 722); in Kraft seit dem 13.2.1955 (*Picone/Focarelli*, Nr. 11; *Jayme/Hausmann*, Nr. 5); dazu *Cian/Trabucchi*, Art. 17 disp. prel. CC Anm. X 1.

161 Ähnliches gilt in Deutschland gemäß Art. 4 I 1 RuStAG, i.d. Fassg. vom 1.7.1993 aufgrund Gesetz vom 30.6.1993 (BGBl. 1993 I 1062); das Kind erwirbt die deutsche Staatsangehörigkeit des nichtehelichen Vaters durch Feststellung der Abstammung. Nach der Einführung der einheitlichen Kindschaft durch das Kindschaftsrechtsreformgesetz (vom 16.12.1997, in Kraft seit 1.7.1998) fragt sich, ob der Erwerb der deutschen Staatsangehörigkeit nicht auch auf die Fälle der Anerkennung ausgedehnt werden sollte, da dies dem Ziel der Gleichstellung ehelicher und nichtehelicher Kinder entspricht.

162 *Ballarino*, 445.

163 Zum Text siehe Anhang.

164 Nach einer Ansicht konkretisiert sich die engste Verbindung durch eine gemeinsame Staatsangehörigkeit, vgl. dazu *Barel*, NLCC 1996, Art. 19 Anm. 8 S. 1084, der eine gleichwertige Anknüpfung an mehrere Staatsangehörigkeiten befürwortet, weil dadurch im Interesse des Kindes zusätzliche Anknüpfungsalternativen geschaffen werden.

rigkeit die italienische, ist sie als effektiv anzusehen (Art. 19 II 2 IPRG)[165]. Diese Regelung entspricht der vergleichbaren deutschen Regelung in Art. 5 I 2 EGBGB. Die Konkretisierung der italienischen als effektive Staatsangehörigkeit gemäß Art. 19 II 2 IPRG gilt nur, wenn das italienische Recht Abstammungsstatut ist, da dieses die Frage nach der effektiven Staatsangehörigkeit beantwortet. Ein Renvoi ist beachtlich. Das berufene Recht regelt die Frage der Effektivität[166].

Es stellt sich die Frage, ob diese Qualifikation der effektiven Staatsangehörigkeit auch im internationalen Kindschaftsrecht gilt. Nach verbreiteter Ansicht wird die Qualifikation des Art. 19 II 2 IPRG als zwingend angesehen[167]. Ferner wird die Ansicht vertreten, die Bestimmung der effektiven Staatsangehörigkeit im internationalen Kindschaftsrecht solle materiell dazu führen, diejenige Staatsangehörigkeit zu berücksichtigen, welche für den Status des Kindes günstiger ist[168]. Diese Wertung steht im Einklang mit dem Zweck der Norm, die eheliche Abstammung bzw. bei nichtehelichen Kindern die Feststellung der Abstammung zu begünstigen. Daher ist von mehreren Heimatrechten dasjenige Recht auszuwählen, welches die eheliche Abstammung, die Feststellung der Abstammung begründet. Gleiches gilt hinsichtlich der Wirksamkeit der Anerkennung und der Legitimation.

b) Vorfrage der Ehelichkeit

Bei der Auswahl der Anknüpfungskriterien stellt sich die Vorfrage der Ehelichkeit: Im italienischen Kollisionsrecht ist die Anknüpfung streitig, ob diese Frage selbständig oder unselbständig anzuknüpfen ist. Es wird unter Berufung auf die deutsche Lehre[169] vertreten, die Vorfrage der Ehelichkeit alternativ anzuknüpfen, um die eheliche Abstammung zu begünstigen[170]. Eine andere Ansicht knüpft die Vorfrage selbständig gemäß Art. 28 IPRG an das Ehewirkungsstatut an. Danach ist eine alternative Anknüpfung an den Ort der Eheschließung, die Staatsangehörigkeit Heimatrecht der Eheleute oder an das Recht des gemeinsamen gewöhnlichen Aufenthalt zur Zeit der Eheschließung

---

165 Zur vergleichbaren Problematik gemäß Art. 5 II EGBGB vgl. *Martiny*, JZ 1993, 1145 (1146). Deutschland und Italien favorisieren die Staatsangehörigkeit der lex fori, was teilweise als Verstoß gegen den internationalen Entscheidungseinklang kritisiert wird, vgl. *Pitschas*, 93 (97). *Mansel*, Rn. 113, hält den Einklang von öffentlichem Recht und IPR für positiv.

166 *Barel*, NLCC 1996, Art. 19 Anm. 10, 1085.

167 *Ballarino*, 265; *Carella*, NLCC 1996, Art. 33, 1190.

168 *Ballarino*, 445; *Carella*, NLCC 1996, Art. 33, 1190.

169 *Siehr*, StAZ 1971, 205 (212); *Kropholler*, IPR, 205ff.; *Schröder*, 76ff.; kritisch *Lüderitz*, Rn. 362.

170 *Picone*, Riforma, 334; in Übereinstimmung mit *Siehr*, StAZ 1971, 205 (212), der eine alternative Anknüpfung befürwortet.

vorgesehen. Eine weitere Ansicht folgt einer unselbständigen Anknüpfung an die gemäß Art. 33 I, II IPRG anwendbare Rechte[171].

Die letztere Anknüpfung, wird damit begründet, daß das Abstammungsstatut gemäß Art. 33 I, II IPRG, d.h. die Staatsangehörigkeit des Kindes oder die eines Elternteils auch die Frage der Ehelichkeit regelt[172]. Dies bedeutet, daß hinkende Ehen, die in Italien wegen eines Formfehlers nicht wirksam sind (z.B. auch polygame Ehen) zur ehelichen Abstammung des Kindes führen. Umgekehrt führt eine in Italien wirksame Ehe ebenfalls zur ehelichen Abstammung. Gehen die Eheleute von der Wirksamkeit der Eheschließung aus, obwohl diese wegen Formverstoßes nichtig ist (Putativehe), gelten die Kinder ebenfalls als ehelich, sofern die Abstammungsvermutungen erfüllt sind.[173] Verweist das Abstammungsstatut auf italienisches Recht richtet sich nämlich die Wirksamkeit der Eheschließung nach Art. 28 IPRG, welcher die Wirksamkeit favorisiert.[174]

c) Renvoi

Gemäß Art. 13 III IPRG[175] ist ein Renvoi nach dem Wortlaut des Gesetzes an den „favor filiationis" geknüpft. Favor filitationis bedeutet, daß erstens die Ehelichkeit, zweitens die Wirksamkeit des Abstammungsverhältnisses überhaupt begünstigt werden soll.ein Renvoi nur beachtlich, wenn er zur Anwendung eines Rechts führt, das die eheliche Abstammung begünstigt oder die Feststellung der Abstammung ermöglicht. Dieser Zweck, eine Statusverhältnis zu begünstigen, bestimmt, ob die Weiterverweisung als Gesamt- oder Sachnormverweisung anzusehen ist[176].

d) Ordre public

Hinsichtlich des ordre public wird die Rechtsprechung vermutlich die Kasuistik des alten Rechts weiterführen. Ein Verstoß dürfte dann vorliegen, wenn das Kind kein Antragsrecht auf Vaterschaftsfeststellung besitzt[177]. Verstößt das ausländische Recht gegen den ordre public, soll gemäß Art. 16 I IPRG[178]

---

171 *Ballarino*, 447.

172 *Ballarino*, 447, 399.

173 *Ballarino*, 447, 399.

174 Da die unselbständige Anknüpfung der Eheschließung die Wirksamkeit bereits favorisiert, ist eine alternative selbständige und unselbständige Anknüpfung, wie sie in der deutschen Lehre vertreten wird, im Interesse des Kindes nicht erforderlich.

175 Zum Text siehe Anhang.

176 *Mosconi*, RDIPP 1995, Art. 13, 957.

177 Zu weiteren Fallgruppen zum alten Recht vgl. *Thieme*, Jahrbuch für italienisches Recht 8 (1995), 101; Cass. 21.3.1990 = RDI 1990, 1035 = Giust. civ. 1990 I 1739 = RDIPP 1991, 734; Cass. 17.4.1991 Nr. 4103; App. Reggio Calabria 24.1.1991 = Foro it. 1992 I 938 = RDIPP 1992, 537; Trib. Min. Napoli 5.6.1992 = Dir. fam. 1992, 1151 (1163).

178 Zum Text siehe Anhang.

auf eine andere Anknüpfungsalternative zurückgegriffen werden. Fehlt diese, ist gemäß Art. 16 II IPRG italienisches Recht anwendbar[179].

2. *Anerkennungsstatut*

Art. 35 I 1. Alt. IPRG knüpft die Anerkennungserklärung an die Staatsangehörigkeit des Kindes[180]. Das Heimatrecht des Anerkennenden zum Zeitpunkt der Anerkennung ist nur zu berücksichtigen, wenn es günstiger ist (Art. 35 I 2. Alt. IPRG). Bei nichtehelichen Kindern ist dies der Fall, wenn dadurch die Anerkennung erleichtert wird. Auch dann ist aber das Heimatrecht des Kindes zu berücksichtigen, soweit danach Zustimmungen des Kindes oder des anderen Elternteils zur Anerkennung notwendig sind. Grund hierfür ist, daß diese Zustimmungserfordernisse dem Interesse des Kindes dienen[181].

Die Anerkennungsfähigkeit richtet sich nach dem Heimatrecht des Anerkennenden (Art. 35 II IPRG).

Die Form der Anerkennungserklärung folgt gemäß Art. 35 III IPRG entweder der lex loci actus, der lex fori oder der lex causae, um der Anerkennung weitgehende Wirksamkeit zu verleihen[182].

Art. 35 I IPRG beinhaltet eine alternative Anknüpfung an die Staatsangehörigkeit des Kindes bzw. die des Anerkennenden. Beide Anknüpfungen stehen gleichwertig nebeneinander, ohne daß eine Anknüpfung Vorrang genießt.[183] Gleichwohl wird aus Gründen der Praktikabilität eine Anknüpfung an die lex fori bevorzugt, da dieses Recht leichter feststellbar ist[184].

Die alternative Anknüpfung ermöglicht eine beschränkte Rechtswahl der Parteien[185] im Sinne eines Vorschlagsrechts; dieses wird aber durch das Kindes-

---

179 *Ballarino*, 288ff.

180 Zur Erstfrage der Staatsangehörigkeit siehe oben § 5 II 1 a.

181 Ist für die Zustimmungserklärung des Kindes eine Vertretung erforderlich, richtet sich dies nach den Kindschaftswirkungen (Art. 36 IPRG).

182 Die Wirksamkeit der Anerkennung nach der lex loci actus gehörte auch vor der Reform zur gängigen italienischen Praxis; vgl. Cass. 9.3.1988 Nr. 2358, Giust. civ. 88 II 1725 zur Wirksamkeit der Vaterschaftsanerkennung von Italienern vor dem deutschen Jugendamt, Trib. Milano 12.12.1984, Foro it. 86 I 2918 (2929) zur Anerkennung eines italienischen Kindes durch beide Eltern vor dem englischen Zivilstandsbeamten; vgl. dazu *Jayme*, IPRax 1989, 326ff.; *Ferrando*, Giur. It. 1983 I 2, 371ff.

183 *Picone*, La riforma, 340. Diese Auslegung orientiert sich an der Anknüpfung gemäß Art. 20 I EGBGB aF; vgl. dazu *Brüggemann*, 84ff.; sowie kritisch *Carella*, NLCC 1996, Art. 35, Anm. 1189.

184 *Kegel/Schurig*, 126; *Picone*, La riforma, 340; *Hepting/Gaaz*, § 29 PStG, Rn. 221; KG 2.2.1994, FamRZ 1994, 986; zu Ausnahmen vgl. OLG Stuttgart 15.11.1989, IPRax 1990, 332ff., m. Anm. *Jayme*, IPRax 1990, 309ff.

185 Bei nichtehelichen Kindern vertritt derjenige das Kind, welcher dieses anerkannt hat und nicht als Verfahrensgegner seine eigenen Interessen wahrnimmt. Bei der Vaterschaftsfeststellung vertritt also die Mutter das Kind, ebenso bei der Legitimation.

wohl eingeschränkt[186]. Die Rechtswahl kann sich auf jede beliebige Rechtsordnung, auch abweichend von der lex fori beziehen (z.B. unter dem Aspekt bestimmter Anfechtungsnormen)[187].

Ein Renvoi ist beachtlich, wenn er zur Anwendung eines Rechts führt, das die Anerkennung für wirksam hält (Art. 13 III IPRG). Dies bedeutet, daß ein Renvoi nur dann durchgreift, wenn das berufene Sachrecht nicht schon die Anerkennung begünstigt. Ein Renvoi ist daher subsidiär[188] Diese Auslegung folgt aus dem Kontext, da der Wortlaut des Art. 35 I IPRG die Wirksamkeit der Anerkennung begünstigt und dieses Ziel durch den Renvoi gefördert werden soll.[189] Ein Renvoi ist dagegen immer zu beachten, wenn er auf die lex fori zurückverweist.

Hinsichtlich der Form ist ein Renvoi dagegen nach Ansicht der Lehre immer beachtlich, da dieser die Möglichkeit einer formwirksamen Anerkennung erweitert und daher dem Günstigkeitsgedanken entspricht[190].

Hinsichtlich des ordre public gelten weiterhin die Grundsätze zur alten Rechtslage. Kann also nach einem Heimatrecht die erforderliche Zustimmung eines Elternteils nicht durch Mitwirkung des Jugendamtes oder des Vormundschaftsgerichts ersetzt werden und ist deshalb aufgrund der Weigerung des betreffenden Elternteils die Anerkennung ausgeschlossen, verstößt dies gegen den italienischen ordre public. Ferner gelten der Ausschluß der Anfechtung der Anerkennung durch eine Rechtsordnung oder unverhältnismäßig kurze Anfechtungsfristen als Verstoß gegen den ordre public[191].

3. *Legitimationsstatut*

Das italienische IPR behält die Regelung der Legitimationsstatuts bei, da die Legitimation im Zuge der Gleichstellung ehelicher und nichtehelicher Kinder nach wie vor zu einer, wenn auch nur geringfügigen, Statusverbesserung führt[192]. Das Legitimationsstatut betrifft auch die legitimierende Anerkennung[193].

---

186 *Picone*, La riforma, 341f., 540. So ist der Vorschlag einer Rechtsordnung durch den Anerkennenden unwirksam, wenn dadurch die Interessen des Kindes verletzt werden; zulässig ist dagegen die Wahl eines Rechts, das die Anfechtung der Anerkennung stark einschränkt (favor veritatis). Diese Auffassung entspricht der deutschen Rechtsprechung zu Art. 20 EGBGB aF; vgl. AG Hannover 10.4.1990, IPRspr. 1990, 253ff. (Fn. 132); OLG Hamm 24.7.1990, FamRZ 1991, 221ff.; AG Tübingen 4.10.1993, DAV 1994, 127ff.

187 *Picone*, La riforma, 342f.

188 *Picone*, La riforma, 340.

189 *Carella*, NLCC 1996, Art. 35, S. 1195.

190 *Picone*, La riforma, 341.

191 *Carella*, NLCC 1996, Art. 35, S. 1195.

192 *Henrich*, IPRax 1996, 260ff. m. Anm. zu BayOblG 19.7.1995, IPRax 1996, 271ff.

193 *Picone*, La riforma, 343ff.; ebenso LG Rottweil, 29.1.1996; FamRZ 1996, 1301ff.

Das neue italienische IPR hat die Anknüpfung an die Staatsangehörigkeit des Vaters nunmehr in Art. 34 IPRG klargestellt[194] und damit die Streitfrage, ob das Legitimations- und das Adoptionsstatut durch Art. 20 disp. prel. CC[195] oder gemäß Art. 17 disp. prel. CC[196] geregelt wurde, wobei die herrschende Meinung zu der zweiten Lösung tendierte, durch die Gesetzesreform zugunsten der zweiten Variante entschieden.

Das Legitimationsstatut differenziert hinsichtlich der Anknüpfung zwischen der Legitimation durch nachfolgende Ehe und der Legitimation auf andere Weise. Im ersten Fall wird alternativ an die Staatsangehörigkeit[197] des Kindes oder an die der Legitimierenden zur Zeit der Legitimation angeknüpft. Bei der Legitimation auf sonstige Weise gilt stets das Heimatrecht des Legitimierenden im Zeitpunkt der Legitimation[198]. Wenn diese erst nach dem Tod des Antragstellers erfolgt, gilt sein Heimatrecht zum Zeit des Todes.

Ein Renvoi ist gemäß Art. 13 III IPRG beachtlich, wenn er die Wirksamkeit der Legitimation begünstigt.

Bei der Legitimation durch nachfolgende Ehe stellt sich die Erstfrage der wirksamen Eheschließung. Hier sind eine selbständige Anknüpfung, eine unselbständige Anknüpfung der Vorfrage oder eine Anknüpfung an die lex fori denkbar. Die herrschende Ansicht vertritt eine unselbständige Anknüpfung an das Legitimationsstatut[199].

4. *Alternative Anknüpfung*

In Italien zeigt sich bei der alternativen Anknüpfung eine Begünstigung der Ehelichkeit (Art. 33 II IPRG)[200]. Die Ehelichkeit entspricht aus italienischer Sicht am besten den Interessen des Kindes. Unter diesem Gesichtspunkt ist auch ein Renvoi gemäß Art. 13 III IPRG beachtlich. Dieser ist nach dem Wortlaut des Gesetzes an den „favor filiationis“ geknüpft. Favor filitationis bedeutet, daß erstens die Ehelichkeit, zweitens die Wirksamkeit des Abstammungsverhältnisses überhaupt begünstigt werden soll.

Da der favor filiationis gemäß Art. 13 III IPRG ferner bei der Anknüpfung der Anerkennung (Art. 35 I 2 IPRG) und der Legitimation (Art. 34 I IPRG) eine Rolle spielt, reduziert sich hier die Bedeutung des favor filiationis zur Be-

---

194 Text siehe Anhang.

195 *Vitta*, 387.

196 *Morelli*, 134f.; *Pallieri* 220.

197 Zur Erstfrage der Staatsangehörigkeit siehe oben § 5 II 1 a.

198 In Ländern, die dem Anerkennungssystem folgen, kann die Legitimation auch durch beide Eltern erfolgen. Hier wird vertreten, die Heimatrechte beider Legitimierenden kumulativ anzuwenden; vgl. *Picone*, La riforma, 344 (Fn. 128).

199 *Picone*, La riforma, 346. Diese Ansicht schließt sich der deutschen h.L. an; vgl. *Henrich*, Int. FamR, 265ff.; *Hepting/Gaaz*, § 31 PStG, Rn. 61.

200 Siehe oben § 5 I 1.

günstigung eines Kindschaftsverhältnisses des nichtehelichen Kindes zu seinen Eltern. Dies bedeutet, daß ein Renvoi nur dann beachtlich ist, wenn er zu einer Rechtsordnung führt, die die Wirksamkeit der Anerkennung bzw. der Legitimation bejaht. Ferner gilt die alternative Anknüpfung in favorem gemäß Art. 35 III IPRG hinsichtlich der Form der Anerkennung. Abschließend läßt sich feststellen, daß die italienische alternative Anknüpfung bezüglich des Abstammungsstatuts sich klar an der Prämisse orientiert, die eheliche Abstammung bzw. die Begründung eines Kindschaftsverhältnisses zu begünstigen. Neben der Anknüpfung an das Heimatrecht des Kindes sind die übrigen Anknüpfungsalternativen (gemäß Art. 33 II IPRG, Art. 35 I 2 IPRG und Art. 34 I IPRG) subsidiär.

III. Anfechtung

Bei der Anfechtung ist zwischen der Anfechtung der ehelichen Abstammung[201] und der Anfechtung der Anerkennung zu unterscheiden. Ferner kennt das italienische Recht eine Anfechtung der Legitimation. Im ersten Fall richtet sich die Anfechtung gemäß Art. 33 III IPRG nach dem Abstammungsstatut, im zweiten Fall nach dem Anerkennungsstatut gemäß Art. 35 IPRG[202].

1. Anfechtung

Gemäß Art. 33 III IPRG folgt die Anfechtung dem jeweiligen Abstammungsstatut. Der Zweck dieses Gleichlaufs liegt darin, Rechtswidersprüche zu vermeiden[203]. Solche Rechtswidersprüche können auftreten, wenn die Anfechtung der Abstammung und die Vaterschaftsfeststellung unterschiedlichen Rechten unterliegen[204]. Eindeutig ist das Anfechtungsstatut, wenn es nur ein Abstammungsstatut gibt, also nur ein Recht die eheliche Abstammung begründet[205]. Probleme treten dagegen auf, wenn mehrere Abstammungsstatuten bestehen, weil aufgrund der alternativen Anknüpfung mehrere Rechtsordnungen eingreifen, die zur legitimen Abstammung führen.

Die Behandlung dieser Fälle ist umstritten: Vertreten wird eine kumulative Anwendung aller in Betracht kommenden Rechtsordnungen. Eine andere An-

---

201 Das italienische Recht unterscheidet die Ehelichkeitsanfechtung, die Vaterschaftsanfechtung und die Aberkennung der Vaterschaft, die sich ausschließlich gegen einen wahrheitswidrigen Eintrag ins Zivilstandsregister richtet.

202 *Carella*, NLCC 1996, Art. 35 Anm. 1195.

203 *Ballarino*, 448.

204 Sonst kann es zu "hinkenden Anfechtungen" und "hinkenden Feststellungen" kommen, wenn der Kreis der Zustimmungsberechtigten divergiert.

205 *Picone*, La riforma, 348ff.

sicht befürwortet die Anwendung des strengsten Rechts[206]. Denkbar ist schließlich eine ausschließliche Anwendung des Heimatrechts des Kindes.

Die letztgenannte Auffassung würde zwar die eheliche Abstammung begünstigen, ist aber abzulehnen, da sie das Recht des Kindes auf Kenntnis seiner wahren Abstammung stark einschränkt[207].

Die beiden anderen Ansichten, insbesondere die erste, bewerten die legitime Kindschaft höher als die materielle Wahrheit. Hierdurch ergibt sich bei einem Auseinanderfallen zwischen Status und Wahrheit der Vorteil, daß dem als ehelich geltenden Kind Unterhaltsansprüche gegen den Scheinvater gesichert werden[208]. Gleichwohl erscheint die Ansicht praktikabler, welche zur Anfechtung das strengste Recht anwendet. Hinsichtlich der Anfechtung der Vaterschaftsfeststellung, die nach dem Wortlaut ebenfalls durch Art. 33 III IPRG geregelt ist, ist nach h.L. ein Gleichlauf von Feststellungs- und Anfechtungsstatut sinnvoll[209]. Ist die Anfechtung nach mehreren Rechten möglich, gilt das strengste Recht. Dies ergibt sich aus dem Kontext mit Art. 33 II IPRG, der bezweckt, die eheliche Abstammung zu begünstigen. Im Einklang damit soll die Anfechtung restriktiv durchgeführt werden, um ein bestehendes Abstammungsverhältnis aufrechtzuerhalten (favor filiationis).

In der Rechtsprechung zum materiellen italienischen Kindschaftsrecht besteht dagegen die Tendenz, dem Kind die Kenntnis der wahren Abstammung zu ermöglichen (favor veritatis)[210]. Ob sich diese Tendenz auch bei kollisionsrechtlichen Fällen niederschlägt, ist derzeit noch nicht absehbar, weil bisher keine solchen Fälle veröffentlicht worden sind[211].

2. *Anfechtung der Anerkennung*

Die Anfechtung der Anerkennung folgt dagegen dem Anerkennungsstatut. Auch hier ist die Anknüpfung streitig. Die Begünstigung der Anerkennung ließe hier an eine ausschließliche Anknüpfung an die Staatsangehörigkeit des Kindes denken. Nach einer Ansicht wird kumulativ an die Staatsangehörigkeit des Kindes oder die des Anerkennenden angeknüpft. Nach anderer Meinung gilt dagegen das strengste Recht. Schließlich wird auch hier ein Gleichlauf von Anerkennungs- und Anfechtungsstatut vertreten[212].

---

206 *Ballarino*, 448; *Schwimann*, 219. Eine Mindermeinung will die Anfechtung derart erschweren, daß diese nach alle in Betracht kommenden Rechtsordnungen erfüllt sein muß.

207 Vgl. *Picone*, La riforma, 352.

208 So zur alten Rechtslage im deutsch-italienischen Rechtsverkehr Cass. 18.5.1995 Nr. 5439 = Giust. civ. 1995 I 2973.

209 *Picone*, La riforma, 357.

210 *Campiglio*, Art. 33, RDIPP, 1995, 1086ff, (1087).

211 Ablehnend *Campiglio*, Art. 33, RDIPP, 1995, 1086ff, (1087); *Carella*, Art. 33, NLCC 1996, 1186.

212 *Picone*, La riforma, 353; *Ferrando*, 162.

3. *Alternative Anknüpfung*

Die alternative Anknüpfung des Anfechtungsstatut gemäß Art. 33 III IPRG verweist auf das Abstammungsstatut. Aus dem systematische Zusammenhang ergibt sich, daß auch hier der Familienfrieden soweit wie möglich geschützt werden soll. Zur Begünstigung der Ehelichkeit gilt daher für die Anfechtung nach herrschender Ansicht gemäß Art. 33 III IPRG grundsätzlich das strengste Recht[213]. Sind die darin enthaltenen Anfechtungsfristen unverhältnismäßig kurz, so daß das Anfechtungsrecht nahezu ausgeschlossen ist, greift der italienische ordre public zugunsten der möglichen Feststellung der wahren Abstammung auch nach italienischem Recht ein[214].

IV. Kindschaftswirkungen

Gemäß Art. 36 IPRG richten sich sowohl die persönlichen als auch die wirtschaftlichen Beziehungen des Kindes zu seinen Eltern nach dem Heimatrecht des Kindes[215]. Die Anknüpfung ist also wandelbar, da Anknüpfung an die Staatsangehörigkeit des Kindes nicht an einen bestimmten Zeitpunkt gebunden ist.

Diese Anknüpfung wird sachlich insofern eingeschränkt, als große Teile des Eltern-Kind-Verhältnisses durch Staatsverträge geregelt sind, nämlich durch das Haager Unterhaltsabkommen (Art. 45 IPRG), das Haager Minderjährigenschutzabkommen (Art. 42 IPRG) und das Haager Übereinkommen über Kindesentführungen (vgl. Art. 2 II IPRG)[216].

Hinsichtlich der Abgrenzung des Anwendungsbereichs von Art. 3 MSA und Art. 36 IPRG ist nach h. L. das MSA nur einschlägig, wenn es um konkrete Schutzmaßnahmen im Interesse des Kindes geht. Ansonsten gilt das nationale Kollisionsrecht. Damit regelt Art. 36 IPRG den wichtigen Bereich der elterlichen Sorge und die Vertretung des Kindes.

Durch die einheitliche Anknüpfung an die Staatsangehörigkeit des Kindes in Art. 36 IPRG wird eine Gleichbehandlung ehelicher, nichtehelicher und legitimierter Kinder unabhängig von ihrem Status erreicht. Gleichzeitig wird durch die Abkehr vom Staatsangehörigkeitsrecht des Vaters die einseitige Bevorzugung seines Heimatrechts vermieden[217] und an die Staatsangehörigkeit

---

213 Siehe oben § 5 III 1.
214 Siehe oben § 5 III 1.
215 Text siehe Anhang.
216 Siehe hierzu unten § 10.
217 *Carella*, NLCC 1996, Art. 35 Anm. 1196f.

des Kindes angeknüpft, um zu unterstreichen, daß das Kind im Mittelpunkt steht[218].

Gemäß Art. 13 III IPRG ist ein Renvoi dann als Gesamtverweisung beachtlich, wenn dies die Interessen des Kindes begünstigt[219].

Hinsichtlich der Beachtung inländischer zwingender Normen gemäß Art. 17 IPRG sind bei der Frage der Entziehung der elterlichen Gewalt wegen Gefährdung des Kindeswohls die Artt. 330, 333 und 336 CC hervorzuheben. Diese Normen greifen ein, wenn das ausländische Recht auch in Fällen gravierender Sorgerechtsverletzung eine Beendigung der elterlichen Sorge nicht vorsieht[220].

V. Zusammenfassung

Die Reform des italienischen Kollisionsrechts entstand vor dem Hintergrund, auch bei der stark verbreiteten Emigration, dem Kind den Schutz seines Heimatrechts zu erhalten. Wichtig ist dabei der Gedanke der Gleichstellung. Dabei ist das italienische Recht durch eine weitgehende materiellrechtliche Gleichstellung unter verbaler Beibehaltung von Statusunterschieden geprägt.

Das italienische materielle Kindschaftsrecht gilt seit der Reform von 1975 als eines der fortschrittlichsten Rechte hinsichtlich der Gleichstellung ehelicher und nichtehelicher Kinder[221]. Ursache für diese frühe Gleichstellung waren die Schwierigkeiten und lange Dauer eines Scheidungsverfahrens in Italien[222]. Mit der Figur der "famiglia di fatto", der "faktischen Familie" nicht miteinander verheirateter Eltern, sollten auch gerade Kinder von Eltern erfaßt werden, die anderweitig verheiratet waren und deren Ehe wegen das seinerzeit geltenden Scheidungsverbots nicht aufgelöst werden dürfte. Dies fand seinen Ausdruck in der Regelung der gemeinsamen elterlichen Gewalt in Art. 317bis CC aufgrund faktischen Zusammenlebens. Das nichteheliche und das eheliche Kind wurde nur in Ausnahmefällen unterschiedlich behandelt[223].

---

218 *Carella*, NLCC 1996, Art. 35 Anm. 1196, Fn. 2; zu vorbereitenden Tendenzen in der italienischen Rechtsprechung vgl. Cost. 26.1.1987 Nr. 71, in Foro it. 1987, I 2317ff., Cost. 25.11.1987 Nr. 477, RDI 1988, 220ff.

219 *Mosconi*, RDIPP 1995, 937; *Munari*, NLCC 1996, Art. 13, Anm. 1034; *Picone*, La riforma, 160.

220 Trib. min. Milano 21.1.1972 (decr.) Foro pad. 1972 I 626; Trib. min. Bari 4.6.1987, RDI 1988, 227.

221 *Clerici*, 103 (108); *Jayme*, StAZ 1976, 193ff.; *Luther*, RabelsZ 42 (1978) 304ff.; *Menegazzi Munari*, Dir. fam 1998, 1220 (1222); *Thieme*, Kindschaftsrecht im Wandel, 183 (188).

222 Eingeführt durch Gesetz 1.12.1970 Nr. 898 (G.U. 1970 Nr. 306 S. 8046; stark vereinfacht durch die 2. Scheidungsreform von 1987).

223 Zu Ausnahmen im Erbrecht vgl. *Finocchiaro/Finocchiaro* II, 2370 (2275 ff.); *Hausmann*, FamRZ 1978, 377 (379); *Thieme*, Kindschaftsrecht im Wandel, 183 (292).

Vor diesem Hintergrund zeigt das reformierte italienische IPR folgende Anknüpfung: Grundsätzlich wird in den Artt. 33-35 IPRG hinsichtlich der Abstammung einheitlich an die Staatsangehörigkeit des Kindes zur Zeit der Geburt angeknüpft, da so eine stabile Anknüpfung garantiert ist. Ferner nimmt das italienische IPR weitere Wertungen vor: Die eheliche Abstammung soll begünstigt werden, weil die Auffassung vorherrscht, daß hierdurch den Interessen des Kindes am besten entsprochen wird[224]. Dieser Gedanke zeigt sich in einer zusätzlichen Anknüpfungsalternative zur Begünstigung der eheliche Abstammung in Art. 33 II IPRG und der Sonderregelung für den Renvoi im Kindschaftsrecht in Art. 13 III IPRG, der nur angewendet wird, wenn er den Interessen des Kindes an der Begünstigung des Abstammungsverhältnisses dient[225].

Das italienische Kollisionsrecht behält die Unterscheidung zwischen Abstammungsstatut (Art. 33 IPRG), Anerkennungsstatut (Art. 35 IPRG) und Legitimationsstatut (Art. 34 IPRG) bei[226]. Gemäß Art. 33 III IPRG folgt das Anfechtungsstatut dem Abstammungsstatut. Dabei ist bei mehreren Alternativen grundsätzlich dasjenige Recht anwendbar, das die Anfechtung an die strengsten Voraussetzungen knüpft, um den Familienfrieden zu schützen. Die Kindschaftswirkungen richten sich nach der Staatsangehörigkeit des Kindes (Art. 36 IPRG), soweit nicht vorrangige Staatsverträge eingreifen. Dies bezweckt Stabilität[227]. Diese Anknüpfung harmoniert mit dem derzeit geltenden Art. 3 MSA, der hinsichtlich der Sorgeverhältnisse das Heimatrecht des Kindes beruft.

Das italienische Reformgesetz beinhaltet darüber hinaus auch Normen des internationalen Zivilprozeßrechts: Diese erweitern einerseits deutlich die Kompetenz der italienischen Gerichte insbesondere im internationalen Kindschaftsrecht, indem die Zuständigkeit sowohl aus der italienischen Staatsangehörigkeit einer Partei oder ihrem Wohnsitz in Italien folgt (Art. 37 IPRG). Andererseits wird durch die automatische Anerkennung ausländischer Entscheidungen gemäß Art. 64-66 IPRG eine neue internationale Offenheit signalisiert[228].

---

224 Siehe oben § 5 II 4.
225 Siehe oben § 5 II 1 c.
226 Siehe oben § 5 II 3.
227 Siehe oben § 5 III 1.
228 Zur Beachtung des ordre public gemäß Art. 16 IPRG, vgl. *Clerici*, 103 (124).

Die Reform des internationalen Kindschaftsrechts trat in Deutschland am 1.7.1998 in Kraft[229] und ist in den Artt. 19-21 EGBGB enthalten[230]. Sie ist eingebunden in die Reform des deutschen materiellen Kindschaftsrechts in den §§ 1591 ff. BGB sowie des nationalen und internationalen Zivilprozeßrechts in Kindschaftssachen in den §§ 640-641k ZPO.

Zunächst wird ein Überblick über die Reform des materiellen Kindschaftsrechts gegeben, ehe auf die Motive der Reform des Kollisionsrechts eingegangen wird und das alte und neue internationale Kindschaftsrecht dargestellt wird.

§ 6 Reform des materiellen Kindschaftsrechts

Nachdem das deutsche Kindschaftsrecht lange in Europa als "Schlußlicht" auf dem Weg zu einer besseren Rechtsposition des Kindes galt[231], beinhaltet die Reform des deutschen Kindschaftsrechts einen mutigen Schritt, der aber nicht ohne Kritik geblieben ist[232].

Ziel der Reform war, die Rechtsposition des Kindes zu stärken und seine Interessen zu wahren, das Verhältnis zu beiden Eltern unabhängig von ihrer Lebensform gleichberechtigt zu gestalten und die Familienautonomie gegenüber staatlichen Regulierungen zu stärken[233].

I. Abstammung

Das deutsche Abstammungsrecht gemäß §§ 1591-1600e BGB ist geprägt durch das Ziel, die Rechtsposition von ehelichen und nichtehelichen Kindern zu vereinheitlichen. Die zweispurige Unterscheidung zwischen ehelichen und nichtehelichen Kindern wurde sowohl im Abstammungsrecht als auch bei der Anfechtung aufgegeben[234]. Stattdessen wird nach der Lebensform der Eltern zwischen unverheiratet und verheiratet unterschieden. Infolge der Streichung von Statusmerkmalen sind die Ehelichkeitserklärung und die Legitimation durch nachfolgende Ehe weggefallen. Weggefallen ist ferner die Adoption ei-

---

229 Gesetz vom 16.12.1997; in Kraft seit dem 1.7.1998 = BGBl. 16.12.1997.

230 BT-Drucks. 13/4899, 23, 137f.

231 *Jayme*, FamRZ 1981, 221 (221f.); *Kropholler*, AcP 185 (1985), 244ff.; *Schwenzer*, FamRZ 1992, 121ff.

232 *Mühlens/Kirchmeyer/Greßmann*, Das neue Kindschaftsrecht (1998); *Greßmann*, Neues Kindschaftsrecht (1998); *Lipp/Wagenitz*, Das neue Kindschaftsrecht (1999).

233 *Coester*, DEuFamR 1999, 3 (4).

234 *Diederichsen*, NJW 1998, 1977ff.; *Gaul*, FamRZ 1997, 1441 (1454ff.); *Wieser*, FamRZ 1998, 1004ff.

gener nichtehelicher Kinder. Unterschiede bleiben bei den Vaterschaftsvoraussetzungen, der elterlichen Sorge und der Namensgebung.

1. Abstammung von der Mutter

Aufgrund der gesetzlichen Definition des § 1591 BGB ist Mutter diejenige, die das Kind geboren hat. Dies hat Bedeutung für die künstliche Befruchtung, insbesondere der Ei- oder Embryonenspende, die in Deutschland gemäß § 1 I Nr.7 EmbryoSchG[235] allerdings verboten ist. Abweichende Vereinbarungen sind gemäß § 134 BGB verboten[236]. Hier erfolgt die Mutterschaftszurechnung entgegen der genetischen Wirklichkeit[237].

2. Abstammung vom Vater

Der Ehemann der Mutter wird gemäß § 1592 Nr. 1 BGB als Vater vermutet, wenn das Kind während der Ehe geboren wird. Die Vaterschaftsvermutung aufgrund der Geburt innerhalb von 302 Tagen nach Scheidung gilt nicht mehr. Wird die Ehe der Mutter durch Tod aufgelöst, wird gemäß § 1593 BGB der frühere Ehemann als Vater des Kindes vermutet, wenn das Kind innerhalb von 300 Tagen nach seinem Tod geboren wird.

Diese Vaterschaftsvermutungen werden gemäß § 1599 BGB widerlegt, wenn die Vaterschaft erfolgreich angefochten worden ist (siehe hierzu unter II) oder wenn während eines anhängigen Scheidungsverfahrens ein Dritter die Vaterschaft anerkennt, vorausgesetzt daß die Mutter und der Ehemann der Anerkennung zustimmen. Diese Möglichkeit besteht bis zu einem Jahr nach Rechtskraft der Scheidung. Die Anerkennung ist bis zur Rechtskraft der Scheidung schwebend unwirksam und wird mit Rechtskraft der Scheidung wirksam.

Ist die Mutter bei Geburt des Kindes nicht verheiratet, gilt gemäß § 1591 Nr. 2 BGB als Vater des Kindes derjenige, welcher die Vaterschaft anerkennt. Die Anerkennung bedarf gemäß § 1595 BGB der Zustimmung der Mutter, welche auch im Voraus vor Erklärung der Anerkennung und schon vor der Geburt des Kindes abgegeben werden kann. Eine Zustimmung des Kindes ist nur erforderlich, wenn die Mutter insoweit nicht sorgeberechtigt ist[238].

---

235 Gesetz vom 13.12.1990 (BGBl 1990 I 2747).

236 *Looschelders*, IPRax 1999, 240 (242).

237 Kritisch zur fehlenden Möglichkeit der Mutterschaftsfeststellung *Coester*, DEuFamZ 1999, 3 (5); *Diederichsen*, NJW 1998, 1977 (1979); *Gaul*, FamRZ 1997, 1441 (1464); *Schwab/Wagenitz*, FamRZ 1997, 1377 (1377f.); zustimmend dagegen *Quantius*, FamRZ 1998, 1145 (1150f.); *Zimmermann*, DnotZ 1998, 404 (411).

238 Zum Verzicht auf die Zustimmung des Kindes kritisch *Gaul*, FamRZ 1997, 1441 (1450); *Ramm*, JZ 1996, 987 (992).

3. *Gerichtliche Feststellung der Vaterschaft*

Ferner gilt gemäß § 1592 Nr. 3 BGB derjenige als Vater des Kindes, dessen Vaterschaft gerichtlich festgestellt ist. Diese Feststellung hat die gleichen Wirkungen wie die Anerkennung.

II. Anfechtung

Die Reform des Anfechtungsrechts hat zum Ziel, das Recht des Kindes auf Kenntnis der eigenen Abstammung zu stärken. Die Anfechtungen der Ehelichkeit und der Vaterschaftsanerkennung werden unter dem Begriff der Vaterschaftsanfechtung zusammengefaßt.

Anfechtungsberechtigt sind gemäß § 1600 BGB der Scheinvater, die Mutter[239] und das Kind, während der genetische Vater kein Anfechtungsrecht besitzt, um den Familienfrieden nicht zu gefährden[240]. Das Kind kann sein Anfechtungsrecht auch durch seinen gesetzlichen Vertreter ausüben. Gegebenenfalls kann ein Pfleger, auch das Jugendamt, als Vertreter bestellt werden. Das Anfechtungsrecht des Scheinvaters[241], des Kindes und der Mutter gilt auch im Falle der künstliche Befruchtung, z.B. durch heterologe Insemination[242].

Die Anfechtungsfrist beträgt gemäß § 1600 b BGB zwei Jahre ab Kenntnis der Umstände, beginnt aber frühestens mit der Geburt des Kindes bzw. nach wirksamer Anerkennung.

Das volljährige Kind erhält ein erweitertes Anfechtungsrecht, indem es gemäß § 1600 b III und V BGB innerhalb von zwei Jahren nach Erreichen der Volljährigkeit die Vaterschaft anfechten kann, wenn sein gesetzlicher Vertreter vorher das Anfechtungsrecht des Kindes nicht ausgeübt hat. Der Fristenlauf wird gegebenenfalls bei einer Drohung gemäß § 1600 IV BGB gehemmt. Dadurch wird das Recht des Kindes auf Kenntnis seiner Abstammung gestärkt[243].

---

239 Dies wurde aus Gründen der Gleichberechtigungen eingeführt, vgl. BT-Drucks. 13/4899, 148; beim Anfechtungsrecht der Mutter wird kritisiert, daß dies nicht an eine Prüfung des Kindeswohls geknüpft ist, vgl. *Coester-Waltjen*, Jura 1998, 436 (438): *Diederichsen*, NJW 1998, 1977 (1980 Fn. 37); *Gaul*, FamRZ 1997, 1441 (1445); *Mutschler*, FamRZ 1996, 1381 (1383); vgl. ferner *Gernhuber/Coester-Waltjen*, § 51 II 2; BT-Drucks. 13/4899 6, 86 zu § 1600 II Nr. 1.

240 *Ernst*, 188.

241 Zur Diskussion über ein Anfechtungsrecht des biologischen Vaters vgl. *Ernst*, 188; kritisch zu den eingeschränkten Rechten des Erzeugers *Schumann*, FamRZ 2000, 395; vorsichtig *Ewers*, FamRZ 2000, 787.

242 Zur bisherigen Rechtsprechung vgl. BGHZ 87, 169ff; FamRZ 1995, 865; FamRZ 1997, 1272; zu einem Änderungsvorschlag des Bundesrates, der eine Anfechtung nach erfolgter Zustimmung ausschließt, vgl. BT-Drucks. 13/4899, 148; *Wolf*, FuR, 1998, 392 ff.; siehe ferner zur einem Anfechtungsverzicht und Vaterschaftsvermutung bei Zustimmung zur heterologen Insemination §§ 156, 163 II öst. ABGB; zum Anfechtungsrecht des Kindes, vgl. *Quantius*, FamRZ 1998, 1145, 1146ff.

243 *Diederichsen*, NJW 1998, 1977 (1991); *Gaul*, FamRZ 1997, 1441 (1459).

Eine isolierte Feststellungsklage, wie sie z.B. bei der künstlichen Befruchtung vorgeschlagen wurde[244], hat keinen Eingang in die Reform gefunden.

III. Elterliche Sorge

1. Gemeinsames Sorgerecht

Bei der elterlichen Sorge besteht weiterhin ein Unterschied zwischen ehelichen und nichtehelichen Kindern. Die Neuregelung der elterlichen Sorge ist aber davon gekennzeichnet, daß der gemeinsamen elterlichen Sorge auch bei unverheirateten oder geschiedenen Eltern größere Bedeutung zugemessen wird[245].

Bei ehelichen Kindern erhalten beide Eltern gemäß § 1626 Abs. 1 S. 1 BGB die elterliche Sorge.

Für nichteheliche Kinder erhält grundsätzlich die Mutter gemäß § 1626 a II BGB die alleinige elterliche Sorge, sofern sie volljährig ist[246]. Unverheiratete Eltern können gemäß § 1626 a I BGB ein gemeinsames Sorgerecht durch ein gemeinsame notariell beglaubigte Sorgeerklärung oder durch Heirat erhalten. Die gemeinsame Sorgeerklärung kann gemäß § 1626 b BGB auch vor der Geburt des Kindes abgegeben werden und wird von der beurkundenden Stelle dem Jugendamt mitgeteilt. Gemäß § 1626 d BGB i.V.m. § 59 I 1 Nr. 8 SGB

---

[244] *Coester-Waltjen*, FS für Stepan, 17 (27).

[245] So trifft im Fall der Scheidung das Gericht nur noch auf Antrag eine Sorgerechtsentscheidung. Inwieweit dabei das Gericht dem Antrag auf Übertragung der alleinigen elterlichen Sorge entsprechen muß oder auch gegen den Willen der Parteien im Interesse des Kindes ein gemeinsames Sorgerecht aufrechterhalten kann, ist bislang streitig. Erfreuliche Entwicklungen zeigen sich dagegen bei der gemeinsamen elterlichen Sorge nach Scheidung: das gemeinsame Sorgerecht setzt sich in Deutschland stärker bei der Scheidung durch, um Kontinuität und Stabilität zu gewähren, vgl. OLG Zweibrücken, FamRZ 1999, 40 (Kindeswohl auch gegen den Willen der Eltern BT-Drucks. 13/4899, 63); OLG Frankfurt, FamRZ 1999, 382 (Kooperationsbereitschaft); OLG Hamm, FamRZ 1999, 38 (positive Prognose); OLG Dresden, FamRZ 2000, 501; OLG München, FamRZ 2000, 1042 (Zeugen Jehovas); für eine Beibehaltung der gemeinsamen elterlichen Sorge trotzt gelegentlicher Konflikte ferner OLG Köln; FamRZ 2000, 1041, OLG Karlsruhe, FamRZ 2000, 1041; AG Hamburg, FamRZ 2000, 499; dagegen OLG Hamburg, FamRZ 2000, 1042; OLG Karlsruhe, FamRZ 2000, 1041; KG, FamRZ 2000, 502 und KG, FamRZ 2000, 504 (Beendigung wegen negativer Prognose für das Kindeswohl durch unbewältigte Konflikte); AG Ratzeburg, FamRZ 2000, 505 (Aufrechterhaltung trotz Alkoholproblemen); OLG Karlsruhe, FamRZ 2000, 511 (Anhörung des Kindes bei einstweiliger Regelung eines Teilbereichs der elterlichen Sorge); BGH Beschluß vom 29.9.1999, NJW 2000, 203 (Aufhebung wegen fehlender Zahlung von Kindesunterhalt) m. Anm. Born, FamRZ 2000, 396; m. Anm. Gruber, FamRZ 2000, 399.

[246] Die Rechtsposition der Mutter ist gestärkt worden, indem die gesetzliche Amtspflegschaft des Jugendamtes aufgehoben wurde. Dagegen ist gemäß § 1712 BGB bei der Vaterschaftsfeststellung oder der Geltendmachung von Unterhalt für das Kind eine Beistandschaft des Jugendamtes für die Mutter vorgesehen.

VIII wird die Erklärung der gemeinsamen elterlichen Sorge durch übereinstimmende Willenserklärungen abgegeben, die auch getrennt abgegeben werden können. Dabei wird das Kindeswohl nicht geprüft. Es ist kein Zusammenleben der Eltern erforderlich. Diese Regelung gilt auch, wenn ein Elternteil verheiratet ist[247].

Die elterliche Sorge kann auf Antrag durch das Familiengericht mit Zustimmung der Mutter allein auf den Vater übertragen werden, wenn dies dem Kindeswohl dient (§ 1672 BGB). Eine Änderung der Sorgeregelung kommt auch bei einer Trennung der unverheirateten Eltern gemäß § 1687 BGB in Betracht. Ferner ist eine teilweise Übertragung der elterlichen Sorge auf einen Elternteil gemäß § 1671 I, II Nr.1 BGB) möglich.

Eine Übertragung der elterlichen Sorge auf den Vater ist ferner möglich, wenn die elterliche Sorge der Mutter ruht (§ 1678 II BGB), die Mutter verstirbt (§ 1680 II 2 BGB) oder der Mutter die elterliche Sorge entzogen wird (§ 1680 III BGB). Hierbei kann es um die Gefährdung des Kindeswohls gemäß §§ 1666 BGB gehen. Gegebenenfalls wird ein Vormund oder Pfleger bestellt.

Die gemeinsame elterliche Sorge endet ähnlich wie bei der Scheidung nur durch richterliche Entscheidung.

2. *Umgangsrecht*

Besitzt ein Elternteil, meist der Vater des nichtehelichen Kindes, kein Sorgerecht, gewährt ihm die Reform weitgehende Umgangsrechte. Die Umgangsrechte sind durch die Reform einheitlich für eheliche und nichteheliche Kinder geregelt. Gemäß § 1684 I BGB hat das Kind das Recht auf Umgang mit beiden Eltern und mit Dritten, soweit Bindungen es erfordern. Zu den umgangsberechtigten Dritten gehören gemäß § 1685 BGB die Großeltern, Ehegatten, frühere Ehegatten oder Stiefeltern sowie Pflegepersonen bei längerer Familienpflege, soweit es dem Kindeswohl dient[248].

---

[247] Bedenklich an der Reform erscheint nicht so sehr, daß die Sorgeerklärung, anders als in vielen anderen europäischen Staaten, an eine öffentliche Form gebunden ist, sondern die Tatsache, daß der Vater nicht eigenständig ein Sorgerecht gegenüber dem Kind begründen kann, auch wenn er es anerkannt hat oder seine Vaterschaft festgestellt wurde; vgl. dazu *Coester*, DEuFamRZ 1999, 3 (7). Kritisch zu den eingeschränkten Rechten des Erzeugers *Schumann*, FamRZ 2000, 395; vorsichtig *Ewers*, FamRZ 2000, 787. Auch das verfassungsmäßige Recht des Kindes auf beide Eltern gemäß Art. 6 II, V GG wird dadurch nur eingeschränkt verwirklicht.

[248] Dazu näher, *Niemeyer*, FuR 1997, 141ff.; *Rauscher*, FamRZ 1998, 329ff.

Eine nähere Regelung des Umgangsrechts, der Einschränkung oder des Ausschlusses bei einer Gefährdung des Kindeswohls kann durch das Familiengericht erfolgen[249].

IV. Namensrecht und Erbrecht

Das eheliche Kind erhält gemäß § 1616 BGB den Ehenamen seiner Eltern als Geburtsnamen.

Erbrechtlich stehen eheliche und nichteheliche Kinder gleich. Der Erbersatzanspruch für nichteheliche Kinder in § 1934a BGB a.F. ist gestrichen worden[250].

V. Zusammenfassung

Unterschiedliche Regelungen aufgrund von Statusunterschieden wurden grundsätzlich vereinheitlicht. Das gilt insbesondere für das Unterhalts- und Erbrecht. Unterschiede bleiben bei der elterlichen Sorge, im Namens- und Staatsangehörigkeitsrecht. Die Adoption eigener nichtehelicher Kinder ist nicht mehr möglich. Das Kind kann die Staatsangehörigkeit des Vaters erwerben, wenn die Vaterschaft festgestellt ist.

Die eheliche Favorisierung der ehelichen Abstammung wird dadurch abgeschwächt, daß die Ehelichkeitsvermutung gemäß § 1599 II BGB leichter als bisher widerlegt werden kann, ohne daß es eines Anfechtungsverfahrens bedarf. Die Anfechtungsrechte des Kindes sind durch eine zweijährige Frist und weitere Ausnahmeregelungen stark erweitert worden, so daß das Recht des Kindes auf Kenntnis der eigenen Abstammung stark an Bedeutung gewonnen hat.

---

249 Zur Durchsetzung des Umgangsrecht ist eine Vollstreckung ohne Gewaltanwendung gemäß § 33 FGG möglich, die aber praktisch allenfalls Signalwirkung haben dürfte.

250 Erbrechtsgleichstellungsgesetz vom 16.12.1997, in Kraft seit dem 1.4.1998.

§ 7 Motive der Reform des Kollisionsrechts

Hauptgedanken der Reform des Kollisionsrechts sind wie bei der Reform des materiellen Kindschaftsrechts die Angleichung der Rechtsstellung von ehelichen und nichtehelichen Kindern[251], die Förderung des Kindeswohls durch Anknüpfung an die Person des Kindes, die gleichberechtigte Gestaltung des Verhältnisses zu beiden Eltern, die Stärkung der Familienautonomie gegenüber staatlichen Regulierungen und die Beseitigung von Unterschieden zwischen den alten und den neuen Bundesländern[252]. Mit der Reform des Kollisionsrechts, insbesondere der Gleichstellung ehelicher und nichtehelicher Kinder, folgt Deutschland dem Vorbild vieler anderer europäischer und außereuropäischer Staaten[253]. Zu diesem Zweck wurden die Begriffe "ehelich" und "nichtehelich" gestrichen. Das Rechtsinstitut der Legitimation wurde abgeschafft[254]. Das internationale Kindschaftsrecht wurde neu gegliedert in Kollisionsnormen zur Abstammung(Art. 19 EGBGB), zur Anfechtung (Art. 20 EGBGB) und zu den Kindschaftswirkungen (Art. 21 EGBGB).

Die Stärkung der Interessen des Kindes erfolgte im Einklang mit Vorgaben des Bundesverfassungsgerichts[255]. Dieses betont gemäß 6 V GG einerseits das Recht des Kindes auf Familie[256], andererseits gemäß Art. 2 I GG i.V.m Art. 1 I GG das Recht auf Kenntnis der eigenen Abstammung[257]. Im Kollisionsrecht wird das Aufenthaltsprinzip stärker betont, um einen Gleichlauf von Unterhaltsstatut (Art. 4 I HUÜ; Art. 18 EGBGB) und Abstammungsstatut (Art. 19 EGBGB) zu erreichen[258].

Vorbild für die Reform waren auch insbesondere die in Deutschland geltenden internationalen Staatsverträge zum Kindschaftsrecht wie die UN-Kinderrechtskonvention[259], die Haager Unterhaltsabkommen[260], das Haager

---

251 BT-Drucks. 13/4899, 29, 51.

252 *Coester*, DEuFamR 1999, 3 (4).

253 *Eschbach*, Die nichteheliche Kindschaft im IPR (1997); *Schwab/Henrich, (Hrsg.)* Europäisches Kindschaftsrecht, 2. Aufl. (1996); *Thieme*, Kindschaftsrecht im Wandel, 183ff. mit rechtsvergleichenden Studien zu italienischen Recht; *Verschraegen (Hrsg.)*, Gleichheit im Familienrecht (1997).

254 BT-Drucks. 13/4899, 69f.

255 BT-Drucks. 13/892, 25.

256 BVerfG NJW 1991, 1944 = FamRZ 1991, 913 m. Anm. Bosch FamRZ 1991, 1121. Ffm FamRZ 1997, 637.

257 BVerfG 6.5.1997, StAZ 1997, 272; BVerfGE 79, 56 = FamRZ 1989, 255 = NJW 1989, 891; BVerfGE 90, 263 = FamRZ 1994, 881 = NJW 1994, 2475; *Mutschler* FamRZ 1996, 1381 (1384); einschränkend unter dem Aspekt des Familienfriedens OLG Düsseldorf 8.10.1997 = NJW 1998, 999 = NJW-FER 1998, 103.

258 BT-Drucks. 13/4899, 137; *Junker*, Rn. 565; *Looschelders*, IPRax 1999, 420 (420).

259 Art. 7 I Kinderrechtskonvention formuliert das Anliegen des Kindes auf Vaterschaftsfeststellung.

260 Siehe unten § 10 I 5.

Minderjährigenschutzabkommen[261], das Haager Abkommen über Kindesentführung[262], das Haager Adoptionsübereinkommen und die Europäische Menschenrechtskonvention zum Schutz des Kindes. Alle diese Staatsverträge betonen die Gleichstellung ehelicher und nichtehelicher Kinder und stellen die Interessen des Kindes in den Vordergrund[263]. Dies zeigt sich daran, daß sowohl im Kollisionsrecht als auch im internationalen Zivilverfahrensrecht unabhängig von Statusunterschieden an die Person des Kindes angeknüpft wird und nicht vorrangig an seine Eltern.

Das Bedürfnis nach Gleichstellung ehelicher und nichtehelicher Kinder beruht auch auf den gesellschaftlichen Veränderungen. Die nichtehelichen Lebensgemeinschaften waren sowohl in der Bundesrepublik, infolge der Gedanken der 68er-Bewegung, als auch insbesondere in der ehemaligen DDR stark angestiegen[264]. Kinder aus diesen Beziehungen sollten durch die Lebensform der Eltern nicht rechtlich benachteiligt werden.

Der starke Zuzug von Ausländern seit den Sechziger Jahren bildete ein weiteres Motiv für die Reform im Kollisionsrecht[265]. Um die Integration zu fördern, wurde die Anknüpfung an den gewöhnlichen Aufenthalt des Kindes in den Vordergrund gestellt und die Anknüpfung an das Heimatrecht zurückgedrängt[266].

Moderne technische Entwicklungen haben die Diskussion zwischen biologischer Abstammung und rechtlicher Zuordnung aufkommen lassen. Lebensferne Vaterschaftszurechnungen sollen vermieden werden, um die Zahl der Anfechtungsverfahren zu vermindern. Gleichzeitig bezweckt die Reform eine Erweiterung der Anfechtungsmöglichkeiten, insbesondere für das Kind, um ihm die Möglichkeit der gerichtlichen Feststellung seines genetischen Vaters zu geben[267].

---

261 BGBl. 1971 II 219; *Jayme/Hausmann*, Nr. 35, 86.

262 Siehe unten § 10 I 8.

263 Zu dieser Zielsetzung vgl. BT-Drucks. 13/4899, 1.

264 Siehe die statistischen Angaben in BT-Drucks. 13/4899, 38.

265 *Kropholler*, IPR, 267; kritisch *Jayme*, IPRax 1996, 237 (244); *ders*, ZfRV 1997, 230 (234). Diesem Ziel wird besser die kürzliche Reform des Staatsangehörigkeitsrechts gerecht; vgl. Gesetz zur Reform des Staatsangehörigkeitsrechts vom 15.7.1999, in Kraft seit dem 1.1.2000 BGBl. 1999 I, 1618; m. Anm. *Fuchs*, NJW 2000, 489ff.

266 *Kropholler*, IPR, 261ff., 267f.

267 BT-Drucks. 13/4899, 55, worin auch auf die Entscheidungen des BVerfG zum Recht auf Kenntnis der eigenen Abstammung verwiesen wird (BVerfGE 79, 56 = FamRZ 1989, 255 = NJW 1989, 891; BVerfGE 90, 263 = FamRZ 1994, 881 = NJW 1994, 2475).

§ 8 Alte Rechtslage

Zum besseren Verständnis der Veränderungen folgt zunächst ein Überblick über die alte Rechtslage des deutschen Kollisionsrechts[268].

Hinsichtlich des Abstammungsstatuts wurde zwischen der Anknüpfung der ehelichen Abstammung in Art. 19 EGBGB a.F. und der nichtehelichen Abstammung in Art. 20 EGBGB a.F. differenziert. Die Anknüpfung war mit der Erstfrage der Ehelichkeit verknüpft. Ein Renvoi war gemäß Art. 4 EGBGB beachtlich.

Das Anerkennungsstatut richtete sich gemäß Art. 20 I S. 1 EGBGB nach dem Heimatrecht der Mutter zur Zeit der Geburt des Kindes. Für den Fall, daß die Vaterschaft nicht anerkannt, sondern gerichtlich festgestellt wurde, griffen gemäß Art. 20 I S.2 EGBGB als weitere Alternativen das Heimatrecht des Vaters zur Zeit der Geburt des Kindes oder das Recht des gewöhnlichen Aufenthaltsortes des Kindes ein.

In Art. 21 EGBGB war ferner das Legitimationsstatut geregelt, das sich nach dem Heimatrecht des Legitimierenden richtete. Bezüglich der Zustimmung des Kindes und anderer Beteiligter, wurde das Heimatrecht des Kindes gemäß Art. 23 EGBGB kumulativ angewendet, um seine Interessen zu wahren.

Hinsichtlich des Anfechtungsstatuts, das nicht ausdrücklich geregelt war, wurde zwischen ehelicher und nichtehelicher Abstammung unterschieden.

Bei ehelichen Kindern richtete sich die Anknüpfung der Vaterschaftsanfechtung aufgrund des Sachzusammenhangs zwischen Abstammung und Anfechtung nach dem Abstammungsstatut[269]. Als alternative Anknüpfungen kamen demnach das Ehewirkungsstatut, die Staatsangehörigkeit eines Elternteils oder - für das Anfechtungsrecht des Kindes - der gewöhnliche Aufenthalt des Kindes in Betracht. Sowohl der Familienfrieden sollte geschützt als auch das Recht des Kindes auf Kenntnis der eigenen Abstammung gefördert werden[270].Die Anfechtung richtete sich grundsätzlich im Gleichlauf nach dem Abstammungsstatut[271]. Führten mehrere Rechte zur ehelichen Abstammung, wendete ein Teil der Rechtsprechung das strengste Recht an, um durch die Einschränkung der Anfechtungsmöglichkeit den Familienfrieden zu schützen[272]. Nach herrschender Meinung In der Literatur grundsätzlich das Ehewir-

---

[268] Hinsichtlich der Abstammung werden Ereignisse vor dem 1.7.1998 gemäß Art. 224 § 1 EGBGB nach altem Recht, danach nach dem jetzt geltenden Recht ermittelt. Bei der Feststellung der Vaterschaft kommt es dagegen auf den Zeitpunkt der Geburt des Kindes an. Anfechtungen nach dem 30.6.1998 richten sich nach neuem Recht (Art. 224 § 1 II EGBGB).

[269] *Palandt/Heldrich*, Art. 19 EGBGB Anm. 2 c Rn. 5.

[270] BVerfGE 90, 263.

[271] BGH NJW 1994, 2361; OLG München IPRax 1993, 184; m. Anm. *Klingelhöffer*, 167.

[272] OLG Stuttgart, FamRZ 1993, 471; m. krit. Anm. *Henrich*, IPRax 1993, 394.

kungsstatut für vorrangig angewendet, auch wenn das Heimatrecht eines Ehegatten die Anfechtung ausschloß[273]. Folgte dagegen die Abstammung allein aus dem Heimatrecht eines Ehegatten, sollte die Anfechtung danach ebenfalls zulässig sein.[274], weil dann für die gesamte Familie einheitlich eine Rechtsordnung galt. Ferner besaß das Kind ein Anfechtungsrecht nach seinem gewöhnlichen Aufenthalt.

Die Rechtsprechung zur alten Rechtslage hatte sich seit der Entscheidung des BVerfG von 1989 tendenziell geändert, in dem das Recht des Kindes auf Kenntnis der eigenen Abstammung stärker betont wurde[275]. Nunmehr rückte das Interesse des Kindes, nach einer Anfechtung seine genetische Abstammung gerichtlich feststellen zu lassen, auch für die kollisionsrechtliche Frage der Anknüpfung stärker in den Vordergrund[276].

Auch die Anfechtung der nichtehelichen Abstammung war nicht ausdrücklich geregelt. War die nichteheliche Abstammung in einem gerichtlichen Verfahren festgestellt worden, richtete sich die Anfechtung im Wiederaufnahmeverfahren gleichfalls nach diesem Recht.

Hinsichtlich der Anfechtung der Anerkennung bestand Einigkeit, auf das Anerkennungsstatut gemäß Art. 20 EGBGB zurückzugreifen, weil jede Rechtsordnung die Begründung der Abstammung und der Anfechtung aufeinander abgestimmt habe[277]. Danach galt alternativ das Heimatrecht der Mutter, des Vaters oder das Heimatrecht des Kindes. War die Anerkennung nur nach einer Rechtsordnung wirksam, galt dieses Recht auch für die Anfechtung[278]. Im Falle, daß hiernach nach mehreren Rechten die Anerkennung wirksam war, galt nach herrschender Ansicht im Interesse der Kontinuität kumulativ alle diese Rechte[279]. Auch Aspekte der Rechtssicherheit seien zu berücksichtigen[280], so daß das Interesse des Kindes an der Kenntnis seiner wahren Abstammung zu-

---

273 *Palandt/Heldrich*, 56. Aufl. Art. 19 EGBGB aF Rn. 5; BGH NJW 1994, 2361; OLG München IPRax 1993, 184; m. Anm. *Klingelhöffer*, 167; a.A. OLG Stuttgart, FamRZ 1993, 471, m. krit. Anm. *Henrich*, IPRax 1993, 394.

274 *Henrich*, FamRZ 1998, 1401 (1403); *Eschbach*, 63 Fn. 275-278; BGH NJW 1994, 2361; OLG München IPRax 1993, 184; m. Anm. *Klingelhöffer*, 167; a.A. OLG Stuttgart, FamRZ 1993, 471, m. krit. Anm. *Henrich*, IPRax 1993, 394; so auch die Begründung des Gesetzesentwurfs von 1986, abgedruckt bei *Pirrung*, 158.

275 BVerfGE 90, 263.

276 *Palandt/Heldrich*, Art. 19 EGBGB Rn. 5 m.w.N.

277 *Henrich*, Int. FamR, 204.

278 OLG Düsseldorf 25.6.1997, StAZ 1998, 112.

279 *Klinkhardt*, StAZ 1986, 237 (238); *Münchener Kommentar/Klinkhardt*, Art. 20 EGBGB aF Rn. 27; *Palandt/Heldrich*, Art. 20 EGBGB Rn. 9; *Beitzke*, ZfJ 1986, 537 (539); *Sturm*, Revue critiqued. i. p. 83 (1994) 850, *ders.* StAZ 1994, 273 (279); wohl ebenso KG 2.2.1994, NJW-RR 1995, 70 = FamRZ 1994, 98 = StAZ 1994, 349 = IPRspr. 1994 Nr. 112; *Sturm* begründet dies mit dem Günstigkeitsprinzip, das nach seiner Wertung mit dem Status des Ehelichkeit gleichzusetzen ist.

280 So gilt hinsichtlich des Kindesunterhalts: "besser den falschen Vater als keinen".

rückstehen müsse.[281] Problematisch sind die Fälle, in denen generell nach einer Rechtsordnung ein Anfechtungsrecht besteht, aber die Zustimmung des Scheinvaters unter Drohungen verweigert wird, wie dies in deutsch-türkischen Rechtsfällen vorkommt. Deswegen wurde vereinzelt wurde vorgeschlagen, nur dasjenige Recht anzuwenden, nach dem die Anerkennung erfolgt war[282].

Die Kindschaftswirkungen waren ebenfalls nicht ausdrücklich im Gesetz geregelt. Sie richteten sich für eheliche Kinder nach Art. 19 EGBGB und für nichteheliche Kinder nach Art. 20 EGBGB[283]. Ausgenommen von dem Anwendungsbereich dieser Normen waren diejenigen Bereiche, die durch internationale Staatsverträge geregelt sind. Dazu gehört der Kindesunterhalt, der durch das vorrangige Haager Unterhaltsabkommen[284] geregelt ist, und Schutzmaßnahmen bei Gefährdung des Kindeswohls, die durch das Haager Minderjährigenschutzabkommen (MSA)[285] geregelt sind[286]. Im Falle der Kin-

---

281 BGH 11.5.1994 BGH Warn 1994 Nr. 154 = NJW 1994, 2360 = FamRZ 1994, 1027 = LM Nr. 6 zu Art. 18 EGBGB m. Anm. *Benicke* = FuR 1994, 304, 306 m. Anm. *Battes/Korenke*, StAZ 1994, 346 = IPRspr. 1994 Nr. 99; OLG Düsseldorf 8.10.1997 = NJW 1998, 999 = NJW-FER 1998, 103.

282 *Staudinger/Kropholler*, Art. 20 EGBGB aF, Rn. 43; *Henrich*, Int. FamR, 204; *Hepting/Gaaz*, § 30 PStG, Rn. 156; *Eschbach*, 34. Dafür spricht, daß die deutschen Standesämter die Anerkennung meist nach der lex fori eintragen vgl. *Brüggemann*, 155.

283 *Palandt/Heldrich*, 56. Aufl., Art. 19 EGBGB aF Anm. 2c; *Palandt/Heldrich*, 56. Aufl. Art. 20 EGBGB aF Anm. 2d.

284 Siehe unten § 10 I 5.

285 Das Haager Minderjährigenschutzabkommen (MSA) ist bei einer Gefährdung des Kindeswohls anwendbar, wenn das Kind seinen gewöhnlichen Aufenthalt in einem Vertragsstaat hat. Ein gewöhnlicher Aufenthalt, d.h. die Begründung seines Daseinsmittelpunkts wird bei einem Aufenthalt des Kindes von 6 Monaten oder einem Jahr angenommen. Entscheidend ist nicht die Zeitdauer, sondern die soziale Einbindung, vgl. OLG Koblenz, FamRZ 1989, 204; für Österreich OGH, IPRax 1984, 159 (160); dazu ferner ausführlich unten § 10 I 6.

286 Vgl. z.B. *Henrich*, Int. FamR, 232. Gemäß Art. 3 MSA ist ein nach dem Gesetz des Heimatlandes des Kindes bestehendes Gewaltverhältnis anzuerkennen. Eine Regelung der elterlichen Sorge kann der Aufenthaltsstaat nur im Rahmen der Möglichkeit für eine Sorgerechtsregelung nach dem Recht des Heimatstaates des Kindes treffen. Bleiben z.B. beide Eltern nach der Scheidung Inhaber der elterlichen Sorge, wie dies z.B. nach italienischem Recht der Fall ist, so darf das Gericht diese Sorgerechtsentscheidung nicht aufheben, kann aber die Ausübung der elterlichen Sorge aus wichtigem Grund auf einen Elternteil übertragen, vgl. AG München, IPRax 1982, 204; *Jayme*, IPRax 1984, 121 (123), zum italienischen Recht. AG Kitzingen. IPRax 1985, 298 zum türkischen Recht. Auch eine Vormundschaft nach dem Heimatrecht des Kindes kann auf diese Weise enden, wenn dafür gewichtige Gründe vorliegen; BGH IPRax 1985, 40 zum tunesischen Recht mit Anm. *Jayme*, IPRax 1985, 23. Bei Doppelstaatern gilt zwar auch die Regelung der effektiven Staatsangehörigkeit gemäß Art. 5 I 2 EGBGB. Der Richter ist aber bei Staatsverträgen nicht an diese Regelung gebunden, insbesondere dann, wenn eine wesentlich engere Verbindung zu einem anderen Heimatstaat besteht, siehe *Henrich*, Int. FamR, 233.

desentführung greift ferner das Haager Kindesentführungsübereinkommen[287], das aber keine Regelung der elterlichen Sorge enthält[288].

Strittig war, ob das MSA auch elterliche Sorge- und Umgangsrechte umfaßt[289] und das nationale Kollisionsrecht verdrängt, wenn keine Gefährdung des Kindeswohls vorliegt. Die Kollisionsnormtheorie bejahte dies, die herrschende Vorfragentheorie knüpft das MSA an die Gefährdung des Kindeswohls. Dies führt aber zu dem merkwürdigen Ergebnis, daß sich das Sorgeverhältnis bei einem Statutenwechsel ändert. Italiener besitzen für das nichteheliche Kind ein gemeinsames Sorgerecht. Kommen sie nach Deutschland, würde dies aufgehoben[290]. Hinsichtlich der Vertretung des Kindes galt trotz der alternativen Anknüpfung des Art. 19 EGBGB für eheliche und des Art. 20 EGBGB für nichteheliche Kinder nach herrschender Ansicht für eheliche Kinder das Recht ihres gewöhnlichen Aufenthalts gemäß Art. 19 II EGBGB sowie für nichteheliche Kinder gemäß Art. 20 II EGBGB ebenfalls das Recht seines gewöhnlichen Aufenthalts[291].

Die internationale Zuständigkeit deutscher Gerichte in Sorge- und Umgangsverfahren folgte gemäß §§ 43 I, 35 a I Nr. 1 FGG aus der deutschen Staatsangehörigkeit des Kindes oder gemäß § 623 ZPO aus der Verbundzuständigkeit für Scheidungs- und Folgesachen bzw. gemäß § 35 a II FGG aus der Fürsorgebedürftigkeit des Kindes. Die Anerkennung und Vollstreckung ausländischer Entscheidung richtete sich nach § 328 ZPO und war an das Erfordernis der Gegenseitigkeit, des ordnungsgemäßen Klagezustellung, der Rechtskraft des ausländischen Entscheidung und der Vereinbarkeit mit dem deutschen ordre public geknüpft.

---

287 Siehe unten § 10 I 8.

288 *Holl*, IPRax 1999, 185 (185).

289 Dafür Allinger, 70ff.; *Kropholler*, IPRax 1988, 285ff.; *Münchener Kommentar/Siehr*, 2. Aufl., Anh. Art. 19 EGBGB aF Rn. 56, 77; *Oberloskamp*, FamRZ 1990, 1; *Rauscher*, StAZ 1987, 121 (128f.); *Staudinger/Kropholler* Art. 20 EGBGB aF Rn. 72; *Winkler v. Mohrenfels*, IPRax 1989, 369 (369), *Henrich*, FS Schwind, 85; dagegen insbesondere nach der Reform: BGH 2.5.1990; BGHZ 111, 199; *Palandt/Heldrich, Art.* 21 EGBGB Rn. 5; *Münchener Kommentar/Klinkhardt* Art. 21 EGBGB Rn. 9; *Henrich*, FamRZ 1998, 1401 (1404).

290 *Rauscher*, 194.

291 *Henrich*, Int. FamR, 240.

§ 9 Neue Rechtslage

Die Reform stellte die Anknüpfung an die Person des Kindes in den Mittelpunkt. Demzufolge wird primär an den gewöhnlichen Aufenthalt des Kinde angeknüpft[292]. Im einzelnen entfällt eine Anknüpfung nach Statusunterschieden, indem die eheliche und nichteheliche Kindschaft grundsätzlich einheitlich geregelt ist[293]. Die einheitliche Kindschaft hat zur Konsequenz, daß das Legitimationsstatut (Art. 21 EGBGB a.F.) gestrichen worden ist[294]. Für die Abstammung wurde eine einheitliche Kollisionsnorm in Art. 19 EGBGB geschaffen. Ferner ist eine spezielle Anknüpfung der Anfechtung eingeführt worden (Art. 20 EGBGB). Die Kindschaftswirkungen werden ebenfalls gesondert angeknüpft (Art. 21 EGBGB).

Das Bedürfnis nach einer materiellen und kollisionsrechtlichen Angleichung brachte auch vereinheitlichende Tendenzen im Prozeßrecht mit sich. Die internationale Zuständigkeit ist, vorbehaltlich vorrangiger internationaler Abkommen, ebenfalls vereinheitlicht worden. Insbesondere wurde die Zuständigkeit in Kindschaftssachen in §§ 640a-k ZPO hinsichtlich der ehelichen und nichtehelichen Abstammung angeglichen, indem eine Unterscheidung nach Statusunterschieden entfällt. Gemäß § 640a II ZPO sind die deutschen Gerichte international zuständig, wenn eine Partei Deutscher ist oder ihren gewöhnlichen Aufenthalt im Inland hat. Die Verfahren betreffen bei der nichtehelichen Kindschaft Feststellungs-, Anfechtungs-, Sorge- und Umgangsverfahren wurden einheitlich dem Familiengericht zugewiesen[295]. Unterhaltsverfahren können isoliert oder im Verbund durchgeführt werden. Die Vorschriften über Anerkennung und Vollstreckung ausländischer Entscheidungen gemäß § 328 ZPO bleiben unverändert.

I. Internationales Zivilverfahrensrecht

Im folgenden wird die Reform des internationalen Zivilverfahrensrechts im Hinblick auf die Besonderheiten im Internationalen Kindschaftsrecht dargestellt.

Die Reform des internationalen Zivilverfahrensrechts ist durch eine einheitliche Anknüpfung für eheliche und nichteheliche Kinder gekennzeichnet[296]. Dies wirkt sich insbesondere bei Anknüpfung von Anfechtungsverfahren aus. Es wird nicht mehr zwischen der Anfechtung der Ehelichkeit und der Anerkennung unterschieden, sondern beides als Anfechtung der Vaterschaft bezeichnet.

---

292 BT-Drucks. 13/4899, 137.

293 BT-Drucks. 13/4899, 29, 51.

294 BT-Drucks. 13/4899, 69f.

295 *Büttner*, FamRZ 1998, 585ff.; *Familienrechtskommentar/Hofmann*, § 640 ZPO, Rn. 2.

296 *Büttner*, FamRZ 1998, 585 (586).

1. Sachliche Zuständigkeit

Sachlich wird die internationale Zuständigkeit durch Staatsverträge eingeschränkt, die dem nationalen Kollisionsrecht entsprechend dem Grundsatz des Art. 3 II EGBGB vorgehen. Im Verhältnis zwischen Italien und Deutschland gelten das Haager Minderjährigenschutzabkommen und das Haager Abkommen über Kindesentführung. In Unterhaltssachen gilt Art. 5 I Nr. 2 EuGVÜ, das aber keine ausschließliche Zuständigkeit beinhaltet. Auch Brüssel II, das zwar auch Sorgeverhältnisse, aber nur für den Fall der Scheidung beinhaltet, und in Art. 4 ausdrücklich auf das Haager Kindesentführungsübereinkommen verweist, ist mittlerweile in Kraft, während Brüssel II a, welches nichteheliche Kinder betrifft, noch nicht in Kraft getreten ist[297].

Kindschaftssachen sind sowohl Abstammungsverfahren über die Feststellung des Bestehens oder Nichtbestehens eines Eltern-Kind-Verhältnisses gemäß § 640 II Nr.1 ZPO[298], die Anfechtung der Vaterschaft (Anfechtung der Ehelichkeit und der Anerkennung) gemäß § 640 II Nr. 2 ZPO sowie Sorge- und Umgangsverfahren gemäß § 640 II Nr. 3 ZPO.

Gegenüber der alten Rechtslage sind folgende Neuerungen erkennbar: Die Vaterschaft kann auch auf Antrag oder Klage der Mutter festgestellt werden[299]. Die Anfechtung der Vaterschaft betrifft nach deutschem Recht die Anfechtung der Ehelichkeit und der Anerkennung[300]. § 640 II Nr. 3 ZPO umfaßt den Streit um das Erreichen der Volljährigkeit, aber nicht um das Ruhen der elterlichen Sorge gemäß § 1673 BGB[301].

Seit der Reform sind die Verfahren der freiwilligen und der streitigen Gerichtsbarkeit den Familiengerichten, einer Unterabteilung der Amtsgerichte zugewiesen. Die Verfahren richten sich nach den Vorschriften der ZPO. Unklar ist noch die Regelung der internationalen Zuständigkeit im Fall des Todes einer Partei (§ 1600e BGB). Hier ist streitig, ob wird das Anfechtungsver-

---

297 Hier ist am 1.3.2001 die entsprechende EU-Verordnung in Kraft getreten (Abl. EG 2000 Nr. 160. S. 19 f), welche das Übereinkommen Brüssel II (Amtsblatt EG 1998 II 221) ablöst. Brüssel II a, welches die Zuständigkeit für nichteheliche Kinder in Sorge- und Umgangsverfahren betrifft (Amtsblatt C 12 vom 15.1.2001, S. 1) ist dagegen noch nicht in Kraft. Dazu genauer *Busch*, IPRax 2003, 218 m. w. Nachw.

298 *Büttner*, FamRZ 1998, 585 (587).

299 *Büttner*, FamRZ 1998, 585 (587).

300 Da sich im internationalen Kontext die Klageformen nach der lex causae richten, sind darin auch die italienischen Verfahren der Anfechtung der ehelichen Abstammung, der Anerkennung, der Legitimation sowie der unrichtigen Eintragung ins Personenstandsregister enthalten; vgl. dazu *Jayme*, Jahrbuch für italienisches Recht 11 (1998), 235ff.

301 *Zöller/Philippi* § 640 ZPO, Rn. 28.

fahren nach den Vorschriften der freiwilligen Gerichtsbarkeit gemäß § 56c FGG[302] oder analog § 640 ZPO weitergeführt wird[303].

2. *Internationale Zuständigkeit*

Die internationale Zuständigkeit in Kindschaftssachen ist in § 640a II ZPO ausdrücklich geregelt. Diese folgt aus der deutschen Staatsangehörigkeit (§ 640a II Nr.1 ZPO) oder dem gewöhnlichen Aufenthalt einer Partei im Inland (§ 640a II Nr. 2 ZPO).

Diese ausdrückliche Regelung der internationalen Zuständigkeit ist nicht ausschließlich. Für Verfahren der freiwilligen Gerichtsbarkeit genügt ferner der schlichte Aufenthalt im Inland, wenn Vermögen im Inland belegen ist[304]. Ferner greift § 35b II FGG in Fragen der Beistandschaft, ohne daß es dabei auf die Staatsangehörigkeit ankommt.

3. *Örtliche Zuständigkeit*

Grundsätzlich orientiert sich die internationale Zuständigkeit an der örtlichen Zuständigkeit[305]. Im Internationalen Kindschaftsrecht geht § 640 a I ZPO ausdrücklich auf den Inlandsbezug ein. Die internationale Zuständigkeit orientiert sich am Wohnsitz bzw. dem gewöhnlichen Aufenthalt der Parteien.

Gemäß § 640a I 1 ZPO wird an dem Wohnsitz des Kindes bzw. an seinen gewöhnlichen Aufenthalt, wenn kein Wohnsitz im Inland besteht, angeknüpft. Diese Anknüpfung dient dazu, bei Klagehäufung (z.B. durch Klagen gegen mehrere Väter) ein Spaltung der Zuständigkeit zu vermeiden[306]. Erhebt die Mutter Klage folgt die örtliche und internationale Zuständigkeit alternativ aus ihrem inländischen Wohnsitz oder beim Fehlen desselben aus ihrem gewöhnlichen Aufenthalt im Ausland (§ 640 a I 2 ZPO). Dies betrifft die Fälle, in denen die Mutter ein eigenes Feststellungsrecht hat. Hier wird das Kind beigeladen. Nur wenn das Kind und die Mutter weder im Inland einen Wohnsitz noch einen gewöhnlichen Aufenthalt haben, folgt die Anknüpfung subsidiär dem Wohnsitz des Mannes im Inland bzw. seinem gewöhnlichen Aufenthalt im Ausland (§ 640 a I 3 ZPO). Für deutsche Staatsangehörige ohne gewöhnlichen Aufenthalt im Inland ist das Familiengericht Berlin-Schöneberg international ausschließlich zuständig (§640 a I 4 ZPO).

---

302 *Familienrechtskommentar/Hoffmann*, § 640 Rn. 2; a.A. *Coester-Waltjen*, Jura 1999, 324ff.; sie befürwortet, auch in diesem Fall auf die internationale und örtliche Zuständigkeit § 640 ZPO analog anzuwenden.

303 *Coester-Waltjen*, Jura 1999, 324ff.

304 *Keidel/Kunze/Winkler*, § 35b FGG, Rn. 4.

305 Zur Doppelfunktionalität der örtlichen Zuständigkeit vgl. BGHZ 44, 46 (47); BGH, FamRZ 1987, 464; vgl. auch BT-Drucks. 10/504 89; vgl. *Coester-Waltjen*, IPRax 1990, 26 (26 Fn. 3.); *v. Bar*, IPR I, Rn. 411; *Geimer*, Rn. 268.

306 BT-Drucks. 13/4899, 125.

4. *Zeitliche Anwendbarkeit*

Bereits begonnene Anfechtungsverfahren werden als Vaterschaftsprozeß weitergeführt[307].

5. *Anerkennung und Vollstreckung*

Die Anerkennung und Vollstreckung ausländischer Entscheidungen richtet sich nach § 328 ZPO, sofern nicht staatsvertragliche Sonderregelungen bestehen, die den nationalen Regelungen vorgehen, oder § 16 a FGG eingreift.

Die Anerkennung betrifft Urteile und Entscheidungen sowohl der freiwilligen als auch der ordentlichen Gerichtsbarkeit[308]. Auf die Bezeichnung der Entscheidung kommt es dabei nicht an. Sie bezieht sich nicht auf Prozeßurteile, welche z.B. wegen Unzuständigkeit ergehen, sondern ausschließlich auf Sachurteile[309].

a) Internationale Zuständigkeit gemäß § 328 I Nr. 1 ZPO

Die internationale Zuständigkeit ausländischer Gerichte beurteilt sich nach der Spiegelbildlichkeit[310]. Eine Entscheidung ausländischer Gerichte ist demnach anzuerkennen, wenn diese nach den Regeln deutschen Vorschriften international zuständig wären[311]. Für das deutsche Kindschaftsrecht richtet sich die internationale Zuständigkeit nach § 640a II ZPO. Die internationale Zuständigkeit gemäß § 640a II ZPO ist keine ausschließliche (§ 640a II 2 ZPO). Es geht dabei zum Beispiel um die Anerkennung von ausländischen Entscheidungen über die Feststellung oder Anfechtung der Vaterschaft[312].

b) Rechtliches Gehör des Beklagten § 328 I Nr. 2 ZPO

Die Anerkennung der ausländischen Entscheidung ist daran geknüpft, daß dem Beklagten rechtliches Gehör gewährt wurde, so daß er seine Rechte zur Verteidigung wahrnehmen konnte. Dies kann daran scheitern, daß auch bei ordnungsgemäßer Prozeßführung im Erststaat mangels Zustellung die Möglichkeit zur Verteidigung stark beeinträchtigt wurde.[313] Notwendig ist, daß

---

307 *Familienrechtskommentar/Hoffmann*, § 640 Rn. 8ff.

308 *Geimer*, Rn. 301, 1083.

309 *Zöller*, § 328 ZPO Rn. 23 a.

310 Da das italienische Recht denselben Grundsatz kennt (Art. 64 a IPRG) und seine internationale Zuständigkeit erweitert hat, führt dies zu verstärkter Wirksamkeit internationaler Entscheidungen.

311 BGHZ 52, 30 (37); *Kropholler*, IPR, 560; *Münchener Kommentar/Gottwald*, § 328 ZPO, Rn. 53. *Schack*, Rn. 831.

312 *Keller/Siehr*, 401.

313 BGH IPRax, 1993, 325ff. m. Anm. *Linke*, IPRax 1993, 285ff. (kein Familienrecht); BGH NJW 1993, 598 = JZ 1993, 619 m. Anm. *Schack*.

sich die Partei darauf beruft.[314] Da diese Vorschrift zum Schutz des Beklagten dient[315], ist eine unterbliebene Zustellung an den Kläger nicht beachtlich.

c) Entgegenstehende rechtskräftige Entscheidung

Die Anerkennung ist ferner zu versagen, wenn ein rechtskräftiges inländisches Verfahren der Anerkennung entgegensteht. Hierbei handelt es sich nach h.M. um einen Sonderfall des ordre public[316]. Die Auslegung streitet zwischen Priorität der ausländischen Entscheidung, Vorrang der letzten, d.h. aktuellsten Entscheidung und unbedingter Priorität der inländischen Entscheidung[317]. Das deutsche Recht beschreitet einen Kompromiß aus Priorität der ausländischen Entscheidung und Geltung inländischer Urteile[318].

Es ist streitig, ob es sich hierbei um eine selbständige negative Sachurteilsvoraussetzung (ne bis in idem)[319] oder einen Unterfall des Rechtsschutzbedürfnisses handelt[320]. Während die erste Ansicht eine Klage nach rechtskräftiger Entscheidung für unzulässig hält, führt die sachliche Bindung des zweiten Gerichts an die getroffene Entscheidung dazu, daß ein Rechtsschutzbedürfnis entfällt.

Ausnahmsweise ist dagegen eine erneute Klage zuzulassen, wenn die Urteilsurkunde verloren oder vernichtet ist oder die drohende Verjährung die Durchsetzung des Anspruchs zweifelhaft werden läßt[321].

d) Verstoß gegen den ordre public gemäß § 328 I Nr. 4 ZPO

Der ordre public beinhaltet die Grundentscheidungen des deutschen materiellen und Prozeßrechts[322]. Dabei geht es um nicht um eine Übereinstimmung inländischer und ausländischer Normen und nicht um eine "revision au fond"[323], sondern um die Vereinbarkeit mit Grundsatzentscheidungen des deutschen Rechts. Hierzu gehören angemessen Fristen bei der Vaterschaftsfeststellung und Anfechtung, angemessene Beweiswürdigung und Antragsrechte des Kindes[324]. Verstößt die ausländische Entscheidung gegen den deutschen ordre

---

314 *Zöller/Geimer*, § 328 ZPO, Rn. 131.

315 *Münchener Kommentar/Gottwald*, § 328 ZPO, Rn. 67.

316 *Firsching/v. Hoffmann*, § 3 Rn. 163, 110.

317 *Firsching/v. Hoffmann*, § 3 Rn. 164; *Schack*, Rn. 854ff.

318 Die wurde als Verstoß gegen den internationalen Entscheidungseinklang kritisiert. *Firsching/v. Hoffmann*, § 3 Rn. 164.

319 BGHZ 93, 287; BGH NJW 1985, 2535; *Münchener Kommentar/Gottwald*, § 322 ZPO, Rn. 10ff.

320 *Blomeyer*, § 88 III 2; *Arens/Lüke*, Rn. 353.

321 BGHZ 93, 287; BGH NJW 1994, 1352; *Rosenberg/Schwab/Gottwald*, § 151 III 1 b.

322 *Firsching/v. Hoffmann*, § 3 Rn. 165.

323 *Kropholler*, IPR, 557f.

324 *Raape/Sturm*, 353.

public, fragt sich, sie die Lücke zu schließen ist. Die Ansichten reichten von Fortbildung des anwendbaren Rechts[325], über eine kollisionsrechtliche Lösung mit Rückgriff auf das eigene Recht[326], bis zu einer Entwicklung eigener Sachnormen, die einen möglichst geringen Eingriff in das fremde Recht erlauben.

e) Gegenseitigkeit

Schließlich ist zwar grundsätzlich gemäß § 328 II ZPO erforderlich, daß der urteilende Staat die deutsche Entscheidung anerkennen würde[327]. In internationalen Kindschaftssachen gemäß § 640a ZPO wird aber auf diese Erfordernis der Gegenseitigkeit verzichtet, um auch andere Staaten zu einer großzügigere Anerkennungspraxis und zum Abschluß von Staatsverträgen zu bewegen[328].

Im deutsch-italienische Rechtsverkehr zeigt die Rechtsprechung zum Familienrecht, daß die italienische Reform und die großzügigere italienische Anerkennungspraxis aufgrund der Artt. 64 ff. IPRG auch eine stärkere Öffnung von deutscher Seite bewirkt haben[329].

f) Wirkungen der Anerkennung[330]

Hinsichtlich der Wirkung der Anerkennung wird nach h.M. die Wirkung nicht inländischen Normen gleichgestellt, sondern die Wirkungen des ausländischen Urteils auch auf den Anerkennungsstaat erstreckt[331]. Dazu gehören die materielle Rechtskraft, die Präklusionswirkung, ferner Interventions- und Streitverkündungen sowie die Tatbestand- und Gestaltungswirkung[332]. Die materielle Rechtskraft schließt die positive Gestaltungswirkung des Urteils und den Ausschluß anderweitiger Verfahren ein[333]. Hinsichtlich der Interventions- und Streitgenossenschaft gelten die ausländischen Normen, die im Wege der Substitution durch vergleichbare inländische Regelungen ersetzt werden[334].

---

325 *Ferid*, Rn. 3-34

326 *Kunz*, 93.

327 Auf eine Einzelfallentscheidung kommt es konkret nicht an. Im Verhältnis zu Italien ist die Voraussetzung der Gegenseitigkeit seit der Reform gegeben (Art. 64-66 IPRG).

328 *Firsching/v. Hoffmann*, § 3 Rn. 175, 114; *Kropholler*, IPR, 566f.; *Schack*, Rn. 872-874.

329 OLG Frankfurt/Main, Beschluß vom 29.1.1998, FamRZ 1998, 917 (das OLG bejaht seine Zuständigkeit allein aufgrund des Wohnsitzes - nicht des gewöhnlichen Aufenthalts - der Antragstellerin in Deutschland); zu Tendenzen von italienischer Seite vgl. *Nivarra*, Vita notarile, 1996, 554 (558).

330 *Kropholler*, IPR, 569.

331 *Kropholler*, IPR, 569; *Martiny*, Hdb. IZVR III/1 Rn. 367; *Gottwald*, ZZP 103 (1990) 261ff.

332 *Kropholler*, IPR, 570ff.; *Zöller/Geimer*, § 328 ZPO, Rn. 247; *Krzywon*, StAZ 1989, 93 (96); zur Gestaltungswirkung von Statusurteilen *Keller/Siehr*, 401.

333 *Kropholler*, IPR, 570.

334 *Kropholler*, IPR, 570.

Die Gestaltungswirkungen richten sich ebenfalls nach ausländischen Sachnormen[335]. Eine Begrenzung der Wirkungen insbesondere bei Statusurteilen wird als nicht mit dem Prinzip internationaler Öffnung vereinbar angesehen[336]. Dies bedeutet z.B., daß eine ausländische Legitimation in Deutschland ebenfalls eintragungsfähig ist, auch wenn dieser Rechtsinstitut in Deutschland seit der Reform nicht mehr existiert. Das gleiche gilt für Entscheidungen der elterlichen Sorge[337].

g) Vollstreckung

Die Vollstreckung ausländischer Entscheidungen richtet sich nach § 722 ZPO. Voraussetzung für die Vollstreckung ist, daß das ausländische Urteil rechtskräftig ist (§ 723 II ZPO) und gemäß § 328 ZPO anerkennungsfähig ist. Die überwiegend einheitliche Zuweisung der Kindschaftssachen an das Familiengericht lassen hier auch eine Vollstreckung gemäß §§ 722,723 II ZPO möglich erscheinen. Auch Entscheidungen aufgrund von Staatsverträgen unterliegen den §§ 722, 723 ZPO[338]. Die Vollstreckung von Unterhaltsentscheidungen richtet sich nach dem Haager Vollstreckungsübereinkommen von 1973. Anders als in Zivil- und Handelssachen gibt es im deutschen Verfahrensrecht zum internationalen Kindschaftsrecht noch keine automatische Anerkennung ausländischer Entscheidungen.

II. Abstammungsstatut

Nach der Reform ist die Anknüpfung der Abstammung sowie alle Fragen der Begründung des Eltern-Kind-Verhältnisses in Art. 19 I EGBGB geregelt. Grundsätzlich erfolgt eine einheitliche Anknüpfung für eheliche und nichteheliche Kinder, unabhängig von ihrem Status[339].

Die Abstammung des Kindes wird an den gewöhnlichen Aufenthalt des Kindes angeknüpft (Art. 19 I 1 EGBGB). Alternativ sind im Verhältnis zum jeweiligen Elternteils sein Heimatrecht anwendbar (Art. 19 I 2 EGBGB). Ist die Mutter verheiratet, kommt ferner das Ehewirkungsstatut gemäß Art. 19 I 3 EGBGB i.V.m. Art. 14 EGBGB, welcher sich an die sogenannte "Kegelsche Leiter" anlehnt, in Betracht. Art.14 EGBGB sieht die Anknüpfung an die gemeinsame Staatsangehörigkeit der Eltern, subsidiär an ihren gemeinsamen gewöhnlichen Aufenthalt, subsidiär an ihren letzten gemeinsamen gewöhnli-

---

335 *Zöller*, § 328 ZPO Rn. 19.

336 *Kropholler*, IPR, 571f.; (unter Hinweis auf § 328 II Nr. 3 ZPO aF); *Martiny*, Hdb. IZVR III/1 Rn. 403ff.m.w.N.; a.A. Zöller § 328 ZPO Rn. 20.

337 *Zöller/Geimer*, § 328 ZPO, Rn. 230; dagegen entfaltet eine ausländische außergerichtliche Sorgeerklärung in Deutschland keine Wirkung, wenn sie nicht den deutschen Anspruchsvoraussetzungen gemäß § 1626 a BGB entspricht.

338 *Kropholler*, IPR, 562ff.

339 BT-Drucks. 13/4988, 29, 51.

chen Aufenthalt vor. Während die beiden ersten Anknüpfungsalternativen wandelbar sind, da sie nicht an einen bestimmten Zeitpunkt geknüpft sind, ist die dritte Alternative unwandelbar[340]. Die alternative Anknüpfung soll die Feststellung der Abstammung im Interesse des Kindes erleichtern[341].

1. Begriffe, Vorfragen und Erstfragen

Zum Verständnis sind nähere Erläuterungen des Begriffs des gewöhnlichen Aufenthalts (a), sowie einiger im Zusammenhang mit dem Heimatrecht stehender Vor- und Erstfragen wichtig.

a) Begriff des gewöhnlichen Aufenthalts

Der gewöhnliche Aufenthalt ist der auf Dauer angelegte Daseinsmittelpunkt des Kindes[342]. Einer Verlagerung des gewöhnlichen Aufenthalts ist nicht nur zeitlich, sondern auch zweckgebunden. Insbesondere ist die soziale Einbindung zu beachten. So stellt z.B. ein ausbildungsbedingter Auslandsaufenthalt keine Verlagerung des gewöhnlichen Aufenthalts dar[343].

Der Begriff der gewöhnlichen Aufenthalts ist durch die Rechtsprechung im Kontext ausländerrechtlicher Normen unabhängig von Staatsverträgen konkretisiert worden. Danach besitzen ausländische Kinder, die in Deutschland geboren werden, dort ihren gewöhnlichen Aufenthalt[344], während Kinder, die aufgrund einer befristeten Aufenthaltserlaubnis (mit ihren Eltern) nach Deutschland gekommen sind, den gewöhnlichen Aufenthalt in ihrem Herkunftsland haben können[345].

b) Vorfrage der Ehelichkeit

Zur Anknüpfung an das Heimatrecht des Vaters gemäß Art. 19 I 2 EGBGB stellt sich die Vorfrage nach der Ehe der Eltern[346]. Im deutschen Kollisionsrecht ist umstritten, ob die Anknüpfung der Vorfrage der Ehelichkeit[347] selbständig[348] unselbständig[349] oder nach dem Günstigkeitsprinzip alternativ selb-

---

340 BT-Drucks. 13/4988, 137f.

341 *Henrich*, FamRZ 1998, 1401 (1402); *Münchener Kommentar/Klinkhardt*, Art. 19 EGBGB Rn. 14; *Rauscher*, IPR, 190; *Looschelders*, IPRax 1999, 420 (421); *Hay*, 303.

342 *Münchener Kommentar/Klinkhardt*, Art. 21 EGBGB Rn. 1f.

343 *Münchener Kommentar/Klinkhardt*, Art. 21 EGBGB Rn. 6.

344 IPRspr. 1995, Nr. 107.

345 IPRspr. 1995, Nr. 106.

346 *v. Hoffmann*, 322f.

347 *Münchener Kommentar/Klinkhardt*, Art. 19 EGBGB nF Rn. 30ff.

348 LG Hamburg, StAZ 1956, 115 (116); AG Hamburg, StAZ 1964, 74, (75); BGH FamRZ 1965, 311 (312); KG FamRZ 1973, 313 (314); OLG Frankfurt, StAZ 1977, 312 (313); OLG Karlsruhe, FamRZ 1983, 757; AG Tübingen, IPRax 1988, 397; *Ferid/Böhmer*, Rn. 8-251; *Beitzke*, ZfJ 1986, 477 (482); *Oberloskamp*, ZfJ 1987, 545 (557); *v.Bar*, IPR II Rn. 308; *Koch/Magnus/Winkler v. Mohrenfels*, 13; *Erman/Hohloch*, Art. 19 aF Rn. 18;

ständig oder unselbständig[350] anzuknüpfen ist. Die herrschende Meinung knüpft diese Vorfrage selbständig an[351]. Dies führt dazu, daß Kinder aus polygamen Ehen als ehelich gelten, wenn diese gemäß Art. 13 EGBGB wirksam zustande gekommen sind. Das deutsche Recht bejaht die Ehelichkeit des Kindes ferner bei hinkenden Ehen, nicht aber bei nichtigen Ehen.

Jedoch erscheint eine alternative Anknüpfung auch hier geboten: Der Sinn der alternativen Anknüpfung liegt darin, die Begründung des Eltern-Kind-Verhältnisses zu fördern. Auch wenn der Familienfrieden durch eine zusätzliche Anknüpfungsalternative gemäß Art. 19 I 3 EGBGB geschützt werden soll, steht nicht die eheliche Kindschaft, sondern das Eltern-Kind-Verhältnis überhaupt im Vordergrund. Dem Kind soll die Feststellung seiner Abstammung im Interesse der Wahrheit erleichtert werden[352]. Die alternaive Anknüpfung der Vorfrage liegt somit im Interesse des Kindes.

c) Erstfrage nach der Staatsangehörigkeit der Eltern

In Verhältnis zu jedem Elternteil kann die Abstammung auch nach seinem Heimatrecht bestimmt werden. Die Staatsangehörigkeit bei Doppelstaatern richtet sich nach Art. 5 I EGBGB. Dabei wird bei Mehrstaatlern auf die effektive Staatsangehörigkeit abgestellt (Art. 5 I 1 EGBGB). Ist darunter auch die deutsche Staatsangehörigkeit, gilt diese gemäß Art. 5 I 2 EGBGB als effektiv.

d) Erstfrage nach der Ehe der Mutter

Es stellt sich gemäß Art. 19 I 3 EGBGB die Erstfrage[353] nach der Ehe der Mutter, da dafür in Art. 19 I 3 EGBGB zusätzliche Anknüpfungsalternativen vorgesehen ist. Auch diesen ist im Interesse des Kindes anzuknüpfen[354]. Entscheidend ist der Zeitpunkt der Geburt des Kindes oder, wenn die Ehe vorher durch Tod aufgelöst wurde, der Zeitpunkt des Todes. Art. 19 I 3 EGBGB

Kegel, IPR, § 20 IX 1; *Firsching/v.Hoffmann*, § 8 Rn. 123; *Soergel/Kegel*, Art. 19 aF Rn. 5, allgemein BGH FamRZ 1981, 651 (653); *Bayer/Knörzer/Wandt*, FamRZ 1983, 770 (773).

349 LG Köln, StAZ 1954, 13f., *Neuhaus*, FamRZ 1965, 541 (543); *Wengler*, JR 1963, 41 (43f. m.w.N.); *ders.*, IPRax 1991, 105ff.

350 *Münchener Kommentar/Klinkhardt*, BGB Art. 19 EGBGB nF Rn. 32, 35; *v. Hoffmann*, 322f.

351 *Hay*, 302; a.A. *Münchener Kommentar/Klinkhardt*, Art. 19 EGBGB nF Rn. 34; der eine alternative selbständige oder unselbständige Anknüpfung der Erstfrage der Ehe beantwortet und unter Günstigkeitserwägungen auch eine Ehe nach einem der gemäß Art. 19 I 1 und 2 EGBGB anwendbaren Rechte für die Ehelichkeit genügen lassen will.

352 *v. Hoffmann*, 323; *Rauscher*, 193.

353 Die Erstfrage ist im Tatbestand der Kollisionsnorm enthalten, vgl. *Koch/Magnus/Winkler v. Mohrenfels; Kropholler*, IPR, 204f.; *Neuhaus*, Grundbegriffe, 346; Terminologisch als Vorfrage bezeichnet von *Palandt/Heldrich*, Art. 19 EGBGB Rn. 5; *Andrae*, Rn. 465.

354 *Münchener Kommentar/Klinkhardt*, Art. 19 EGBGB Rn. 32; *v. Hoffmann*, 323.

kommt dagegen nicht in Betracht, wenn das Kind nach Scheidung oder nach Aufhebung der Ehe geboren wurde[355].

e) Zeitpunkt

Die Anknüpfung ist wandelbar, indem sie nicht mehr auf den Zeitpunkt der Geburt des Kindes abstellt. Dieser ist lediglich bei der Anknüpfung an das Ehewirkungsstatut maßgebend (Art. 19 I 3 EGBGB). Ist die Mutter verheiratet, oder wurde die Ehe durch den Tod vor der Geburt des Kindes beendet, erhält das Kind verheirateter Eltern bei Geburt immer einen Vater[356].

f) Regelungsbereich

Das Abstammungsstatut regelt die Begründung der Eltern-Kind-Beziehung zum Vater und zur Mutter. Bei nichtehelichen Kindern geht es um die Feststellung der Abstammung. Dazu gehört die Frage, ob für die Abstammung von der Mutter eine Anerkennungserklärung notwendig ist, sowie Abstammungsvermutungen oder Anerkennungsverbote, Zustimmungserfordernisse und die Antragsberechtigung für eine gerichtliche Feststellung[357]. Ferner zählen hierzu die Legitimanerkennung. Die Wirkungen der Anerkennung richten sich nach der lex causae[358].

2. Anerkennung

Hinsichtlich der materiellrechtlichen Regelung der Abstammung wird in den verschiedenen Rechtsordnungen zwischen dem Abstammungs- und dem Anerkennungssystem unterschieden.[359] Beide Systeme existieren in den verschiedenen Rechtsordnungen auch in Übergangs- und Mischformen.[360] Das Abstammungssystem gründet die Abstammung auf die Tatsache der Geburt, während das Anerkennungssystem eine Willenserklärung der Eltern erfordert. Welches System anwendbar ist, entscheidet das gemäß Art. 19 EGBGB zu bestimmende Abstammungsstatut. Deutschland folgt dem Abstammungssystem, Italien dem Anerkennungssystem, d.h. Voraussetzung für die Begründung einer nichtehelichen Abstammung ist eine Anerkennungserklärung. Dabei ist zur Herstellung der Abstammung sowohl seitens der Mutter als auch seitens des Vaters eine Anerkennungserklärung erforderlich. Es ist also rechtlich zwi-

---

355 *v. Hoffmann*, 323.

356 *Henrich*, FamRZ 1998, 1401 (1401).

357 *Münchener Kommentar/Klinkhardt*, Art. 19 EGBGB Rn. 23; *Palandt/Heldrich*, 59. Aufl., Art. 19 EGBGB Rn. 7; *Rauscher*, 189.

358 *Münchener Kommentar/Klinkhardt*, Art. 19 EGBGB Rn. 23.

359 *Schwab/Henrich*, *(Hrsg.)*, Entwicklungen im europäischen Kindschaftsrecht (1996), *Thieme*, Kindschaftsrecht im Wandel, 183ff.; *Verschraegen (Hrsg.)*, Gleichheit im Familienrecht (1997).

360 Einen Überblick gibt *Eschbach*, 12f.; siehe auch *Klinkhardt*, StAZ 1986, 237 (240).

schen anerkannten und nicht anerkannten ehelichen Kindern zu unterscheiden. Erst die Anerkennung begründet ein Eltern-Kind-Verhältnis.

3. *Gerichtliche Feststellung der Vaterschaft*

Die Vaterschaftsfeststellung greift ein, wenn die Feststellung Voraussetzung für einen Unterhaltsanspruch ist, wenn die Anerkennung nicht durchgeführt werden konnte[361], oder wenn die Vaterschaft angefochten wurde und ein Dritter als Vater festgestellt werden soll.

Die Rechtsprechung hatte bislang für die Feststellung als Vorfrage zur Unterhaltsfrage einen Gleichlauf vertreten. Dies harmoniert mit der Anknüpfungsalternative an den gewöhnlichen Aufenthalt des Kindes gemäß Art. 19 I 1 EGBGB. In Fällen, in denen bereits die Vaterschaft nach dem Heimatrecht eines Elternteils festgestellt wurde, bleibt diese Anknüpfung erhalten.

Erfolgt dagegen die Feststellung des Eltern-Kind-Verhältnisses wegen fehlender Anerkennung oder nach einer Anfechtung, kann alternativ an die Staatsangehörigkeit des betreffenden Elternteils oder an den gewöhnlichen Aufenthalt des Kindes angeknüpft werden. Ein Gleichlauf mit dem Anfechtungsstatut ist nicht erforderlich und insbesondere dann ausgeschlossen, wenn diese nach dem Ehewirkungsstatut erfolgte. Hier könne die Parteien die Rechtsordnung vorschlagen, die dem Kind die bessere Rechtsposition ermöglicht. Dies dient auch zur Vermeidung hinkender Rechtsverhältnisse.

Haben die Parteien keine Rechtswahl getroffen und spricht keine engere Verbindung für die Anwendung ausländischen Rechts, wird die Behörde oder das Gericht tendenziell die Lex fori anwenden, wenn das Aufenthaltstatut des Kindes oder das Heimatrecht des betreffenden Elternteils damit übereinstimmt. Dies dient der Praktikabilität.

4. *Legitimation*

Die Legitimation durch nachfolgende Eheschließung oder in sonstigen Fällen ist nach deutschem Recht gestrichen worden. Demzufolge entfällt nach der Reform auch das Legitimationsstatut.

Es ist streitig, wie z.B. eine in Legitimation nach italienischem Recht[362] zu qualifizieren ist[363]. Nach einer Ansicht ist diese ebenfalls dem Abstammungs-

---

361 Ein Verbot der Anerkennung gilt in Italien nach wie vor für Inzestkinder. Eine Feststellung der Abstammung ist aber im Zusammenhang mit einem Unterhaltsverfahren möglich; vgl. *Cian/Trabucchi*, Art. 253 CC Anm. I 1.

362 In Italien ist die Legitimierung durch nachfolgende Ehe nach wie vor möglich.

363 Bislang haben sich die deutsche Rechtsprechung und Literatur zur alten Rechtslage mit dem umgekehrten Fall auseinandergesetzt, daß ein ausländisches Recht keine Legitimation kannte, da die Kindschaft einheitlich geregelt war. Hierbei war zu differenzieren: Zunächst stellte sich die Frage der Qualifikation. Dabei standen sich die Meinungen der

statut nach Art. 19 EGBGB zuzurechnen[364]Nach anderer Meinung ist sie dem Wirkungsstatut gemäß Art. 21 zu unterstellen[365]. Schließlich wird vertreten, wegen der entstandenen Gesetzeslücke weiterhin an Art. 21 EGBGB a.F. anzuknüpfen[366].

Die zweite Ansicht scheint wenig praktikabel. Dazu wird ausgeführt, 21 EGBBG an den gewöhnlichen Aufenthalt zum Zeitpunkt der Eheschließung an[367]. Auf die lex fori solle es aber nicht entscheidend ankommen[368]. Wichtiger sei vielmehr, wo die Personenstandsänderung einträte[369]. Eine Legitimation werde demzufolge nur dann vermerkt, wenn z. B. die Ehe in Italien geschlossen wurde, aber nicht, wenn eine Eheschließung von Italienern in Deutschland erfolgt. Dies führt zu Ungleichbehandlung, Statusunsicherheit und hinkenden Rechtsverhältnissen.

Die letztgenannte Ansicht widerspricht den Grundgedanken der Reform, die Person des Kindes in den Vordergrund zu stellen. Die Anknüpfung an das Heimatrecht des Legitimierenden wie gemäß Art. 21 EGBGB a.F. ist auch nach der Reform gemäß Art. 19 I 2 EGBGB möglich. Dies spricht für eine Anknüpfung an das Abstammungsstatut.

Insbesondere im deutsch-italienischen Rechtsverkehr sprechen gute Gründe für eine Anknüpfung an das Abstammungsstatut gemäß Art. 19 EGBGB. Für die erste Auffassung spricht, daß das Kind bei Statusunterschieden nach dem Heimatrecht das Kind ein Interesse an der Legitimation hat. Dadurch ist es möglich, das für die Wirksamkeit der Legitimation günstigste Recht wählen zu können[370]. Eine Anknüpfung an das Wirkungsstatut hingegen würde die Rechtsfolgen der Legitimation für in Deutschland lebende Kinder vereiteln[371].

Qualifikation nach der lex causae, die so gut wie nicht mehr vertreten wurde, mit der Qualifikation nach der lex fori (*Rabel*, RabelsZ 1931, 241ff.) und der rechtsvergleichenden Qualifikation gegenüber. Dabei war der letzten Auffassung der Vorzug zu geben, da sie sich m Zweck der Anerkennung orientierte, vgl. *Koch/Magnus/Winkler v. Mohrenfels*, 8. Entsprechend wurde z.B. eine ausländische Anerkennung mit legitimierender Wirkung nach portugiesischem Recht als Legitimation qualifiziert, und die legitimierende Anerkennung als Legitimation in die deutschen Geburtsregister eingetragen.

364 BayObLG 14. 6. 1999; IPRax 2000, 135; zur alten Rechtslage ebenso *Hepting/Gaaz*, § 29 PStG, Rn. 137f., § 30 PStG, Rn. 247.

365 *Huber*, IPRax 2000, 116 (118f.); *Henrich*, FamRZ 1998, 1401 (1405); *ders.*, IPRax 1999, 114.

366 *Kegel/Schurig*, 815; OVG Hamburg, FamRZ 1998, 289; *Henrich*, IPRax 1996, 260ff.; *Hepting*, StAZ 1999, 97 ff.

367 *Huber*, IPRax 2000, 116 (118f.).

368 *Huber*, IPRax 2000, 116 (118); a.A. *Hepting*, StAZ 1999, 97 (98); allgemein dazu *Jaeckel*, Die Reichweite der lex fori im internationalen Zivilprozeß, 1995.

369 *Huber*, IPRax 2000, 116 (119).

370 Zur Bedeutung der Rechtswahl bei der alternativen Anknüpfung siehe unten § 17 I 2 b und c.

371 *Rauscher*, 195.

Hinsichtlich der Wirkungen scheint es sinnvoll, die ausländische Legitimation auch in die deutschen Register einzutragen, um hinkende Rechtsverhältnisse zu vermeiden. Entscheidend ist die Statusverbesserung. So wird nach der jüngsten Rechtsprechung eine Personenstandsänderung z.B. durch nachfolgende Eheschließung auch dann eingetragen, wenn diese nur im Verhältnis zum Heimatrecht des betreffenden Elternteils besteht[372]. Hinsichtlich der legitimierenden Anerkennung[373] gilt erst recht eine Anknüpfung an das Abstammungsstatut[374]: Soll nach dem anwendbaren Recht die Anerkennung mit legitimierender Wirkung verknüpft sein[375], wird ihr diese Wirkung zugeschrieben, ist dies nicht der Fall bleibt es bei der Kreation des Abstammungsverhältnisses.

Schließlich wir auch die Legitimation nach islamischem Recht (kafala) Art. 19 EGBGB zugeordnet. Diese ist zwar weder an eine Heirat der Eltern, noch an eine Anerkennung, noch an eine gerichtliche Feststellung gebunden, führt aber auf Umwegen zur Ehelichkeit des Kindes[376]. Auch hier entspricht es dem Gedanken der Gleichstellung, das Eltern-Kind-Verhältnis an Art. 19 EGBGB anzuknüpfen.

5. Renvoi

Streitig ist, ob gemäß Art. 4 EGBGB ein Renvoi beachtlich ist. Es fragt sich, ob Art. 19 EGBGB eine Sachnorm- oder eine Gesamtverweisung enthält.

Nach einer Ansicht ist ein Renvoi gemäß Art. 4 EGBGB nur dann beachtlich, wenn er nicht die Zahl der alternativ anwendbaren Rechte einschränkt, da eine solche Einschränkung dem Sinn der alternativen Anknüpfung widerspräche[377].

---

372 BayObLG 14..6. 1999, IPRax 2000, 135, 116 m. kritischen Anm. Huber; a.A. *Henrich*, FamRZ 1998, 1401 (1405); *ders.*, IPRax 1999, 114, *ders.*, IPRax 1996, 260ff.; *Hepting*, StAZ 1999, 97ff.

373 Zum bisherigen Streitstand vgl. für eine Anknüpfung an das Abstammungsstatut: *Hepting*, FS Ferid (1988), 163 (173f.); *Ferid*, Rn. 8-294; für eine Anknüpfung an das Legitimationsstatut: OLG Hamm, FamRZ 1969, 345 (346); AG Heilbronn, StAZ 1970, 199; AG Freibug, StAZ 1981, 326; OLG Bremen, StAZ 1984, 342; AG Freiburg, StAZ 1986, 14; AG Lübeck, StAZ 1988, 209; *Massfelder*, StAZ 1950, 156ff.; *Wengler*, JR 1973, 488 (490); *Reichard*, StAZ 1986, 194 (197); *Palandt/Heldrich*, Art. 21 EGBGB aF, Rn. 9; für eine Anknüpfung an das Wirkungsstatut: *Palandt/Heldrich*, 57. Aufl. vor Art. 20 EGBGB aF, Rn. 10; abweichend ders. Art. 20 aF Rn. 4 und Art. 21 EGBGB aF, Rn. 9.

374 Dazu gehören auch eventuell erforderliche Zustimmungen vgl. *Münchener Kommentar/Klinkhardt*, Art. 19 EGBGB Rn. 25.

375 Unterschiede können auch bei der einheitlichen Kindschaft dadurch entstehen, wenn einige Rechtsordnungen zwar eine Unterhalts- und erbrechtliche Gleichstellung vorsehen, aber im Namens- und Sorgerecht differenzieren (weil z.B. für ein gemeinsames Sorgerecht wie gemäß § 1626a I BGB eine gemeinsame Sorgeerklärung erforderlich ist).

376 *Kegel/Schurig*, 820.

377 *Henrich*, Int. FamR, 178; *Kropholler*, IPR, 159f.; *Palandt/Heldrich*, Art. 4 EGBGB Rn. 7; *ders*, Art. 19 Rn. 2; *Soergel/Kegel*, Art. 4 EGBGB Rn. 28; *Rauscher*, 75; a.A. *Mün-*

Eine Erweiterung der anwendbaren Rechte sei dagegen zulässig[378]. Eine andere Ansicht sieht dagegen in der alternativen Anknüpfung ausschließlich Sachnormverweisungen[379]. Eine dritte Meinung will dagegen einen Renvoi nach dem Heimatrecht eines Elternteils ausschließen[380]. Eine vierte Auffassung differenziert: Die Anknüpfung an den gewöhnlichen Aufenthalt enthalte eine Sachnormverweisung, die an das Heimatrecht der Eltern dagegen eine Gesamtverweisung[381].

Die beiden letzten Ansichten erscheinen wenig praktikabel. Zugunsten der letzten Ansicht wird allerdings angeführt, daß sie einen Gleichlauf mit dem Unterhaltsstatut vorsehe: Die Anknüpfung an den gewöhnlichen Aufenthalt des Kindes gemäß Art. 19 I 1 EGBGB beziehe sich auf das Umfeld des Kindes. Dadurch solle eine Harmonisierung mit Art. 4 I des Haager Übereinkommens über Unterhaltspflichten und Art. 2 MSA erzielt werden, die jeweils auf das innerstaatliche Sachrecht verweisen[382]. Anders verhalte es sich dagegen bei der Verweisung auf die Heimatrechte eines Elternteils gemäß Art. 19 I 2 EGBGB. Hier solle ein Renvoi gemäß Art. 4 I 1 EGBGB grundsätzlich beachtlich sein[383]. Reduziere sich dadurch allerdings die Zahl der alternativ anwendbaren Rechte, indem die Verweisung z.B. zu einem Recht führt, das sich bereits aus dem Ehewirkungsstatut ergibt, soll auch nach dieser Ansicht Art. 19 I 2 EGBGB als Sachnormverweisung anzusehen sein[384]. Der Renvoi orientiert sich demnach an drei Aspekten: Der alternativen Anknüpfung, dem Kindeswohl und dem Gleichlauf mit dem Unterhaltsstatut. Dagegen legt die erste Ansicht den Schwerpunkt auf den Sinn der alternativen Anknüpfung und das Kindeswohl.

Im Zuge der Internationalisierung des Kindschaftsrechts und dem Bestreben, die Interessen des Kindes flächendeckend optimal zu schützen, scheint eine Harmonisierung der Anknüpfung mit internationalen Übereinkommen sinnvoll. Durch diese Auslegung erhöht sich für die Parteien die Chance, ein sachnahes Recht anzuwenden. Deswegen ist ein Renvoi nur dann anwendbar, wenn er mit dem kollisionsrechtlichen Zweck der Vielfalt einer alternativen

---

chener Kommentar/Klinkhardt, Art. 19 EGBGB nF Rn. 18 ff, der einen Renvoi hinsichtlich der Anknüpfung an den gewöhnlichen Aufenthalt gemäß Art. 19 I 1 verneint, um einen Einklang mit dem Haager Unterhaltsabkommen zu erzielen; zum Streitstand vgl. *Staudinger/Hausmann*, Art. 4 EGBGB Rn. 87f.

378 *Palandt/Heldrich*, Art. 19 EGBGB Rn. 2.

379 *Schröder*, 148; *Baum*, 58.

380 *Henrich*, FamRZ 1998, 1401 (1403).

381 BT-Drucks. 13/4899, 137; ebenso *Münchener Kommentar/Klinkhardt*, Art. 19 EGBGB Rn. 18; *Hay*, 300.

382 BT-Drucks. 13/4899, 137; ebenso *Münchener Kommentar/Klinkhardt*, Art. 19 EGBGB nF Rn. 18; *Hay*, 300; *Looschelders*, IPRax 1999, 420.

383 *Münchener Kommentar/Klinkhardt*, Art. 19 EGBGB nF Rn. 19.

384 *Münchener Kommentar/Klinkhardt*, Art. 19 EGBGB nF Rn. 20.

Anknüpfung zur Begünstigung der wirksamen Abstammungsfeststellung vereinbar ist.

Dieses Ziel wird aber auch durch die erste und zweite Ansicht erreicht. Für die erste Ansicht spricht dabei folgendes: Unter Berücksichtigung des Günstigkeitsprinzips kann die alternative Anknüpfung nicht nur zu einem Günstigkeitsvergleich der anwendbaren Sachrechte führen, sondern bezieht auch die Verweisung des Kollisionsrechts mit ein, außer wenn dies dem Sinn der Verweisung widerspricht[385].

Unter dem Aspekt der Praktikabilität und der Sachnähe dürfte der materiellrechtliche Vergleich im Interesse des Kindes größere Bedeutung gewinnen[386], so daß die Rechtsvergleichung als Methode der Rechtsanwendung wichtig wird.

6. *Zustimmung*

Die Notwendigkeit der Zustimmung richtet sich nach dem Abstammungsstatut[387]. Zusätzlich unterliegt die Zustimmung zur Anerkennung, Feststellung oder Anfechtung der Abstammung gemäß Art. 23 EGBGB dem Heimatrecht des Kindes. Gemäß Art. 23 EGBGB ist das Heimatrecht des Kindes zu beachten. Dabei handelt es sich nach herrschender Ansicht um eine Sachnorm- und nicht um eine Gesamtverweisung[388]. Die Zustimmungserfordernisse des Heimatrechts gelten kumulativ[389]. Kann danach die Zustimmung nur unter großen Hindernissen erlangt werden, da der gesetzliche Vertreter diese verweigert, kann im auf diese verzichtet werden[390].

7. *Geschäftsfähigkeit*

Die bei der Anerkennung und der Vaterschaftsfeststellung auftretende Vorfrage der Geschäftsfähigkeit wird gemäß Art. 7 I EGBGB grundsätzlich selbständig angeknüpft. Sehen die ausländischen Sachnormen dagegen spezielle Regelungen für die Geschäftsfähigkeit in diesen Fällen vor, gilt ausnahmsweise eine unselbständige Anknüpfung[391].

---

385 *Hepting/Gaaz*, § 29 PStG, Rn. 156; *Rauscher*, 75f.

386 *Hepting/Gaaz*, § 29 PStG, Rn. 145.

387 *Münchener Kommentar/Klinkhardt*, Art. 19 EGBGB Rn, 25.

388 *Kropholler*, IPR, 376f.; *Palandt/Heldrich*, Art. 23 EGBGB Rn. 2; *v. d. Heyde*, Jahrbuch für italienisches Recht 10 (1997), 173ff. m.w.N.; a.A. *Staudinger/Henrich*, Art. 23 EGBGB aF Rn. 6; *Jayme*, IPRax 1990, 310; *v. Bar*, IPR II Rn. 323.

389 *Rauscher*, 189.

390 *Rauscher*, 192.

391 *Münchener Kommentar/Klinkhardt*, Art. 19 EGBGB Rn. 43; *Jayme*, StAZ 1976, 193 (197); *Siehr*, StAZ 1976, 356 (358).

8. Form

Hinsichtlich der Form der Vaterschaftsfeststellung oder der Anerkennung gilt gemäß Art. 11 I EGBGB entweder das Recht des Handlungsortes oder die lex causae[392]. Die Form betrifft die Frage, ob und wie eine öffentliche Beurkundung durchzuführen ist[393].

9. Ordre public

Der ordre public dürfte durch die alternative Anknüpfung weitgehend verdrängt werden, da bereits im Rahmen der Prüfung der Günstigkeit der alternativ anwendbaren Recht eine vergleichende Auswahl der anzuwendenden Rechte stattfindet. Der durch den ordre public gewährte Schutz des Schwächeren vor unangemessenen Nachteilen greift nur noch in denjenigen Fällen ein, in denen alle gemäß Art. 19 EGBGB anwendbaren Rechte einen Elternteil vollständig von der Elternrolle ausschließen. Diese Fallkonstellation ist angesichts der fortschreitenden Reformen im materiellen Kindschaftsrecht selten[394].

10. Alternative Anknüpfung

Die Auslegung der alternativen Anknüpfung bei der Anknüpfung der Abstammung ist streitig: Eine Meinung räumt dem Aufenthaltsrecht des Kindes generell Vorrang ein, während die anderen Anknüpfungsalternativen nur subsidiär eingreifen sollen[395]. Nach anderer Ansicht gilt das Prioritätsprinzip[396]: Die Vaterschaft des hänge davon ab, ob der Vater das Kind vor oder nach der Geburt anerkannt habe. Im ersten Fall verdränge die biologische Abstammung die Vaterschaftsvermutung des Ehemannes. Nach einer dritten Auffassung sei dasjenige Recht anwendbar, das zum wirklichen Vater führe[397]. Die zweite Ansicht ist abzulehnen, da die Vaterschaftszuordnung relativ willkürlich erscheint und zu Rechtsunsicherheit führt. Die letzte Ansicht könnte sich zwar auf den Kontext berufen, daß Art. 20 S.2 EGBGB die Anfechtung und damit die Feststellung der wahren Vaterschaft begünstige. Diese einseitige Auslegung widerspricht dem Zweck der Gesetzesreform, eheliche und nichteheliche Kinder gleichzustellen[398], da hier die nichteheliche Kindschaft favorisiert werden würde. Für ein subsidiäre Anknüpfung könnte zwar der Wortlaut des Ge-

392 *Henrich*, Int. FamR, 203; *Münchener Kommentar/Klinkhardt*, Art. 19 EGBGB Rn. 45.

393 A.A. BayObLG, DAVorm1979, 459 (462).

394 *Hepting/Gaaz*, § 29 PStG, Rn. 158; *Münchener Kommentar/Klinkhardt*, Art. 19 EGBGB Rn. 46.

395 *v. Hoffmann*, Rn. 132; *Henrich*, StAZ 1998, 1 (2).

396 *Palandt/Heldrich*, Art. 19 EGBGB Rn. 6.

397 *Henrich*, StAZ 1998, 1 (4); *Junker*, Rn. 565.

398 Siehe oben § 9.

setzes sprechen[399], da die Alternative in Art. 19 I 2 EGBGB angewendet werden "können". Sinn und Zweck der Norm sprechen aber dagegen. Die alternativen Anknüpfung beinhaltet anders als eine subsidiäre Anknüpfung ein Element der beschränkten Rechtswahl[400]. Dabei hat der Richter insofern eine wichtige Rolle, als er die Rechtswahl anhand von Indizien überprüft[401], um dem Kindeswohl gerecht zu werden. Daraus kann allerdings nicht mit der zweiten Auffassung immer gefolgert werden, daß der wirkliche Vater für das Kind besser ist. Vielmehr kommt es auf den Einzelfall an. Gegen die erste Ansicht spricht vor allem, daß gemäß Art. 20 EGBGB a.F. die Alternativität der anwendbaren Rechts als gleichrangige Anknüpfungsmöglichkeiten verstanden wurde[402]. Die historische Interpretation des Art.19 I EGBGB läßt den Schluß zu, daß der Gesetzgeber der alternativen Anknüpfung gemäß Art. 19 I EGBGB keine abweichende Bedeutung geben wollte[403]. Die herrschende Lehre löst daher diese Problematik im Hinblick auf das Kindeswohl.

II. Verpflichtungen des Vaters gegenüber der Mutter

Eine wichtige Neuheit und eine deutsche Besonderheit stellt die Anknüpfung der Unterhaltsverpflichtungen des Vaters gegenüber der Mutter dar (Art. 19 II EGBGB). Diese richtet sich nach dem gewöhnlichen Aufenthalt der Mutter. Diese dürften auch die Unterhaltsansprüche der Mutter während der Schwangerschaft umfassen. Art. 19 II EGBGB geht hier als lex speciales einer analogen Anwendung von Art. 18 EGBGB vor[404]. Eine Renvoi beinhaltet nach herrschender Meinung eine Gesamtverweisung[405].

---

399 Vgl. *v. Hoffmann*, Rn. 132.

400 Siehe unten § 17 I 2 b.

401 Siehe unten § 17 I 2 c.

402 BT-Drucks. 10/5632, 43; *Firsching/v. Hoffmann*, 5. Aufl. 1997, § 8 Rn. 132; *Palandt/Heldrich*, 57. Aufl., Art. 20 EGBGB aF Rn. 8; *Erman/Hohloch*, 9. Aufl. 1993, Art. 20 EGBGB aF Rn. 12; *Soergel/Kegel*, 12. Aufl. Art. 20 EGBGB aF Rn. 10ff.

403 So auch *Looschelders*, IPRax 1999, 240 (241); *Gaaz*, StAZ 1998, 241 (250); *Hay*, 303; *Rauscher*, 190.

404 *v. Hoffmann*, 326; ähnlich zur vergleichbaren Fragestellung zu Art. 20 EGBGB aF vgl. *Staudinger/Kropholler*, Art. 20 EGBGB aF, Rn. 27; a.A. *Palandt/Heldrich*, Art. 19 EGBGB Rn. 9; *Münchener Kommentar/Klinkhardt*, Art. 19 EGBGB Rn. 63.

405 *Münchener Kommentar/Klinkhardt*, Art. 19 EGBGB Rn. 61; *Palandt/Heldrich*, Art. 19 EGBGB Rn. 9.

III. Anfechtungsstatut

1. Art. 20 EGBGB

Das Anfechtungsstatut gemäß Art. 20 EGBGB vereinheitlicht in der Vaterschaftsanfechtung die Anfechtung der Vaterschaftsanerkennung und der Ehelichkeitsanfechtung, indem keine Statusunterschiede mehr vorhanden sind.

Gemäß Art. 20 S. 1 EGBGB kann die Abstammung nach jedem Recht angefochten werden, aus dem sich die Voraussetzungen des Art. 19 EGBGB ergeben (d.h. aus dem Recht am gewöhnlichen Aufenthalt des Kindes, aus dem Heimatrecht des betreffenden Elternteils oder aus dem Ehewirkungsstatut). Streitig ist, ob diese Anknüpfung davon abhängt, daß das Abstammungsstatut tatsächlich eine Abstammung begründet.

Nach einer Auffassung setzt die Beseitigung einer Eltern-Kind-Beziehung ihre Begründung voraus[406]. Nach anderer Ansicht ist eine Anfechtung auch nach den anderen gemäß Art. 19 I EGBGB alternativ anwendbaren Rechten möglich, welche die Vaterschaft, d.h. die eheliche Abstammung bzw. die Wirksamkeit einer Anerkennung verneinen[407]. Für die letztgenannte Auffassung spricht der Wortlaut, die Systematik des Gesetzes sowie der Sinn und Zweck, die Anfechtung zu begünstigen.

Begründen mehrere Rechte die Abstammung, sind nach dem insoweit offenen Wortlaut des Art. 20 S. 1 EGBGB zwei verschiedene Lösungen denkbar: Anwendung der lex fori oder Rechtswahl der Parteien[408].

Der systematisch Zusammenhang mit Art. 20 S. 2 EGBGB spricht dafür, daß der Anfechtungsberechtigte wählen darf, nach welchem dieser Rechte er anfechten möchte. Art. 20 S. 2 EGBGB Diese Vorschrift lautet: "Das Kind kann die Abstammung in jedem Fall nach dem Recht seines gewöhnlichen Aufenthalts anfechten". Dies erscheint auf den ersten Blick eine Wiederholung, da auch das Abstammungsstatut in Art. 19 I EGBGB an den gewöhnlichen Aufenthalt des Kindes anknüpft. Bei näherer Betrachtung gibt dieser Zusatz indessen möglicherweise Aufschluß über die Auslegung der Norm.

Die deutsche Lehre interpretiert ihn im Anschluß an die Gesetzgebungsmaterialien[409] in der Weise, daß die Anfechtung nach dem Recht des gewöhnlichen Aufenthalts des Kindes es diesem ermöglichen soll, auch dann die Abstammung anzufechten, wenn die Abstammung nur durch das Heimatrecht eines

---

406 *Münchener Kommentar/Klinkhardt*, Art. 20 EGBGB Rn. 3.

407 *Henrich*, FamRZ 1998, 1401 (1404); *Münchener Kommentar/Klinkhardt*, Art. 20 EGBGB Rn. 3.

408 Für Anwendung des strengsten Rechts zur Begünstigung der ehelichen Abstammung, die zur alten Rechtslage vertreten wurde, gibt es in der Neufassung des Gesetzes keinen Anhaltspunkt mehr, vgl. *Henrich*, FamRZ 1998, 1401 (1403).

409 BT-Drucks. 13/4899, 138.

Elternteils oder aus dem Ehewirkungsstatut begründet wird, das vom Aufenthaltsrecht des Kindes abweicht und möglicherweise die Anfechtung ausschließt oder sie nur unter sehr engen Voraussetzungen zuläßt (wie z.B. das türkische Recht)[410]. Die alternative Anknüpfung soll die Anfechtung erleichtern[411]. Sie dient dazu, hinkende Rechtsverhältnisse zu beseitigen und die Doppelvaterschaft zu vermeiden. Zur Beseitigung hinkender Rechtsverhältnisse kann die alternative Anknüpfung nicht nur gelten, wenn mehrere Rechte die eheliche Abstammung bejahen, sondern auch dann, wenn sie nur nach einer Rechtsordnung vorliegt.

Das Anfechtungsstatut betrifft die Anfechtungsberechtigten, Anfechtungsgründe, Beweisregeln, Vermutungen, Anfechtungsformen und Fristen[412]. Dagegen richtet sich die Durchführung des Klageverfahrens nach der lex fori[413].

2. *Renvoi*

Ein Renvoi ist nach hier vertretener Auffassung beachtlich, wenn er nicht den Kreis der anwendbaren Rechte verkleinert[414]. Diese Einschränkung gilt insbesondere für das Anfechtungsrecht des Kindes nach seinem gewöhnlichen Aufenthalt, damit dies nicht durch eine Weiterverweisung umgangen wird[415]. Ausnahmsweise dürfte im bei einem deutsch-amerikanischen Kind mit gewöhnlichem Aufenthalt in den USA eine versteckte Rückverweisung anzunehmen sein, da die Frage der Anfechtung nach amerikanischem Recht nicht geregelt ist. Hier ist eine versteckte Rückverweisung auf die lex fori anzunehmen[416].

3. *Ordre public*

Strengere Anfechtungsgründe als nach deutschem Recht verstoßen nicht gegen den ordre public[417]. Ein Verstoß liegt dagegen vor, wenn dem Kind kein Anfechtungsrecht gewährt wird[418]. Dies ergibt sich aus dem verfassungsrechtlichen Schutz, den das Recht des Kindes auf Kenntnis der eigenen Abstammung genießt[419]. Das Anfechtungsrecht des Kindes wird auch in Art. 20 S. 2

---

410 *Henrich*, FamRZ 1998, 1401 (1403); *Rauscher*, 194.

411 *Rauscher*, 190.

412 *v. Hoffmann*, 327; *Münchener Kommentar/Klinkhardt*, Art. 20 EGBGB Rn. 7-10; *Palandt/Heldrich*, Art. 20 EGBGB Rn. 3.

413 *Münchener Kommentar/Klinkhardt*, Art. 20 EGBGB Rn. 8.

414 Siehe oben § 9 II 5.

415 *Henrich*, Int. FamR, 185; a.A. *Palandt/Heldrich*, Art. 20 EGBGB Rn. 1.

416 *Kegel/Schurig*, 357; *Koch/Magnus/Winkler v. Mohrenfels*, 65.

417 OLG Celle, FamRZ 1975, 177 (178).

418 OLG München StAZ 1980, 333 (334) m. Anm. *Kropholler*; *Münchener Kommentar/Klinkhardt*, Art. 20 EGBGB Rn. 13; a.A. AG Regensburg, DAVorm1976, 143; KG IPRspr 180 Nr. 85; *Soergel/Kegel*, Art. 19 EGBGB aF Rn. 42.

419 BVerfG 31.1.1989, BVerfGE 79, 256.

EGBGB ausdrücklich gestärkt. Kein Verstoß gegen den ordre public wir dagegen angenommen, wenn das Kind ein Anfechtungsrecht erst nach Vollendung des 16. Lebensjahrs besitzt[420].

Hinsichtlich der Anfechtungsfristen verstößt grundsätzlich eine kürzere als die deutsche Frist nicht gegen den ordre public[421]. So gilt eine Frist von drei Monaten als mit dem Anfechtungsrecht vereinbar[422], während eine nur nach wenigen Tagen bemessene Frist als Verstoß gegen den ordre public angesehen wird[423].

4. *Alternative Anknüpfung*

Hinsichtlich des Anfechtungsstatut verhält sich der Meinungsstand zur alternativen Anknüpfung, wie folgt: Nach einer Auffassung setzt die Beseitigung einer Eltern-Kind-Beziehung ihre Begründung voraus[424]. Nach anderer Ansicht ist eine Anfechtung auch nach den anderen gemäß Art. 19 I EGBGB alternativ anwendbaren Rechten möglich, welche die Vaterschaft, d.h. die eheliche Abstammung bzw. die Wirksamkeit einer Anerkennung verneinen[425]. Für die letztgenannte Auffassung spricht der Wortlaut, die Systematik des Gesetzes sowie der Sinn und Zweck, die Anfechtung zu begünstigen.

Begründen mehrere Rechte die Abstammung, sind nach dem insoweit offenen Wortlaut des Art. 20 S. 1 EGBGB zwei verschiedene Lösungen denkbar: Anwendung der lex fori oder Rechtswahl der Parteien[426].

Ferner steht ausschließlich dem Kind alternativ die Anfechtung nach dem Recht am gewöhnlichen Aufenthalt zu, auch wenn dies die Abstammung gar nicht bejaht. Dies läßt sich aus dem Recht auf Kenntnis der eigenen Abstammung ableiten (favor veritatis)[427]. Hierfür spricht, daß im deutschen materiellen Recht im Hinblick auf diesen Gesichtspunkt die Anfechtungsmöglichkeiten des Kindes erweitert worden sind[428]. Also kann das Kind immer nach dem Recht des gewöhnlichen Aufenthalts anfechten (Art. 20 S. 2 EGBGB). Der Sinn dieser Regelung liegt darin, im Interesse des Kindes eine Anfechtungs-

---

420 OLG Düsseldorf, DAVorm1979, 142; a.A. AG Hamburg, DAVorm 1985, 423 (424).

421 *Andrae*, Rn. 470; *v. Hoffmann*, 327.

422 OLG Düsseldorf, FamRZ 1973, 311; *Münchener Kommentar/Klinkhardt*, Art. 20 EGBGB Rn. 13; *Soergel/Kegel*, Art. 19 EGBGB aF Rn. 142; *Rauscher*, DAVorm 1985, 619 (623); *Erman/Hohloch*, Art. 19 EGBGB aF Rn. 21.

423 *Jayme*, StAZ 1982, 301 (302); a.A. AG Spandau 4.6.1997; FamRZ 1998, 1132.

424 *Münchener Kommentar/Klinkhardt*, Art. 20 EGBGB Rn. 3.

425 *Henrich*, FamRZ 1998, 1401 (1404); *Münchener Kommentar/Klinkhardt*, Art. 20 EGBGB Rn. 3.

426 Für Anwendung des strengsten Rechts zur Begünstigung der ehelichen Abstammung, die zur alten Rechtslage vertreten wurde, gibt es in der Neufassung des Gesetzes keinen Anhaltspunkt mehr, vgl. *Henrich*, FamRZ 1998, 1401 (1403).

427 *Rauscher*, 193.

428 Siehe oben § 6 II.

möglichkeit nach dem Aufenthaltsstatut zu schaffen, auch wenn danach die Abstammung gar nicht begründet wurde[429].

Da beide Rechtsordnungen offensichtlich den Begriff des Kindeswohls als entscheidendes Kriterium für die alternative Anknüpfung unterschiedlich auslegen, wird dieser Begriff im folgenden näher untersucht werden.

Zusammenfassend läßt sich festhalten, daß dem Recht auf Kenntnis der eigenen Abstammung ein stärkeres Gewicht zukommt. Dies zeigt sich insbesondere daran, daß das Kind gemäß Art. 20 S. 2 EGBGB ein Anfechtungsrecht nach dem Recht des gewöhnlichen Aufenthalts ausüben kann, auch wenn nach dieser Rechtsordnung ein Eltern-Kind-Verhältnis gar nicht begründet wurde.

IV. Wirkungsstatut

1. Anknüpfung des Art. 21 EGBGB

Art. 21 EGBGB knüpft die Kindschaftswirkungen sowohl für eheliche als auch für nichteheliche Kinder einheitlich an den gewöhnlichen Aufenthalt des Kindes an. Diese Neuregelung tritt an Stelle der bislang für eheliche und nichteheliche Kinder geltenden gespaltenen Anknüpfung in den Artt. 19 und 20 EGBGB[430]. Die Anknüpfung an den gewöhnlichen Aufenthalt soll die Integration erleichtern[431] und zur Gleichbehandlung führen. Das Wirkungsstatut ist wandelbar[432], da der gewöhnliche Aufenthalt verlegt werden kann und nicht auf einen bestimmten Zeitraum abgestellt wird[433]. Die Vorfrage nach dem Eltern-Kind-Verhältnis richtet sich nach dem Abstammungsstatut (Art. 19 EGBGB), mit Ausnahme der Adoption, welche gemäß Art. 22 EBGBG angeknüpft wird.

2. Verhältnis von Art. 21 EGBGB und MSA

Inwieweit die elterliche Sorge- und Umgangsrechte darunter fallen oder ebenso wie bei der Gefährdung des Kindeswohls von Art. 3 MSA erfaßt werden, ist streitig. Die herrschende Meinung in Deutschland wendete bislang Art. 3

---

429 BT-Drucks. 13 /4899, 138; *Hay*, 304; *Henrich*, FamRZ 1999, 1401 (1404); *Rauscher*, 194.

430 *Palandt/Heldrich*, Art. 21 EGBGB nF Rn. 1.

431 Kritisch *Jayme*, IPRax 1996, 237ff.

432 Dazu kritisch *Looschelders*, IPRax 1999, 240 (245).

433 *Palandt/Heldrich*, Art. 19 EGBGB Rn. 4.

MSA an[434]. Nach neuer Rechtslage wird dagegen die elterliche Sorge Art. 21 EGBGB unterstellt, wenn seine Interessen nicht gefährdet sind[435].

Es fragt sich daher, wie sich daraus das Verhältnis zu allgemeinen Kollisionsnormen darstellt. Dies prägte sich im zwei Polen, nämlich der Vorbehalts- und der Kollisionsnormtheorie aus.

Die Kollisionsnormtheorie unterstellt das Gewaltverhältnis zwischen Eltern und Kindern immer an Art. 3 MSA.

Die Vorbehaltstheorie, der auch der BGH folgt, führt unter Berücksichtigung von Art. 1 und 3 MSA hinsichtlich der Gestaltung des Eltern-Kindverhältnisses zu einem "Kollisionsrechtlichen Spektralwunder"[436]. Außerhalb einer konkreten Schutzmaßnahme gestalte sich das Gewaltverhältnis zwischen Eltern und Kind anders als im alltäglichen Leben. Eine Anknüpfung an den gewöhnlichen Aufenthalt gemäß Art. 21 EGBGB führe zu bestimmten Vertretungsverhältnissen, die sich z.B. aus einem gemeinsamen oder alleinigen Sorgerecht ergäben[437].

Diese fänden ihre Grenze, sobald das Kind das Land verlasse, da jetzt darüber hinaus das Sorgeverhältnis nach dem Heimatrecht des Kindes anzuerkennen sei, welches abweichende Regelungen vorsehen könne. Die Fragwürdigkeit dieser Anknüpfung wird insbesondere dann deutlich, wenn, wie seit dem 1.7.1998 nach deutschem Recht für das gemeinsame Sorgerecht gegenüber nichtehelichen Kindern gemäß § 1626a BGB eine Sorgeerklärung abgegeben werden muß. Unterbleibt diese, hat nach deutschem Recht die Mutter die alleinige Sorge für das Kind, solange sie in Deutschland lebt. Ist der Vater Deutscher und lebt in Deutschland mit einer Italienerin zusammen, hat sie zunächst das alleinige Sorgerecht. Kommt es zum Konflikt, ist das Heimatrecht des Kindes, mithin italienische Recht für das Sorgeverhältnis maßgebend, welches bei Zusammenleben automatisch gemäß Art. 317bis CC ein gemeinsames Sorgerecht vorsieht. Diese instabile rechtliche Situation dürfte kaum den Interessen des Kindes gerecht werden. Es ergibt keinen Sinn, gemäß Art. 3 MSA ein Gewaltverhältnis anzuerkennen, daß erst im Konfliktfall konkretisiert wird, während das alltägliche Leben durch abweichende Zuordnungen und Vertretungsverhältnisse gekennzeichnet ist. Dagegen führt die Kollisionsnormtheorie zu einem kohärenten Ergebnis, indem sie das Wirkungssta-

---

434 *Allinger*, 70ff.; *Kropholler*, IPRax 1988, 285ff.; *Münchener Kommentar/Siehr*, 2. Aufl., Anh. Art. 19 EGBGB aF Rn. 56, 77; *Oberloskamp*, FamRZ 1990, 1; *Rauscher*, StAZ 1987, 121 (128f.); *Staudinger/Kropholler* Art. 20 EGBGB aF Rn. 72; *Winkler v. Mohrenfels*, IPRax 1989, 369 (369), *Henrich*, FS Schwind, 85.

435 BGH 2.5.1990; BGHZ 111, 199; *Palandt/Heldrich*, Art. 21 EGBGB Rn. 5; *Münchener Kommentar/Klinkhardt* Art. 21 EGBGB Rn. 9; *Henrich*, FamRZ 1998, 1401 (1404); hinsichtlich des Aufenthaltsbestimmungsrechts noch zweifelnd BGH FamRZ 1993, 47.

436 *Siehr*, IPRax 1987, 302 (303).

437 *Münchener Kommentar/Klinkhardt*, Art. 21 EGBGB nF Rn. 9.

tut sowohl im Normalfall als auch in Konfliktfall einheitliche bestimmt. Der Sinn des Art. 3 MSA beruht darauf, eine gewisse Kontinuität und Stabilität affektiver und realer Bindungen zu geben. Dieser Zweck würde durch die Vorbehaltstheorie ausgehöhlt[438]. Es entspricht daher dem Kindeswohl, der Kollisionsnormtheorie den Vorrang zu geben. Dies führt dazu, daß Art. 21 EGBGB n.F. stark in seinem Anwendungsbereich eingeschränkt wird.

Zum neuen Recht wird vertreten, behördliche oder gerichtlich begründete Gewaltverhältnisse dem Art. 3 MSA zu unterstellen, während Gewaltverhältnisse ex lege sich nach dem nationalen Kollisionsrecht richten sollen[439]. Dies entspricht dem Anliegen des Art. 3 MSA, dem Kind ein Höchstmaß an Stabilität und Kontinuität zu gewähren.

Die Geltung von Art. 3 MSA auch im Fall der Kindesentführung ist streitig. Nach einer Ansicht soll Art. 21 EGBGB soll auch im Fall der Kindesentführung gelten[440]. Nach anderer Auffassung greift hier das MSA[441]. Letztere Ansicht geht davon aus, daß die Kindesentführung eine Gefährdung des Kindeswohls darstellt, indem seine Interessen durch eigenmächtiges Handeln eines Elternteils beeinträchtigt werden. Dies ist aber insbesondere bei gemeinsamen Sorgeverhältnissen nicht notwendig der Fall. Rechtswidrig ist hier die Entziehung des Kindes gegen den Willen des anderen Partners. Die Kindschaftswirkungen richten sich daher auch in diesem Fall nach Art. 21 EGBGB.

3. *Anwendungsbereich*

Art. 21 EGBGB regelt somit die Entstehung, Träger, Beschränkungen, Ruhen, Entziehung und Verwirkung der elterlichen Sorge[442]

Unstreitig sind Unterhaltsansprüche vom Anwendungsbereich des Art. 21 EGBGB ausgenommen, da diese nach dem Haager Unterhaltsabkommen von 1973 anzuknüpfen sind. Der Kindesname wird gemäß Art. 10 EGBGB angeknüpft, das Erbrecht gemäß Art. 25 EGBGB. Die Pflegschaft wird nunmehr durch Art. 24 EGBGB geregelt, nicht durch Art. 21 EGBGB. Dieser schließt dagegen gesetzliche Vormundschaft eines Elternteils sowie Maßnahmen des Familien- bzw. des Vormundschaftsgerichts ein[443].

---

438 Zu verschieden Fallkonstellationen siehe z.B. § 14 V.

439 *Münchener Kommentar/Klinkhardt*, Art 21 EGBGB Rn. 8; a.A. *Andrae*, Rn. 535; diese sieht den Anwendungsbereich des Art. 21 EGBGB auf den gewöhnlichen Aufenthalt im Ausland beschränkt.

440 *Lorenz*, IPRax 1992, 305 (306); *Hüßtege*, ZfJ 1994, 253 (254).

441 *Holl*, IPRax 1999, 185 (185).

442 *Kegel/Schurig*, 790.

443 *Kegel/Schurig*, 790.

Art. 21 EGBGB umfaßt außer der elterlichen Sorge die Vertretungsverhältnisse sowohl für die Personen- als auch für die Vermögenssorge[444]. Dazu gehören im Einzelnen das Aufenthaltsbestimmungsrecht, die Vertretung des Kindes in Vermögensangelegenheiten, die Notwendigkeit behördlicher Genehmigungen und der Nießbrauch am Kindesvermögen[445]. Schließlich regelt Art. 21 EGBGB den gesetzlichen Wohnsitz des Kindes und Umgangsrechte des nicht sorgeberechtigten Elternteils[446]. Nicht geregelt von Art. 21 EGBGB sind dagegen Ansprüche aus unerlaubter Handlung zwischen Eltern und Kind[447]. Vertreten wird dagegen eine akzessorische Anknüpfung an das Wirkungsstatut, wenn es um die Verletzung von Pflichten geht, die unmittelbar aus dem Eltern-Kind-Verhältnis resultieren[448].

Die Anknüpfung der Vertretung des Kindes ist ebenfalls streitig: Nach einer Ansicht wird sie gemäß Art. 21 EGBGB durch das Recht des gewöhnlichen Aufenthalts des Kindes geregelt[449]. Nach anderer Ansicht wird die Vertretung auch von Art. 3 MSA erfaßt und daher durch das Heimatrecht des Kindes geregelt[450]. Eine dritte Ansicht knüpft die Vertretung zwar grundsätzlich an den gewöhnlichen Aufenthalt gemäß Art. 21 EGBGB an, will aber auch eine unselbständige Anknüpfung der Vertretung zulassen, wenn dies die Wirksamkeit begünstigt[451]. Zur Rechtsklarheit ist eine Anknüpfung an das Wirkungsstatut vorzuziehen. Nach deutschem Recht bedarf der gesetzliche Vertreter in einigen Fällen der Genehmigung des Familiengerichts. Auch dies Erfordernis richtet sich nach Art. 21 EGBGB, da es sich um einen Annex zur gesetzlichen Vertretung des Kindes handelt und nicht um eine Schutzmaßnahme im Sinne des MSA. Deswegen richtet sich auch die Erteilung der Genehmigung im Inland auch nicht nach dem MSA[452].

---

444 *Münchener Kommentar/Klinkhardt*, Art. 21 EGBGB Rn. 8; *Palandt/Heldrich*, Art. 21 EGBGB Rn. 5; Stuttgart, NJW-RR 1996, 1288; ferner auch das Aufenthaltsbestimmungsrecht, BGH FamRZ 1990, 1225 zweifelnd, BGH FamRZ 1993, 47; Haftung des Kindes für Verbindlichkeiten und der Eltern wegen der Verletzung familiärer Pflichten, BGH 1993, 2306 sowie auch die Entscheidung über die elterliche Sorge im Scheidungsfall, wenn nicht das MSA eingreift; *Münchener Kommentar/Klinkhardt*, Art. 21 EGBGB Rn. 9.

445 *Kegel/Schurig*, 790.

446 *Kegel/Schurig*, 791

447 BGHZ 119, 137 (145).

448 *Andrae*, Rn. 533; offengelassen in BGHZ 119, 137 (145).

449 *Rauscher*, 194.

450 Für eine Einbeziehung des MSA *Münchener Kommentar/Siehr*, 2 Aufl., Art. 19 EGBGB Anh. Rn. 57; dagegen *Staudinger/Kropholler*, Vorb. zu Art. 19 EGBGB Rn. 79ff.

451 *Henrich*, Int. FamR, 202.

452 *Staudinger/Kropholler*, Vorb. zu Art. 19 EGBGB Rn. 79ff; für eine Einbeziehung des MSA *Münchener Kommentar/Siehr*, 2 Aufl., Art. 19 EGBGB Anh. Rn. 57; *Andrae*, Rn. 534.

4. Renvoi

Umstritten ist, ob die Anknüpfung an den gewöhnlichen Aufenthalt im Wirkungsstatut eine Gesamt-[453] oder eine Sachnormverweisung[454] beinhaltet. Nach der ersten Meinung bezwecke die Norm, möglichst eine Übereinstimmung mit den Normen des Aufenthaltsstaates zu erzielen und widersprechende Entscheidungen zu vermeiden[455]. Nach der zweiten Ansicht enthalte Art. 21 EGBGB eine Sachnormverweisung, da die Vorschrift eine Harmonisierung mit Art. 4 I des Haager Übereinkommens über Unterhaltspflichten und Art. 2 MSA beabsichtige, die jeweils auf das innerstaatliche Sachrecht verweisen[456]. Im Interesse des Kindes ist es, jedenfalls den Unterhalt zu sichern und diesbezüglich Rechtsklarheit zu schaffen. Damit ist die zweite Auffassung überzeugender.

Im Verhältnis zu den USA kommt dagegen eine versteckte Rückverweisung in Betracht, wenn eine Rechtsordnung aus dem anglo-amerikanischen Rechtskreis berufen wird[457].

5. Ordre public

Die Gerichte stellten häufig die Frage, ob zum Schutz des Kindes der ordre public eingreife[458]. Diese Problematik stellte sich häufig gegenüber dem islamischen Rechtskreis[459]. Dabei wurde das Kind als Träger der Freiheitsgrundrechts aus Art. 2 I GG angesehen. In der Abwägung zwischen der Individualität der Kinder und der elterlichen Verantwortung genießt das Recht des Kindes Vorrang[460]. Damit soll derjenige Elternteil die elterliche Sorge erhalten, der am besten für das Wohl des Kindes sorgt[461]. Dies soll auch für ausländische Eltern gelten. Die Reform hat dagegen mit Art. 21 EGBGB eine allseitige Kollisionsnorm geschaffen. Darin liegt möglicherweise ein Gebot größerer Toleranz gegenüber ausländischen Rechtsordnungen[462]. Ihre Grenze findet dies aber in dem Gebot des § 1696 I BGB, ausländisches Recht nicht anzuwenden, wenn triftige Gründe des Kindeswohls dies verbieten.

---

[453] *Andrae*, Rn. 530; *Palandt/Heldrich*, Art. 21 EGBGB Rn. 1.

[454] *Münchener Kommentar/Klinkhardt*, Art. 21 EGBGB nF Rn. 4; zweifelnd *Münchener Kommentar/Sonnenberger* Art. 4 EGBGB Rn. 29.

[455] *Andrae*, Rn. 530.

[456] *Münchener Kommentar/Klinkhardt*, Art. 21 EGBGB nF Rn. 4.

[457] *Staudinger/Henrich*, Art.19 Rn. 287ff.

[458] BGH IPRax 1992, 794 (795); BGH IPRax 1993, 102; OLG Saarbrücken, IPRax 1993, 100; OLG Karlsruhe, IPRax 1993, 97; OLG Düsseldorf, FamRZ 1994, 644.

[459] *Rauscher*, JR 1993, 184 (185).

[460] BVerfGE 37, 217 (252).

[461] BVerfGE 35, 171 (181); BGH, IPRax 1993, 102 (103).

[462] *Andrae*, Rn. 539.

6. *Zusammenfassung*

Die Anknüpfung in Art. 19-21 EGBG an den gewöhnlichen Aufenthalt des Kindes führt dazu, daß die Anknüpfung flexibel und wandelbar wird. Dies bezweckt die rasche Anerkennung ausländischer Kinder, um die Integration zu fördern[463].

Die Feststellung der Abstammung soll dadurch erleichtert werden, daß alternativ an die Staatsangehörigkeit eines Elternteils angeknüpft wird. Die Staatsangehörigkeit des Kindes soll dagegen auch nicht subsidiär herangezogen werden, um die komplizierte Vorfrage der Staatsangehörigkeit des Kindes zu vermeiden[464]. Ist die Mutter verheiratet, kann auch alternativ an das Ehewirkungsstatut angeknüpft werden (Art. 19 I 3 EGBGB). Dies gilt auch, wenn die Ehe durch Tod aufgelöst wurde (Art. 19 I 4 EGBGB).

Das Anfechtungsstatut richtet sich nach denselben Anknüpfungen wie das Abstammungsstatut (Art. 20 S. 1 EGBGB). Art. 20 S. 2 EGBGB betont nochmals ausdrücklich, daß das Kind nach dem Recht seines gewöhnlichen Aufenthaltsorts anfechten darf. Weggefallen ist das Legitimationsstatut (Art. 21 EGBGB a.F.)[465], das mit der als schwerfälligen empfundenen gesonderten Anknüpfung an das Zustimmungsstatut (Art. 23 EGBGB a.F.) verbunden war. Die Kindschaftswirkungen in Art. 21 EGBGB knüpfen ebenfalls an den gewöhnlichen Aufenthalt des Kindes an, um die Integration des Kindes zu fördern.

Die Reform des deutschen IPR steht im Zusammenhang mit der Reform des deutschen materiellen Kindschaftsrechts von 1998, welche die Angleichung ehelicher und nichtehelicher Kinder bezweckte[466]. Daher enthält weder das IPR, noch das materielle Recht verbale Statusunterschiede zwischen ehelichen und nichtehelichen Kindern. Im materiellen Recht führt dies insbesondere bei der Anfechtung des Kindschaftsverhältnisses zu einer starken Angleichung der Normen. Die Gleichbehandlung täuscht indessen bei den Kindschaftswirkungen, weil trotz der einheitlichen Einführung der gemeinsamen elterlichen Sorge eine gemeinsame Sorgerechtserklärung der nicht miteinander verheirateten Eltern notwendig ist (§ 1626 a I BGB). Sonst erhält die Mutter wie bis-

---

463 *Kropholler*, IPR, 263ff.; *Basedow/Diehl-Leistner*, 13ff., sehen Deutschland als Einwanderungsland an und begründen so die Anknüpfung an den gewöhnlichen Aufenthalt, stellen aber auch fest, daß sich Deutschland in den Immigrationstendenzen nicht erheblich von anderen europäischen Staaten unterscheidet, welche an dem Staatsangehörigkeitsprinzip festhalten.

464 *Henrich*, FamRZ 1998, 1401 (1401f.).

465 Eine Anknüpfung der Legitimation an das Abstammungsstatut entsprach der herrschenden Meinung insbesondere gegenüber osteuropäischen Staaten, die früh die einheitliche Kindschaft eingeführt hatten, vgl. *Hepting*, IPRax 1993, 24ff.; Zu den Tendenzen in Deutschland vgl. *Henrich*, Entwicklungslinien, 187ff.

466 BT-Drucks 13/4899, 124.

lang die alleinige elterliche Sorge für das nichteheliche Kinder (1626 a II BGB)[467].

Prozessual verlagert die Reform die Zuständigkeit in Kindschaftssachen von den Vormundschaftsgerichten auf die Familiengerichte, deren Verfahren jetzt fast ausschließlich nach den Regeln der ZPO durchgeführt wird[468]. Die Vorschriften zur internationalen Zuständigkeit gemäß § 640 a ZPO sehen eine einheitliche Anknüpfung für eheliche und nichteheliche Kinder vor, um die Gleichstellung auch prozessual durchzuführen[469].

Das deutsche Kollisionsrecht erscheint auf den ersten Blick als homogene Regelung, da stets das Recht das gewöhnlichen Aufenthaltsorts des Kindes anwendbar ist. Freilich ist dabei zu beachten, daß keine große Stabilität besteht, weil der Begriff des gewöhnlichen Aufenthalts unbestimmt und der Aufenthaltsort wandelbar ist.

---

467 Darin könnte ein Verstoß gegen die Gleichberechtigung des Vaters gemäß Art. 3 II GG zu sehen sein; zum Recht auf beide Eltern vgl. BVerfGE 79, 256; der Grundsatz der Gleichstellung findet seine Grundlage in Art. 8 und Art. 14 EMRK und ist Bestandteil europäischen Rechtsprechung, vgl. Marckx v. Belgien, EGMR, EuGrZ 1979, 454.

468 BT-Drucks 13/4988, 124; *Büttner*, FamRZ 1998, 585ff.

469 BT-Drucks 13/4899, 124.

3. Abschnitt: Einheitliche Regelungen

§ 10 Vorrangige Staatsverträge

Der Anwendungsbereich des IPR wird sowohl in Italien als auch in Deutschland durch zahlreiche internationale Staatsverträge eingeschränkt. Diese haben gemäß Art. 2 IPRG und Art. 3 II EGBGB Vorrang vor nationalem Kollisionsrecht sowie aus dem internationalen Charakter der Staatsverträge[470]. Die meisten der im folgenden dargestellten Staatsverträge sind in Italien und Deutschland gleichermaßen in Kraft getreten; Ausnahmen betreffen das Münchener CIEC-Übereinkommen über die Anerkennung nichtehelicher Kinder, das Italien nicht ratifiziert hat[471], und das Römische CIEC-Übereinkommen über die Legitimation durch nachfolgende Ehe, das Deutschland bislang nicht ratifiziert hat[472]. Ferner ist auf das in Deutschland geltende bilaterale deutsch-iranische Niederlassungsabkommen einzugehen.

Das italienische IPRG enthält ferner im Kindschaftsrecht spezielle Hinweisnormen auf Staatsverträge. Dazu gehört Art. 42 IPRG, der auf das Haager Minderjährigenschutzabkommen vom 5.10.1961 verweist,[473] sowie Art. 45 IPRG, der Unterhaltsverpflichtungen dem Haager Abkommen von 1973 zuweist.[474] Insbesondere der Hinweis auf das Haager MSA geht über einen rein deklaratorischen Charakter hinaus: Vielmehr ist Art. 42 IPRG aufgrund des Vorbehalts von Art. 13 I MSA für die Anwendung des Haager Minderjährigenschutzabkommens konstitutiv. Ferner ist darin eine Spezialregelung für die Frage der Minderjährigkeit vorgesehen[475].

Die einschlägigen Staatsverträge lassen sich nach der geregelten Materien einteilen in Staatsverträge zum Kindschaftsrecht (I) und in Staatsverträge zum Internationalen Zivilverfahrensrecht (II).

I. Staatsverträge zum Kindschaftsrecht

Einschlägige multilaterale Staatsverträge im Kindschaftsrecht sind das römische CIEC-Übereinkommen über Vaterschaftsanerkenntnisse vom 14.9.1961, das Brüsseler CIEC-Übereinkommen über die Feststellung der Abstammung nichtehelicher Kinder vom 12.9.1962, das Münchener CIEC-Übereinkommen über die Anerkennung nichtehelicher Kinder vom 5.9.1980, das römische

---

470 *Siehr*, Berichte der deutschen Gesellschaft für Völkerrecht 27 (1986), 45ff.; *Keller/Siehr*, 280; *Pesce*, RIW 1995, 977 (978); *Bariatti*, Commentario, NLCC 1996, Art. 2, 890; *Menegazzi Munari*, Dir. fam. 1998, 1220ff.

471 Vgl. *Picone/Focarelli*, Nr. 39, S. 227.

472 Vgl. *Jayme/Hausmann*, Nr. 32, S. 76.

473 *Bonomi*, RDIPP 1995, 607ff.; *Picone*, RDIPP 1996, 705ff.

474 Vgl. dazu *Giardina*, Il nuovo diritto internazionale privato, 437; *Picone*, FS Vitta, 173 (236); *ders.*, RDIPP 1996, 705ff.

475 *Picone*, RDI 1996, 332ff.

CIEC-Übereinkommen über die Legitimation nichtehelicher Kinder durch nachfolgende Ehe vom 10.9.1970, das Haager Minderjährigenschutzabkommen vom 5.10.1961, die Haager Unterhaltsabkommen vom 24.10.1956 und 2.10.1973, das Haager Kindesentführungsübereinkommen vom 25.10.1980[476].

1. CIEC-Übereinkommen über die mütterliche Abstammung

Das Brüsseler CIEC-Abkommen über die mütterliche Abstammung nichtehelicher Kinder vom 12.9.1962 bezweckt, die Kluft zwischen dem Anerkennungs- und Abstammungssystem überbrücken, indem die materiellen Regeln über die mütterliche Abstammung vereinheitlicht werden[477]. Außerdem ist beabsichtigt, die Fälle von Staatenlosigkeit zu verringern, indem immer die Staatsangehörigkeit der Mutter übertragen wird, sofern eine Rechtsordnung der ius sanguinis folgt[478]. Das Abkommen ist in Deutschland in Kraft getreten[479], Italien ist kein Vertragsstaat.

Gemäß Art. 1 des Abkommens gilt als Mutter eines nichtehelichen Kindes, wer im Geburtseintrag als solche bezeichnet ist.

Der Anwendungsbereich des Abkommens ist streitig.

Beispielsfall: Eine italienische Mutter gibt vor der zuständigen italienischen Behörde ein Mutterschaftsanerkenntnis ab, das in einer Urkunde niedergelegt wird. Ist das Anerkenntnis in Deutschland wirksam?

Nach in Deutschland herrschender Meinung sind die Regelungen des Übereinkommens als Einheitsrecht anzusehen, welches die nationalen materiellen und kollisionsrechtlichen Normen verdrängt[480]. Nach dieser Ansicht ist die Frau, die im Geburtseintrag genannt ist, immer als Mutter des nichtehelichen Kindes anzusehen, unabhängig davon, ob die Eintragung in einem Vertragsstaat oder in einem Nichtvertragsstaat erfolgte und unabhängig von der Staatsangehörigkeit der Mutter oder des Kindes. Hierdurch werde die Rechtsstellung des nichtehelichen Kindes verbessert. Auch die Eintragung einer italieni-

---

476 Von den bilateralen Staatsverträgen ist hier nur das deutsch-iranische Niederlassungsabkommen vom 17.2.1929 und das deutsch-österreichische Vormundschaftsabkommen vom 5.2.1927 zu nennen, die aber hier nicht weiter behandelt werden; vgl. dazu *Kropholler*, IPR, 381f.

477 *Staudinger/Kropholler*, Vorb. zu Art. 20 EGBGB aF, Rn. 26.

478 *Böhmer*, StAZ 1972, 209 (209). Folgt eine Rechtsordnung der ius soli, ist das Kind ohnehin nicht staatenlos.

479 BGBl 1965 II 23, in Deutschland in Kraft seit dem 24.7.1965, BGBl. 1965 II 1163. Vertragsstaaten waren am 31.12.1995 ferner Griechenland, Luxemburg, Niederlande, Schweiz, Spanien, Türkei (Beilage BGBl. II Fundstellennachweis B 1995).

480 *Simitis*, RabelsZ 33 (1969) 30 (41f.); *Münchener Kommentar/Klinkhardt*, 2.Aufl. 1990, Art. 20 EGBGB Anh. II Rn. 6; *Soergel/Kegel*, Art. 20 EGBGB Rn. 55; *Sturm*, FamRZ 1982, 1158; so auch noch *Jayme/Siehr*, FamRZ 1971, 461.

schen Mutter in italienische Urkunde ist nach dieser Auffassung in Deutschland als Mutterschaftsanerkenntnis zu werten.

In anderen Vertragsstaaten wird das Abkommen nur angewendet, wenn Mutter und Kind einem Vertragsstaat angehören.[481] Nach dieser Auffassung fehlt an einer Anerkennung seitens der Mutter, wenn diese nicht die Staatsangehörigkeit eines Vertragsstaates besitzt. In dem soeben erwähnten Beispiel (italienisches Anerkenntnis einer italienischen Mutter) wäre demnach das Abkommen nicht anwendbar[482].

Eine dritte Ansicht ordnet Art. 1 des Abkommens materiellrechtlich ein, so daß das Abkommen nur anwendbar ist, wenn kollisionsrechtlich das Recht der lex fori[483] oder das Recht eines Vertragsstaates anwendbar ist.[484] Als Argument für diese Meinung wird angeführt, daß nur so ein internationaler Entscheidungseinklang gewährleistet sei und hinkende Rechtsverhältnisse vermieden würden[485]. Auch nach dieser Meinung wäre im Beispielsfall das Abkommen nicht anwendbar.

Im Ergebnis ist der ersten Ansicht zu folgen. Für sie spricht ihr Ergebnis, die Unterschiede zwischen Abstammungs- und Anerkennungssystemen zu mildern und Staatenlosigkeit zu verringern. Jedenfalls in dem in dem Beispielsfall (Italien) ist die Auffassung auch mit dem Ziel der Übereinkommen vereinbar, internationale Entscheidungsharmonie zu fördern[486]. Der Einwand, diese Ansicht sei mit dem Risiko hinkender Rechtsverhältnisse verbunden[487], geht insoweit ins Leere. Denn nach der Reform des italienischen IPRG werden ausländischer Rechtsakte (auch Beschlüsse) gemäß Art. 64 ff. IPRG für nach dem 1.1.1997 geborene Kinder automatisch anerkannt. Dies harmoniert auch mit dem Zweck des Art. 35 IPRG, die Wirksamkeit der Anerkennung zu begünstigen.

---

481 Vgl. für die Niederlande, die Schweiz und die Türkei *Böhmer*, StAZ 1972, 209 (213); so auch *Böhmer/Siehr*, 7.3. unter A. Anm. 3a; *Hausmann/Trabucchi*, StAZ 1982, 121 (121 Fn. 4); AG Hildesheim IPRspr 1973 Nr. 94, 236.

482 Da die Sachrechte der Vertragsstaaten weitgehend dem Abstammungssystem folgen, würde sich das Abkommen in den Vertragsstaaten im Ergebnis praktisch nicht auswirken, vgl. *Hepting/Gaaz*, § 29 b PStG, Rn. 40: Frankreich und Italien, die dem Anerkennungssystem folgen, sind dem Abkommen nicht beigetreten. Luxemburg und Spanien folgen dem Anerkennungssystem, haben materiell aber vergleichbare Rechtsfolgen.

483 So in Italien, vgl. *Böhmer*, StAZ 1972, 209 (213).

484 *Hepting/Gaaz*, § 29 b PStG, Rn. 42; *Staudinger/Kropholler*, Vorb. zu Art. 20 EGBGB Rn. 31, 32; *v. Bar*, IPR II, Rn. 305 Fn. 993; BayObLGZ 1982, 114 (115) = IPRspr. 1982 Nr. 92, 216f.; OLG Stuttgart 27.11.1989 NJW-RR 1990, 196 = StAZ 1990, 51 = IPRax 1990, 334 m. Anm. *Jayme* 309 = IPRspr. 1989 Nr. 141, 313. Nicht problematisiert von AG Münster 13.11.1973 IPRspr. 1973 Nr. 98 und 14.3.1974 FamRZ 1974, 330 = IPRspr. 1974 Nr. 121.

485 *Staudinger/Kropholler*, Vorb. zu Art. 20 EGBGB aF, Rn. 32.

486 Vgl. *Staudinger/Kropholler*, Vorb zu Art. 20 EGBGB aF, Rn. 32.

487 *Hepting/Gaaz*, § 29 b PStG, Rn. 41.

2. *CIEC-Übereinkommen über Vaterschaftsanerkenntnisse*[488]

Das Römische CIEC-Übereinkommen vom 14.6.1961 über die Erweiterung der Zuständigkeit von Behörden, die für die Anerkennung nichtehelicher Kinder zuständig sind, ist in Italien und Deutschland in Kraft. Es betrifft die Frage der Begründung eines Eltern-Kind-Verhältnisses. Das Abkommen bezieht sich auf materiellen Voraussetzungen und die Wirkung von Vaterschaftsanerkenntnissen. Die kollisionsrechtlichen Voraussetzungen für das Vaterschaftsanerkenntnis richten sich dagegen nach dem nationalen Kollisionsrecht.[489]

Der Zweck des Abkommens ist einerseits, die Unterschiede in den rechtlichen Regelungen verschiedener Staaten über die Wirkungen der Anerkennung abzumildern, andererseits die Zuständigkeiten der Behörden zu erweitern und die Konsulate zu entlasten.

Vaterschaftsanerkenntnisse können entweder ein echtes Verwandtschaftsverhältnis zwischen den Parteien begründen (Anerkennung mit Standesfolge) oder ausschließlich vermögensrechtliche Konsequenzen bewirken (Anerkennung ohne Standesfolge).[490] Durch das Abkommen sollen Angehörige von Staaten, die eine Anerkennung mit Standesfolge kennen, auch vor Behörden anderer Vertragsstaaten eine Erklärung mit gleicher Wirkung abgeben können.

3. *CIEC-Übereinkommen über die Anerkennung nichtehelicher Kinder*

Kollisionsrechtliche Vorschriften sind dagegen in dem bislang weder in Italien noch in Deutschland in Kraft getretenen Münchner CIEC-Übereinkommen[491] über die freiwillige Anerkennung nichtehelicher Kinder vom 5.9.1980 enthalten[492]. Art. 1-8 sehen zur freiwilligen Anerkennung der Vaterschaft vier Anknüpfungen vor: Die Staatsangehörigkeit oder den gewöhnlichen Aufenthalt des Anerkennenden sowie die Staatsangehörigkeit oder den gewöhnlichen Aufenthalt des Kindes. Nach allgemeiner Auffassung soll das Abkommen bei einem gewöhnlichen Aufenthalt in einem der Vertragsstaaten als loi uniforme auch für Angehörige von Nicht-Vertragsstaaten

---

488 BGBl. 1965 I 19, in Deutschland in Kraft seit 24.7.1965, BGBl. 1965 II 1162; in Italien in Kraft seit 5.8.1981, BGBl. 1981 II, 625. Weitere Vertragsstaaten sind Belgien, Frankreich, Niederlande, Schweiz, Türkei, Griechenland, Spanien, Portugal (Beilage BGBl. II Fundstellennachweis B 1999).

489 BGH 19.3.1975 BGHZ 64, 129 = NJW 1975, 1069 = MDR 1975, 654 = FamRZ 1975, 406 = IPRspr. 1975 Nr.82b; OLG Stuttgart 15.11.1989 NJW-RR 1990, 138 = FamRZ 1990, 559 = StAZ 1990, 50 = IPRax 1990, 332, 309; m. Anm. *Jayme*, DAVorm 1990, 378 = IPRspr. 1989 Nr. 138b; LG Bonn 14.10.1975 FamRZ 1976, 229 = IPRspr. 1975 Nr. 93; *Böhmer/Siehr*, 7.2 Einführung Anm. 6.

490 *Hepting/Gaaz*, § 29 a PStG, Rn. 51f., § 29 PStG, Rn. 25f.; *Böhmer/Siehr*, 7.2. Art. 1 Anm. 1a.

491 Brüssel 12.9.1962 BGBl.

492 *Kegel*, IPR, 718; *Böhmer*, StAZ 1980, 109 (114).

gelten[493]. Nach Inkrafttreten dürfte es in Deutschland den Art. 19 EGBGB n.F. teilweise verdrängen. Eine Ratifizierung ist in Italien in nächster Zeit nicht zu erwarten[494].

4. CIEC-Übereinkommen über die Legitimation durch nachfolgende Ehe

Nur in Italien ist das römische CIEC-Übereinkommen über die Legitimation durch nachfolgende Ehe in Kraft getreten[495]. Gemäß Art. 5 und Art. 9 gilt das Gesetz als loi uniforme und wird daher von den Vertragsstaaten auch im Verhältnis zu Nicht-Vertragsstaaten angewendet.

5. Haager Unterhaltsabkommen

In Deutschland und Italien sind sowohl das erste[496] als auch das zweite Haager Unterhaltsabkommen[497] (HÜ) von 1956 und 1973 in Kraft getreten. Während das erste Abkommen ausschließlich die Unterhaltsansprüche von Kindern regelte, betrifft das zweite Abkommen auch Unterhaltsansprüche zwischen Erwachsenen. Wegen Art. 18 I HÜ 1973 verdrängt das spätere Übereinkommen als lex posteriore gegenüber den Vertragsstaaten das frühere. Die Haager Unterhaltsabkommen sind anwendbar, wenn das Kind seinen gewöhnlichen Aufenthalt in einem Vertragsstaat hat[498]. Die vermögensrechtlichen Beziehungen zwischen Eltern und Kindern richten sich immer nach dem Recht am gewöhnlichen Aufenthalt des Kindes richten, da hierdurch die Umstände, die dem Unterhaltsanspruch zugrunde liegen, am besten erfaßt werden[499]. Das zweite Haager Unterhaltsübereinkommen gilt gemäß Art. 3 als loi uniform auch gegenüber Angehörigen von Nicht-Vertragsstaaten[500]. In Italien ergibt sich dies ausdrücklich durch die Formulierung "in ogni caso" ("in jedem Fall").[501]

6. Haager Minderjährigenschutzabkommen (MSA)

Das MSA trat am 17.9.1971 in Deutschland[502] und am 24.3.1995 in Italien in Kraft[503].

---

493 *Kegel*, IPR, 718.
494 *Clerici*, 103 (119).
495 In Italien in Kraft getreten am 5.8.1978, abgedruckt bei *Jayme/Hausmann*, 76.
496 In Deutschland in Kraft im Verhältnis zu Italien am 1.1.1962, BGBl. 1962 II, 16.
497 In Deutschland in Kraft getreten am 1.4.1987, BGBl. 1987 II, S. 225, in Italien am Gesetz vom 24.10.1980 Nr. 745 (GU Nr. 310 vom 12.11.1980). In Kraft getreten am 1.1.1982; *Picone/Foccarelli*, 44. Zwischen Vertragsstaaten verdrängt das spätere Abkommen das frühere.
498 Zum Begriff des gewöhnlichen Aufenthalts vgl. BGH 5.2.1975 = FamRZ 1975, 272.
499 *Baetge*, 22.
500 *Staudinger/Kropholler*, Vorb. Art. 19 EGBGB aF, Rn. 25.
501 *Carella*, Anm. zu Art. 45, NLCC 1996, 1274, *Davì*, FS Vitta, 75.
502 BGBl. 71 II 217.

Der persönliche Anwendungsbereich erfaßt im italienischen Recht gemäß Art. 42 II IPRG Minderjährige, die entweder nach ihrem Heimatrecht oder dem Recht ihres gewöhnlichen Aufenthalts minderjährig sind[504]. Aus deutscher Sicht richtet sich die Frage der Minderjährigkeit dagegen kumulativ nach dem jeweiligen nationalem Heimatrecht und dem Recht des Aufenthaltsorts (Art. 12 MSA)[505]. Nach dem Status des Kindes wird in beiden Staaten nicht unterschieden[506].

Hinsichtlich des räumlichen Anwendungsbereichs geht das MSA in Art. 2 MSA vom gewöhnlichen Aufenthalt des Kindes aus[507]. Wie Deutschland hat Italien von dem Vorbehalt des Art. 13 III MSA keinen Gebrauch gemacht, so daß das Abkommen gemäß Art. 13 I MSA auch auf Minderjährige anwendbar ist, die nicht in einem Vertragsstaat ihren gewöhnlichen Aufenthalt haben[508].

Der sachliche Anwendungsbereich des Abkommens umfaßt gemäß Art. 2 MSA "Regelungen und Eingriffe im Rahmen des ehelichen und nichtehelichen Kindschaftsverhältnisses, Vormundschaft und Pflegschaft" sowie "öffentlich rechtliche Schutzmaßnahmen", ferner die Durchführung der getroffenen Maßnahmen. Ausgenommen sind Geschäftsfähigkeit, eheliche Abstammung, Unterhalt, Legitimation, Adoption und Erbrecht, die traditionell durch nationale Kollisionsnormen oder Sonderabkommen geregelt werden[509].

Das anwendbare Recht richtet sich gemäß Art. 2 I MSA nach dem gewöhnlichen Aufenthalt des Kindes, es sei denn es besteht gemäß Art. 3 MSA nach dem Heimatrecht des Kindes ein Kraft Gesetzes anzuwendendes Gewaltverhältnis[510]. Die Behörden des Heimatstaates können gemäß Art. 4 II MSA Maßnahmen zum Schutz des Kindes treffen.

Es ist streitig, ob das MSA in allen Fällen der elterlichen Gewalt das nationale Kollisionsrecht verdrängt oder lediglich in konkreten Einzelfällen der Gefährdung anwendbar ist.

In Italien ist nach einer Ansicht das MSA nur in konkreten Einzelfällen der Gefährdung anwendbar[511]. Nach anderer Meinung betrifft dagegen das MSA

---

503 *Picone/Focarelli* Nr. 3 S. 35; zur Rechtslage vor Inkrafttreten des MSA vgl. Trib. min. Caltanissetta 9.2.1981 = Dir. fam. 1981, 556; Trib. min. Palermo 33.1987 mit Anm. *Tortorici* in Dir. fam. 1988, 276; Trib. min. Venezia 19.5.1992 = Dir. fam. 1993, 1127; App. Reggio Calabria 24.1.1991 = Foro it. 1992 I 938.

504 *Bonomi*, 617.

505 *Eschbach*, 69.

506 Für Italien, *Mosconi*, Diritto internazionale privato e processuale, 361.

507 Dazu ausführlich *Staudinger/Kropholler*, Vorb zu Art. 19 EGBGB aF Rn. 17ff. (29ff.).

508 *Bonomi*, 616.

509 *Staudinger/Kropholler*, Vorb zu Art. 19 EGBGB aF Rn. 37; vgl. oben die betreffenden Staatsverträge.

510 BGH 5.2.1992 = FamRZ 1992, 794.

511 *Mosconi*, La tutela die minori, 359ff.

auch die Regelung des persönlichen Eltern-Kind-Verhältnisses, ohne daß eine konkrete Gefährdung des Kindeswohls vorliegen muß[512]. Art. 3 MSA soll nach dieser Ansicht erst recht in Normalfällen gelten, um Konfusion über Sorgeverhältnisse zu vermeiden. Der Streit führt nach der Reform des internationalen Kindschaftsrechts nicht mehr zu einer unterschiedlichen Anknüpfung, da jetzt die kollisionsrechtliche Anknüpfung gemäß Art. 36 IPRG mit der Anknüpfung gemäß Art. 3 MSA harmoniert, wonach das Sorgerecht sich nach dem Heimatrecht des Kindes richtet[513].

In Deutschland ist der Anwendungsbereich des MSA ebenfalls umstritten. Nach der Reform gewinnt dieser Streit an Bedeutung[514], da die Berücksichtigung des Heimatrechtes des Kindes gemäß Art. 3 MSA und die Anknüpfung der Kindschaftswirkungen an den gewöhnlichen Aufenthalt des Kindes gemäß Art. 21 EGBGB n.F. zu unterschiedlichen Ergebnissen führen[515].

Nach der herrschenden Kollisionsnormtheorie wird angenommen, daß Art. 3 MSA die Regelung der elterlichen Sorge umfaßt[516]. Demnach wird die elterlichen Sorge nach dem Heimatrecht des Kindes ausgestaltet[517]. Die Anknüpfung an den gewöhnlichen Aufenthalts gemäß dem neugefaßten Art. 21 EGBGB gilt somit nicht für die elterliche Sorge[518].

---

512 *Bonomi*, RDIPP 1995, 607 (621).

513 Welche Auswirkungen den geplante Streichung des Art. 3 MSA hat, bleibt abzuwarten. Zu den Reformbestrebungen vgl. *Kropholler*, RabelsZ 58 (1994), 1 (9f.). Diese gründen sich u.a. darauf, daß das im Common Law besonders ausgeprägte Aufenthaltsprinzip England bislang an der Ratifizierung des MSA gehindert hat. Allerdings scheint der Sinn der Streichung des Art. 3 MSA insofern zweifelhaft, als die Anknüpfung an den gewöhnlichen Aufenthalt unter Berücksichtigung des Sorgeverhältnisses nach dem Heimatrecht des Kindes zu einer Balance des Staatsangehörigkeits- und Aufenthaltsprinzips geführt hatte, das sich in vielen Fällen bewährt hatte. Die Anknüpfung an die Staatsangehörigkeit garantiert Stabilität.

514 Hinter dem Theorienstreit stand die Frage, ob die gesetzliche Amtspflegschaft in Deutschland auch *für* ausländische Kinder gelten sollte. Da die gesetzliche Amtspflegschaft durch die Reform des materiellen Kindschaftsrechts seit dem 1.7.1998 nicht mehr gilt, hat der Theorienstreit insoweit keine Bedeutung mehr.

515 Dies könnte sich ändern, wenn die geplante Reform des Art. 3 MSA umgesetzt wird, vgl. zu der Vereinfachung einer generellen Anknüpfung an den gewöhnlichen Aufenthalt Art. 12 des Vorentwurfs, wonach der gewöhnliche Aufenthalt die Sorge einschließlich einer auf Vereinbarung begründeten elterlichen Sorge regeln soll; siehe dazu *Boelck*, Reformüberlegungen zum Haager Minderjährigenschutzabkommen von 1961 (1994); *Kropholler*, RabelsZ 58 (1994) 1ff.; *Bonomi*, RDIPP 31 (1995), 607ff.; *Siehr*, FamRZ 1996, 1047 (1050ff.).

516 *Winkler v. Mohrenfels*, IPRax 1989, 369 (371).

517 OLG Stuttgart 30.4.1996 = IPRspr.96 Nr. 93 = FamRZ 1997, 51; OLG München 28.6.1996 = IPRspr. 99 Nr. 216 = FamRZ 1997, 106.

518 *Staudinger/Kropholler*, Art. 20 EGBGB aF Rn. 72.

Die Vorfragentheorie vertritt dagegen die Ansicht, das Sorgeverhältnis sei nach dem Recht des gewöhnlichen Aufenthalts zu regeln[519]. Dies soll nach einer Meinung aber nur dann gelten, wenn nicht nach dem Heimatrecht des Kindes, sondern nach dem Recht des gewöhnlichen Aufenthalts ein Sorgeverhältnis zur Mutter besteht[520]. Nach der Gegenauffassung kann in diesem Fall lediglich ein Sorgeverhältnis aufgrund einer behördlichen Maßnahme begründet werden[521]. Die erste Ansicht ist vorzugswürdig, da nur so der Schutz des Kindes garantiert wird und ein Handeln der Mutter als Vertreterin als wirksam angesehen wird[522]. Nur dadurch kann das Ziel erreicht werden, allen Kindern den gleichen Schutz zu gewähren[523].

Die wörtliche, systematische und entstehungsgeschichtliche Auslegung von Art. 1 und Art. 3 MSA bringt keine Klärung dieser Frage. Daher ist auf eine teleologische Auslegung zurückzugreifen.

Sinn und Zweck der Norm bestehen darin, im Interesse des Kindeswohls und seines Schutzes eine effektive und interessengerechte Konfliktlösung herbeizuführen. Indem Art. 1 MSA an das Recht des gewöhnlichen Aufenthalts des Kindes anknüpft, ist eine Entscheidung für einen effektive Regelung getroffen worden, die den äußeren Umständen des Einzelfalls angemessen erscheint. Angemessener ist es aber, gemäß Art. 3 MSA das Gewaltverhältnis der Kindes zu seinen Eltern anzuerkennen, wie es nach seinem Heimatrecht besteht (Art. 3 MSA)[524]. Nach der Kollisionsnormtheorie ist dies immer zu berücksichtigen, nach der Vorbehaltstheorie nur im konkreten Konflikt.

Die Vorbehaltstheorie führt unter Berücksichtigung von Art. 1 und 3 MSA hinsichtlich der Gestaltung des Eltern-Kindverhältnisses zu einem "Kollisionsrechtlichen Spektralwunder"[525]. Außerhalb einer konkreten Schutzmaßnahme gestaltet sich das Gewaltverhältnis zwischen Eltern und Kind anders als im alltäglichen Leben. Eine Anknüpfung an den gewöhnlichen Aufenthalt gemäß Art. 21 EGBGB führt zu bestimmten Vertretungsverhältnissen, die sich z.B. aus einem gemeinsamen oder alleinigen Sorgerecht ergeben. Diese finden ihre Grenze, sobald das Kind das Land verläßt, da jetzt darüber hinaus das Sorgeverhältnis nach dem Heimatrecht des Kindes anzuerkennen ist, welches abweichende Regelungen vorsehen kann. Die Fragwürdigkeit dieser An-

---

519 *Beitzke*, ZfJ 1986, 537 (541); *Heldrich*, FS Ferid, 131 (135).

520 BayObLG 11.3.1982 = BayObLGZ 1982, 144 (149) = IPRspr. 1982, Nr. 92

521 BayObLG 26.5.1983 = BayObLGZ 1983, 135 = IPRax 1984, 96 m. krit. Anm. *Kropholler*, IPRax 1984, 81. 26.3.1985 = DAVorm 1985, 701 = Rpfleger 1985, 296 = IPRspr 1985, Nr. 86.

522 BayObLG 11.3.1982 = BayObLGZ 1982, 144 (149) = IPRspr. 1982, Nr. 92.

523 *Staudinger/Kropholler*, Art. 20 EGBGB aF, Rn. 74; *Soergel/Kegel*, Vorb. Art. 18, Rn. 252.

524 Zur Problematik des Anwendungsbereichs von Art. 3 MSA vgl. *Rauscher*, DAVorm 1988, 757ff.

525 *Siehr*, IPRax 1987, 302 (303).

knüpfung wird insbesondere dann deutlich, wenn, wie seit dem 1.7.1998 nach deutschem Recht, für das gemeinsame Sorgerecht gegenüber nichtehelichen Kindern gemäß § 1626a BGB eine Sorgeerklärung abgegeben werden muß. Unterbleibt diese, hat nach deutschem Recht die Mutter die alleinige Sorge für das Kind, solange sie in Deutschland lebt. Ist der Vater Deutscher und lebt in Deutschland mit einer Italienerin zusammen, hat sie zunächst das alleinige Sorgerecht. Kommt es zum Konflikt, ist das Heimatrecht des Kindes, mithin italienisches Recht für das Sorgeverhältnis maßgebend, welches bei Zusammenleben automatisch gemäß Art. 317bis CC ein gemeinsames Sorgerecht vorsieht. Diese instabile rechtliche Situation dürfte kaum den Interessen des Kindes gerecht werden. Es ergibt keinen Sinn, gemäß Art. 3 MSA ein Gewaltverhältnis anzuerkennen, daß erst im Konfliktfall konkretisiert wird, während das alltägliche Leben durch abweichende Zuordnungen und Vertretungsverhältnisse gekennzeichnet ist. Dagegen führt die Kollisionsnormtheorie zu einem kohärenten Ergebnis, indem sie das Wirkungsstatut sowohl im Normalfall als auch in Konfliktfall einheitliche bestimmt. Der Sinn des Art. 3 MSA beruht darauf, eine gewisse Kontinuität und Stabilität affektiver und realer Bindungen zu geben. Dieser Zweck würde durch die Vorbehaltstheorie ausgehöhlt[526].

Es entspricht daher dem Kindeswohl, der Kollisionsnormtheorie den Vorrang zu geben. Dies führt dazu, daß Art. 21 EGBGB n.F. stark in seinem Anwendungsbereich eingeschränkt wird.

7. *Haager Kindesschutzübereinkommen*

An die Stelle des MSA soll das Haager Kinderschutzüberinkommen treten[527]. Gemäß Art. 16 I KSÜ richtet sich die elterliche Sorge nach dem gewöhnlichen Aufenthalt des Kindes. Diese auf den ersten Blick instabile Anknüpfung ist gleichwohl anders als Art. 21 EGBGB unwandelbar, da gemäß Art. 16 II KSÜ die Zuweisung oder das Erlöschen der elterlichen Verantwortung von einer Vereinbarung oder einem einseitigen Rechtsgeschäft ohne Einschreiten des Gerichts oder einer Verwaltungsbehörde abhängig ist und sich nach dem gewöhnlichen Aufenthalt richtet, wo sich das Kind bei der Vereinbarung oder dem einseitigen Rechtsgeschäft aufhielt. Gemäß Art. 16 III KSÜ hält darüber hinaus eine kraft Gesetzes entstandene elterliche Verantwortung einem Wechsel des gewöhnlichen Aufenthaltes stand. Ein Statutenwechsel führt gemäß Art. 16 IV KSÜ nicht zu einem Statutenwechsel.

---

526 Zu verschieden Fallkonstellationen siehe unten § 14 V.

527 Siehe hierzu ausführlich *Siehr*, RabelsZ 62, (1998), 464ff.

8. Haager Kindesentführungsabkommen

Das Haager Übereinkommen über Kindesentführung ist in Deutschland seit dem 1.12.1990 und in Italien seit dem 1.5.1995 in Kraft[528]. Es gilt nur zwischen den Vertragsstaaten. Persönlich betrifft es Kinder unter 16 Jahren, welche ihren gewöhnlichen Aufenthalt in einem Vertragsstaat haben. Zeitlich greift es ein, wenn die Entführung nach dem Inkrafttreten in allen Vertragsstaaten erfolgt ist [529]. Sachlich ist es anwendbar, wenn das Gewaltverhältnis oder das Umgangsrecht verletzt wird[530]. Das Gericht ordnet die sofortige Rückführung[531] in den Staat des gewöhnlichen Aufenthalts des Kindes an[532], wenn der Antrag innerhalb eines Jahres gestellt worden ist[533]. Eine Rückführung soll dagegen nach der Rechtsprechung aus Gründen des Kindeswohls ausgeschlossen sein[534]. Dies ist insbesondere dann der Fall, wenn die Gefahr einer weiteren Kindesentführung durch den anderen sorgeberechtigten Elternteil besteht[535] Eine Sorgerechtsregelung enthält diese Entscheidung gemäß Art. 19 HKiEnt nicht[536]. Diese wird vielmehr in Deutschland nach herrschender Meinung durch das Haager MSA[537] und in Italien durch Art. 36 IPRG geregelt[538].

Die Anknüpfung an den gewöhnlichen Aufenthalt ist nicht unproblematisch. Die Auslegung soll einheitlich erfolgen. Der gewöhnliche Aufenthalt des Kindes wird zeitlich nach den tatsächlichen Umständen bestimmt. Entscheidend ist der faktische Mittelpunkt der Lebensführung als Daseinsschwerpunkt des Kindes (v. Bar, IPR II Rn. 333; Staudinger, IPRax 2000, 194 (197).

In Fällen der Kindesentführung wird ein neuer Daseinsmittelpunkt nach 6-12 Monaten begründet. Die Auslegung des gewöhnlichen Aufenthalts kann zu

---

528 BGBl. 90 II 206; *Jayme/Hausmann*, Nr. 114 S. 469 (BGBl. 1995 II 485).

529 *Hüßtege*, IPRax 1992, 369 (370); OLG Karlsruhe, FamRZ 1992, 847.

530 OLG Stuttgart 3.1.1996 = IPRspr. 1996 Nr.86 = FamRZ 1996, 688; für Italien Trib. Min. Milano 6.5.1997, RDIPP 1997, 745.

531 Cass. 15.11.1997 Nr. 11328 = Riv.dir.civ. 1998, 230.

532 Siehe zum Begriff des gewöhnlichen Aufenthalts BVerfGE v. 29.10.1998, JZ 1999, 459ff. m. Anm. *Coester-Waltjen* 464; *Lasowski/Albrecht*, ZAR 1999, 100ff.

533 Trib. Min. Roma 23.12.1996 = RDIPP 1997, 735.

534 BVerfG 15.2.1996 = NJW 1996, 1402 = FamRZ 1996, 405 = IPRax 1997, 123, m. Anm. *Klein*, 106 = DAVorm 1996, 643; OLG Hamm 18.1.1995 = RabelsZ 60 (1996), 477 m. Anm. *Kropholler*, RabelsZ 60 (1996), 485ff.; BVerfGE 29.10.1998 = NJW-FER 1999, 82 = NJW 1999, 631; *Mansel*, NJW 1990, 2176 (2177); *Münchener Kommentar/Siehr*, Art. 19 EGBGB Anh, Rn. 46; *Firsching/v. Hoffmann*, § 8, Rn. 118.

535 BVerfG 31.1.1.96 = NJW 1996, 1953 = FamRZ 1996, 479; OLG Hamburg 16.1.1996 = FamRZ 1996, 685 m. Anm. *Diedrich*.

536 OLG Celle, FamRZ 1995, 955, AG Groß Gerau, FamRZ 1995, 1169, *Münchener Kommentar/Siehr*, Rn. 2; *Palandt/Heldrich*, 56. Aufl. Anh zu Art. 24 EGBGB Rn. 61. OGH 28.1.1997, IPRax 1999, 178 m. Anm. *Holl*, IPRax 1999, 185ff.

537 *Staudinger/Pirrung*, Vorb. Art. 19 EGBGB Rn. 643.

538 *Bonomi*, 621.

divergierenden Entscheidungen führen, wie kürzlich in einem Fall der deutsch-französischen Kindesentführung[539]. Dort hatte sich das französische Gericht für zuständig erklärt, da das deutsche Verfahren noch nicht rechtskräftig abgeschlossen war. Dies führte zu gegenläufigen Entscheidungen. Dies ließ einen mehrfachen Wechsel des Aufenthaltsortes und der Bezugspersonen befürchten. Hier zeigt sich das Risiko der Aufenthaltsanknüpfung, welche durch zu rasche Integration das Kontinuitätsinteresse des Kindes verletzen kann. Hier kommt es darauf an, eine sachnahe Entscheidung zu treffen und stabile Perspektive für das Kind zu schaffen[540].

II. Staatsverträge zum internationalen Zivilverfahrensrecht

Im internationalen Zivilverfahrensrecht sind in Bezug auf das Kindschaftsrecht die folgenden Abkommen zu beachten, die sowohl in Italien als auch in Deutschland in Kraft getreten sind: Hierzu zählen das Haager Minderjährigenschutzabkommen von 1961, die Haager Unterhaltsvollstreckungsabkommen von 1958 und 1973, das EuGVÜ, das Haager Abkommen über Kinderentführung von 1980 und das Luxemburger Übereinkommen von 1980 über die Anerkennung und Vollstreckung ausländischer Entscheidungen im Hinblick auf die elterliche Sorge.

Wichtig für das Kindeswohl sind ferner das Internationale Adoptionsübereinkommen von 1993 und die europäische Verordnung Brüssel II[541]. Während das Adoptionsübereinkommen hier nicht näher behandelt wird, wird die Verordnung Brüssel II, die seit dem 1.3.2001 unmittelbar gilt und die Anerkennung und Vollstreckung von Sorgerechtsentscheidungen im Zusammenhang mit der Scheidung regelt, aus aktuellem Anlass kurz dargestellt. Zu nennen ist ferner die die noch nicht in Kraft getretene Verordnung Brüssel IIa, welche die Zuständigkeit in Sorge- und Umgangsverfahren von nichtehelichen Kindern regelt.

1. Haager Minderjährigenjährigenschutzabkommen

Im Internationalen Zivilverfahrensrecht wird die internationale Zuständigkeit für Schutzmaßnahmen bei der Gefährdung des Kindeswohls durch die Artt. 1, 4, 8 und 9 MSA geregelt. Die internationale Zuständigkeit richtet sich gemäß Art. 1 und Art. 8 MSA nach dem gewöhnlichen Aufenthalt des Kindes[542] und

---

[539] OLG Celle, DEuFamR 1999, 62 (63); *Coester-Waltjen*, JZ 1999, 462, (464).

[540] BVerfGE 99, 145=IPRax 2000, 216 m. Anm. *A. Staudinger*, 194 (195).

[541] Hier ist am 1.3.2001 die entsprechende EU-Verordnung in Kraft getreten (Abl. EG 2000 Nr. 160. S. 19 f), welche das Übereinkommen Brüssel II (Amtsblatt EG 1998 II 221) ablöst. Brüssel II a, welches die Zuständigkeit für nichteheliche Kinder in Sorge- und Umgangsverfahren betrifft (Amtsblatt C 12 vom 15.1.2001, S. 1) ist dagegen noch nicht in Kraft. Dazu genauer *Busch*, IPRax 2003, 218 m. w. Nachw.

[542] OLG Bamberg 28.3.1996 = IPRspr. 96 Nr. 92 = FamRZ 1996, 1224.

folgt ferner gemäß Art. 4 MSA aus der Staatsangehörigkeit des Kindes[543], wenn kein gewöhnlicher Aufenthalt in einem Vertragsstaat besteht[544]. Die Wahl des Gerichtsstandes obliegt den Parteien. Gemäß Art. 7 MSA ist die Entscheidung aus einem anderen Vertragsstaat anzuerkennen[545].

2. *Haager Unterhaltsvollstreckungsabkommen*

Die Haager Unterhaltsvollstreckungsübereinkommen (HÜ) von 1958 und 1973[546] enthalten in Ergänzung der Unterhaltsabkommen spezielle Regelungen zur Anerkennung und Vollstreckung am Wohnsitz des Klägers oder des Beklagten[547]. Gemäß Art. 29 HÜ 1973 verdrängt dabei das spätere Übereinkommen als lex posteriore das frühere gegenüber Vertragsstaaten. Daneben kommt das EG-Gerichtsstands- und Vollstreckungsübereinkommen (EUG-VÜ) zum Tragen.

In Unterhaltssachen gilt grundsätzlich der Beklagtengerichtsstand gemäß Art. 2 I EuGVÜ. Ferner enthält Art. 5 Nr. 2 EuGVÜ eine speziellen Gerichtsstand in Unterhaltssachen am Wohnsitz des Beklagten, bzw. am Wohnsitz oder gewöhnlichen Aufenthalt des Kindes gemäß Art. 2 I und Art. 5 Nr. 2 EuGVÜ. Dieser Gerichtstand gilt auch in Italien gemäß Art. 2 II IPRG[548]. Dieser Gerichtsstand ist nicht ausschließlich, so daß eine Unterhaltsklage auch im Verbund mit der Feststellung der Vaterschaft durch §§ 640, 640a ZPO geregelt werden kann[549]. so daß das Gericht am Wohnsitz des Klägers oder des Beklagten international zuständig ist[550]. Diese Zuständigkeit tritt alternativ neben die Zuständigkeit aus Art. 2 I und Art. 5 Nr. 2 EuGVÜ. Es ist sogar gemäß Art. 25 II des Beitrittsübereinkommens gestattet, die Voraussetzungen für die Anerkennung dem Haager Übereinkommen, die der Vollstreckung dem EG-Übereinkommen zu entnehmen.

---

[543] Auf die effektive Staatsangehörigkeit kommt es dabei nicht an, vgl. *Zöller*, § 640a ZPO, Rn. 2; *Münchener Kommentar/Siehr*, Art. 20 EGBGB aF, Rn. 44; *Staudinger/Kropholler*, Art. 20 EGBGB aF, Rn. 142.

[544] Bei einem Wechsel des gewöhnlichen Aufenthalts kann die konkurrierende Zuständigkeit des Heimatgerichtsstandes wegfallen, vgl. OLG Bamberg 28.3.1996 = IPRspr 1996 Nr.92; FamRZ 1997, 1352; OLG Hamm, FamRZ 1989, 1109 (1110); *Staudinger/Kropholler*, Vorb Art. 19 EGBGB aF, Rn. 148 m.w.N.; *Siehr*, FamRZ 1996, 1047 (1049).

[545] *Staudinger/Kropholler*, Vorb. Art. 18 EGBGB Rn. 252ff.

[546] 15.4.1958 (BGBl 1961 II 1006) und 2.10.1973 (BGBl 1986 II 826).

[547] Zwischen Vertragsstaaten gilt das spätere Übereinkommen, vgl. Art. 29 EGBGB. Das ältere Abkommen gilt nur dann, wenn ein Vertragsstaat das jüngere nicht ratifiziert hat, *Staudinger/Kropholler*, Art. 20 EGBGB aF, Rn. 163.

[548] BGBl 1986 II 826; zur Geltung in Italien vgl. *Jayme*, IPRax 1995, 343 (346).

[549] *Staudinger/Kropholler*, Art. 20 EGBGB aF, Rn. 159.

[550] *Zöller*, § 640a ZPO, Rn. 4.

3. Haager Übereinkommen über Kindesentführung

Das Haager Übereinkommen über Kindesentführung[551] (HKÜ) regelt die internationale Zuständigkeit von Gerichten und Behörden[552]. Gemäß Art. 12 sind für die Rückführung entführter Kinder die Gerichte und Behörden an dem Ort, wo sich das Kind aufhält. Auf den gewöhnlichen Aufenthalt des Kindes kommt es nach dem Zweck des Übereinkommens nicht an[553].

4. Luxemburger Übereinkommen über die Anerkennung und Vollstreckung von Sorgerechtsentscheidungen

Das Übereinkommen über die Anerkennung und Vollstreckung von Sorgerechtsentscheidungen ist in Deutschland am 1.2.1991[554] und in Italien im Verhältnis zu Deutschland am 1.6.1995 in Kraft getreten[555]. Gegenstand des Übereinkommens sind sowohl Sorgerechts- (Artt. 7 und 9) als auch Umgangsrechtsentscheidungen (Art. 11). Das Übereinkommen erweitert die Zuständigkeit der Behörden. Gemäß Art. 7 des Übereinkommens werden Sorgerechtsentscheidungen eines Vertragsstaat in einem anderen Vertragsstaat anerkannt und für vollstreckbar erklärt[556]. Die Wirkungen der ausländischen Entscheidung werden denen im Inland angepaßt[557]. Die Rechtskraft der ausländischen Entscheidung ist nicht erforderlich[558]. Vorausgesetzt wird gemäß Art. 9, daß die ausländische Entscheidung das Recht des Beklagten auf rechtliches Gehör beachtet hat. Ferner muß in dem Fall, daß der Beklagte bei der Entscheidung nicht anwesend oder gesetzlich vertreten war, die Behörde nach dem gewöhnlichen Aufenthalt des Beklagten, dem letzten gemeinsamen gewöhnlichen Aufenthalt der Eltern oder dem gewöhnlichen Aufenthalt des Kindes zuständig sein[559]. Schließlich darf keine vollstreckbare Entscheidung vor der Entführung des Kindes in dem Land ergangen sein, in den das Kind verbracht wurde[560]. Materiell können gemäß Art. 10 sowohl Gründe des Kindeswohls und schützenswerte Familieninteressen als auch eine engere Verbindung des Kindes zu einem anderen Staat oder die fehlende Anhörung des Kindes die Anerkennung verhindern[561], wenn diese innerhalb von 6 Monaten erhoben wer-

---

551 Siehe oben § 2 I 7.

552 Diese Zuständigkeit wird auch für Scheidungskinder durch Art. 4 Brüssel II nicht eingeschränkt, da dieser auf das Haager Kinderentführungsübereinkommen verweist.

553 *Staudinger/Pirrung*, Vorb. Art. 19 EGBGB Rn. 678; *Mansel*, NJW 1990, 2176 (2177).

554 BGBl 1990 II 220.

555 *Jayme/Hausmann*, Nr. 91, 348; *Picone/Focarelli*, Nr. 71 S. 543.

556 *Zöller*, § 621 ZPO, Rn. 25f; *Sacchetti*, Dir. fam. 1997, 1497ff.

557 *Staudinger/Pirrung*, Vorb. Art. 19 EGBGB Rn. 767.

558 *Staudinger/Pirrung*, Vorb. Art. 19 EGBGB Rn. 768; *Martiny*, Hdb. IZVR III/1 Kap. I, Rn. 369.

559 Zur Verletzung dieses Rechts Trib. min. Roma 18.7.1996, RDIPP 1997, 697.

560 Trib. Min. Roma 26.9.1996 = RDIPP 1997, 699.

561 *Staudinger/Pirrung*, Vorb. Art. 19 EGBGB Rn. 770.

den[562]. Eine entgegenstehende Entscheidung ist dagegen unschädlich, wenn das Kind vor dem Verbringen in diesen Staat seinen gewöhnlichen Aufenthalt in dem Entscheidungsstaat hatte.

5. Europäisches Übereinkommen über die Zuständigkeit, die Anerkennung und Vollstreckung in Ehesachen

Das europäische Übereinkommen über die Zuständigkeit, die Anerkennung und Vollstreckung in Ehesachen vom 28. 5 1998 (Abl. EG C 221, 16.7.1998) betrifft gemäß Art. 1 Verfahren über die Auflösung der Ehe und die damit verbundene Regelung der elterlichen Verantwortung. Das Übereinkommen ist zwischen Italien und Deutschland noch nicht ratifiziert. Interessant ist die Zuständigkeit der Gerichte in Vertragsstaaten gemäß Art. 2, der eine Anknüpfung an den gewöhnlichen Aufenthalt mit differenzierten zeitlichen und persönlichen Kriterien enthält, sowie eine Zuständigkeit aufgrund der gemeinsamen Staatsangehörigkeit der Eheleute vorsieht. Gemäß Art. 3 sind die Gerichte auch für die Regelung der elterlichen Verantwortung im Verbundsverfahren zuständig. Die Entscheidung soll gemäß Art. 4 im Einklang mit den Art.. 3 und 16 HKÜ stehen.

6. Verordnung über die Zuständigkeit, Anerkennung und Vollstreckung von Ehesachen sowie in Verfahren betreffend die elterliche Sorge für die gemeinsamen Kinder

Die europäische Verordnung über die Zuständigkeit, Anerkennung und Vollstreckung von Ehesachen sowie in Verfahren betreffend die elterliche Sorge für die gemeinsamen Kinder vom 4.5.1999, die infolge des Amsterdamer Vertrages zur Vereinheitlichung des internationalen Familienrechts, insbesondere des Zivilverfahrensrechts erlassen wurde[563] ist mittlerweile in Kraft und gilt seit dem 1.3.2001 unmittelbar in allen Mitgliedstaaten[564]. Die Verordnung ersetzt das diesbezügliche europäische Übereinkommen vom 31.5.1998[565].

---

562 Diese Einwendungen können auf Antrag einer Partei innerhalb von 6 Monaten erhoben werden, um die Vollstreckung zu verhindern. Dem Antrag auf Rückführung kann insbesondere Art. 13 Haager KiEntF entgegenstehen, wenn sich das Kind der Herausgabe widersetzt, vgl. OLG Brandenburg 17.9.1996 = IPRspr.96 Nr. 202 = NJW-RR 1997, 902 = FamRZ 1997, 1098 = NJW-FER 1997, 198; Wird dagegen eine Kindesentführung bejaht, fördert dies den Antrag auf Herausgabe vgl. OLG Stuttgart 3.1.1996 = IPRspr.96 Nr.86 = FamRZ 1996, 688.

563 ABl. EG Nr. C 247 E, 1 (31.8.1999).

564 Hier ist am 1.3.2001 die entsprechende EU-Verordnung in Kraft getreten (Abl. EG 2000 Nr. 160. S. 19 f), welche das Übereinkommen Brüssel II (Amtsblatt EG 1998 II 221) ablöst. Brüssel II a, welches die Zuständigkeit für nichteheliche Kinder in Sorge- und Umgangsverfahren betrifft (Amtsblatt C 12 vom 15.1.2001, S. 1) ist dagegen noch nicht in Kraft. Dazu genauer *Busch*, IPRax 2003, 218 m. w. Nachw.

565 *Jayme*, IPRax 2000, 165; *Hess*, NJW 2000, 23 (30ff.).

Zuständig sind die Gerichte des Mitgliedstaates, in dem die Eheleute und die gemeinsamen ehelichen Kinder ihren gewöhnlichen Aufenthalt haben (Artt. 2, 3 I EheVO)[566]. Hält sich das Kind in einem anderen Mitgliedstaat auf, sind gleichwohl die Gerichte der Ehesache am gewöhnlichen Aufenthaltsort der Eheleute auch für die Entscheidung über die elterliche Verantwortung international zuständig (Art. 3 II EheVO)[567]. Das zuständige Gericht entscheidet darüber, ob die Ehe- und Kindeschaftsachen im Verband oder getrennt verhandelt werden.

In Kindschaftssachen regelt die Verordnung ausschließlich die Regelung der elterlichen Verantwortung für gemeinsame eheliche Kinder der Eheleute (Art. 1 I 6 EheVO). Diese Beschränkung ist vielfach kritisiert worden[568]. Sie stelle im Zuge der Gleichstellung ehelicher und nichtehelicher Kinder einen Anachronismus dar. Jedoch stimmt inhaltlich die EheVO weitgehend mit dem noch nicht in Kraft getretenen Haager Kindesschutzübereinkommen vom 19.10.1996 überein, das das EheVO ablösen soll. Gemäß Art. 4 EheVO sollen die gemäß Art. 3 EheVO zuständigen Gerichte die Zuständikeit im Einklang mit dem Haager Kindesentführungsübereinkommen ausüben. Insoweit beansprucht die Verordnung keinen Vorrang. Die in einem Mitgliedstaat ergangene Entscheidung über die elterliche Verantwortung beansprucht in den Mitgliedstaaten gegenseitige Anerkennung.

III. Zusammenfassung

Hinsichtlich der Anknüpfung haben die oben genannten Staatsverträge gezeigt, daß die Person des Kindes meist den Anknüpfungspunkt bildet und die Anknüpfung an den gewöhnlichen Aufenthalt überwiegt. Diese Anknüpfung an den gewöhnlichen Aufenthalt erklärt sich aus der Eilbedürftigkeit der Entscheidung, wie z. B. in Unterhaltsfragen oder bei der Kindesentführung.

Ausnahmen bestehen beim Haager Minderjährigenschutzabkommen und bei dem CIEC-Übereinkommen über die Anerkennung nichtehelicher Kinder: Gemäß Art. 3 MSA ist hinsichtlich der elterlichen Sorge das Gewaltverhältnis nach dem Heimatrecht des Kindes zu berücksichtigen. Die Berücksichtigung des Heimatrechts des Kindes gemäß Art. 3 MSA betont seine individuellen Interessen an der Kontinuität und Stabilität des Sorgeverhältnisses. Das CIEC-Übereinkommen über die Anerkennung nichtehelicher Kinder sieht dagegen ein alternative Anknüpfung an den gewöhnlichen Aufenthalt bzw. das Heimatrecht des Kindes oder des Anerkennenden vor und favorisiert damit die Wirksamkeit der Anerkennung zum Schutz der Interessen des Kindes.

---

[566] *Jayme*, IPRax 2000, 165.

[567] *Hess*, NJW 2000, 23 (30ff.).

[568] *Jayme*, IPRax 2000, 165; *Hess*, NJW 2000, 23 (30ff.).

Die Staatsverträge, die zivilprozessuale Fragen betreffen, knüpfen dagegen einheitlich an den gewöhnlichen Aufenthalt an. Dies ist praktikabel.

Zur Veranschaulichung der unterschiedlichen Anknüpfungen werden im folgenden Beispielsfälle angeführt, die meist der Rechtsprechung – zum Teil zur alten Rechtslage – entnommen sind. Diese betreffen Fragen des internationalen Zivilverfahrensrechts (§ 11), die Begründung des Eltern-Kind-Verhältnisses (§ 12), die Anfechtung (§ 13) und die Kindschaftswirkungen (§ 14). Hieran schließt sich eine Zusammenfassung (§ 15) an.

§ 11 Zivilprozeß in Deutschland nach italienischem Recht

Das internationale Zivilverfahrensrecht ist nicht nur im Hinblick auf die Zuständigkeit deutscher Gerichte, sondern auch für zahlreiche weitere verfahrensrechtliche Fragen aufschlußreich: Dabei treten im deutsch-italienischen Kontext insbesondere Fragen zu der Prozeßbeteiligung, der Ergänzungspflegschaft nach deutschem Recht, den Klage- oder Antragsformen, der Beweislast und den Fristen auf. Zur Darstellung dieser Probleme ist die Anfechtungsklage besonders geeignet.

Beispielsfall: Zwei Italiener haben 1970 in Deutschland die Ehe geschlossen und leben seit 1974 getrennt. Nach der Trennung wird 1992 ein weiteres Kind geboren. Das Kind wird in das Geburtenbuch von Köln als eheliches Kind eingetragen. Als der Vater 1997 nach Deutschland zurückkehrt und von der Geburt des Kindes erfährt, möchte er 1998 die Ehelichkeit anfechten. Bereits 1990 hatte er sich mehrere Wochen in der Nähe von Köln, dem späteren Geburtsort des Kindes, aufgehalten[569].

Lösung: Gemäß § 640 II Nr. 2 ZPO i.V.m. § 640 a I ZPO ist für ein Anfechtungsverfahren das Gericht am inländischen Wohnsitz des Kindes international zuständig, so daß hier das Familiengericht Mönchengladbach international, örtlich und sachlich zuständig ist.

Parteifähig ist jede natürliche Person. Auf die Geschäftsfähigkeit des Kindes kommt es nicht an. Die Prozeßfähigkeit richtet sich nach h.M. nach der lex fori. Das minderjährige Kind ist gemäß § 640 b ZPO nicht prozeßfähig. Es wird grundsätzlich durch seinen gesetzlichen Vertreter vertreten. Bei der Gefahr einer Interessenkollision kann ein Verfahrenspfleger bestellt werden[570]. Im übrigen richtet sich die Notwendigkeit einer prozessualen Vertretung des Kindes nach der lex causae, die Durchführung nach der lex fori. Hier sollte das Kind durch einen Ergänzungspfleger vertreten werden. Die Bestellung eines Ergän-

---

[569] Fall angelehnt an AG Mönchengladbach 19.1.1996 = Jahrbuch für italienisches Recht 11 (1998), 281 m. Anm. *Jayme*, 237ff.

[570] BGH FamRZ 1972, 498 = NJW 1972, 1708.

zungspflegers richtet sich nach dem Haager Minderjährigenschutzabkommen, das gemäß Art. 13 I MSA anwendbar ist, da das Kind seinen gewöhnlichen Aufenthalt in einem Vertragsstaat hat. Das deutsche Gericht kann eine solche Schutzmaßnahme gemäß Art. 1 und 2 MSA anordnen[571]. Das gemäß Art. 3 MSA zu berücksichtigende italienische Heimatrecht des Kindes steht dem nicht entgegen, da es insoweit eine Lücke enthält (Art. 247 CC). Die Wirkungen der Ergänzungspflegschaft richten sich nach deutschem Recht (Art. 2 II 2 MSA)[572].

Im Kindschaftsrecht ist eine Beteiligung aller Personen, deren Interessen von dem Prozeß betroffen sind, notwendig. Gemäß § 640e ZPO wird ein Kind oder ein Elternteil, der nicht an dem Verfahren beteiligt ist, beigeladen[573], da seine Interessen betroffen sind[574]. Ein Elternteil kann auch zur Unterstützung beitreten. Erfolgt dies nicht in der ersten mündlichen Verhandlung, muß der Termin wiederholt werden[575]. Wenn das Kind in einem Vaterschaftsprozeß unterliegt, kann einem Dritten der Streit verkündet werden, wenn er als Vater in Betracht kommen könnte[576].

Umstritten ist, ob sich die Prozeßbeteiligung bei der Ehelichkeitsanfechtungsklage nach dem deutschen Verfahrensrecht oder dem italienischen Anfechtungsstatut[577] richtet. Es wird vorschlagen, hier die lex fori anzuwenden[578]. Nach anderer Ansicht wird dies insbesondere in Bezug auf das italienische Recht verneint[579]. Für die letztgenannte Ansicht spricht, daß das italienische Recht in Art. 244 CC die Prozeßbeteiligung materiellrechtlich regelt. Es geht nicht nur um die Gestaltung des Vater-Kind-Verhältnisses, sondern auch um

---

571 Folgt man der Ansicht, daß das MSA nur bei Gefährdung des Kindeswohls gilt, richtet sich die Vertretung der Kinder nach Art. 21 EGBGB. Dieser knüpft ebenfalls an den gewöhnlichen Aufenthalt der Kinder, mithin an deutsches Recht an.

572 Nach anderer Ansicht wird die Vertretung des Kindes selbständig gemäß Art. 21 EGBGB angeknüpft. Dies betrifft nicht die Frage der Notwendigkeit einer Vertretung, welche die lex causae regelt, sondern deren Ausgestaltung (z.B. durch Vertretung des Jugendamtes oder des Vormundschaftsgerichts).

573 Nach einer Ansicht gilt dies nicht für das Kind, weil seine Interessen entweder mit denen des Vaters oder der Mutter zusammenhängen. Dagegen ist das volljährige Kind beizuladen; und evtl. bei einem Interessenkonflikt ein Verfahrenspfleger zu bestellen; vgl. *Wieser*, FamRZ 1998, 1004 (1005)

574 Dies gilt dann nicht für die Mutter, wenn sie bereits als Vertreterin des Kindes am Prozeß beteiligt ist; vgl. *Wieser*, FamRZ 1998, 1005 (1007); *Münchener Kommentar/Schilken*, § 66 ZPO, Rn. 4; a.A. OLG Düsseldorf, FamRZ 1980, 1147; *Stein/Jonas/Bork*, § 66 ZPO, Rn. 8.

575 *Familienrechtskommentar/Hoffmann*, § 640e ZPO, Rn. 4.

576 Dieser tritt immer nur als Nebenintervenient, aber nicht als Streitgenosse auf; BGHZ 76, 302; *Staudinger/Rauscher*, § 1599 BGB Rn. 42; *Wieser*, FamRZ 1998, 1004 (1006).

577 Siehe zur Einschlägigkeit des italienischen Sachrechts unten § 11.

578 AG Mannheim 9.6.1989, IPRax 1986, m. Anm. *Jayme*, IPRax 1986, 311.

579 *Staudinger/Henrich*, Art. 19 EGBGB Rn. 179; *Jayme*, Jahrbuch für italienisches Recht 11 (1998), 237 (239).

das Verhältnis des Kindes zur Mutter. Deshalb richtet sich die Prozeßbeteiligung nach italienischem Recht, während die Wirkungen der Streitgenossenschaft der lex fori unterliegen[580].

Demnach sind gemäß Art. 244 II CC die Mutter und das Kind auf Beklagtenseite notwendige Streitgenossen[581]. Da das Kind minderjährig ist, wird gemäß Art. 244 II CC ein Ergänzungspfleger benannt.

Kollisionsrechtlich folgt das italienische Anfechtungsstatut aus Art. 20 EGBGB, wonach sich die Anfechtung nach dem Abstammungsstatut richtet. Da hier die italienischen Eheleute verheiratet sind, richtet sich das Anfechtungsstatut gemäß Art. 20 S. 1 EGBGB i.V.m. Art. 19 I 3 EGBGB nach dem Ehewirkungsstatut[582], also nach dem gemeinsamen italienischen Heimatrecht der Eheleute. Das italienische Kollisionsrecht nimmt gemäß Art. 33 III IPRG die Verweisung an. Anwendbar ist die Ehelichkeitsanfechtungsklage nach italienischem Recht.

Das italienische Recht unterscheidet zwischen der Ehelichkeitsanfechtungsklage und der Anfechtung einer unrichtigen Eintragung im Geburtenbuch[583]. Die letztgenannte Klagemöglichkeit kann bei bestimmten Gründen wie einer vorgetäuschten Ehe oder einem gefälschten Geburtseintrag gestützt werden. Hier kommt die erste Klageform in Betracht. Voraussetzungen für die Ehelichkeitsanfechtungsklage sind die Nichtehelichkeit des Kindes und die Kenntnis des Ehemannes von der Geburt. Der Zeitpunkt der Kenntnis des Ehemanns von der Geburt des Kindes ist entscheidend für den Beginn der einjährigen Anfechtungsfrist. Die Kenntnis wird widerleglich vermutet, außer wenn der Ehemann erst später von dem Ehebruch der Frau erfährt[584]. Kann der Vater beweisen, daß er von der Geburt keine Kenntnis hatte, beginnt die Frist nicht eher, als er an den Geburtsort oder den Wohnsitz des Kindes zurückkehrt und von der Geburt des Kindes erfährt[585]. Eine frühere Kenntnis führt nicht zu einem früheren Beginn der einjährigen Anfechtungsfrist[586].

Die Beweiserhebung und die Beweiswürdigung richten sich nach der lex causae[587]. Bei dem Verstoß gegen den deutschen ordre public kann deutsches Recht eingreifen. Z.B. verwendet das deutsche Recht zur Feststellung der Abstammung serologische Gutachten. Gemäß § 372a ZPO kann zur Duldung einer Blutentnahme Zwang angewendet werden. Wird die Beweiserhebung im

---

580 *Soergel/Kegel*, Vor Art. 7 EGBGB Rn. 639, 398.
581 *Cattaneo*, Art. 231-249 CC, Anm. 205.
582 Siehe oben § 9 III 1.
583 Siehe oben § 2 II.
584 Corte Cost. 6. 5. 1985 Nr. 134 = Giust. civ. 1985 I 2141.
585 Cass. 9.6.1990 = Giust. civ. 1990 I 2308; *Cian/Trabucchi*, 314.
586 Cass. 14. 4. 1986 Nr. 2603 = Dir. fam. 1986, 539 (541).
587 *Münchener Kommentar/Klinkhardt*, Art. 19 EGBGB Rn. 51; *Jayme*, Jahrbuch für italienisches Recht 11 (1998), 237 (242).

Ausland durchgeführt, gilt das Haager Abkommen über die Beweisaufnahme[588]. Verweigert der Betreffende die Blutentnahme, wirkt dies zu seinem Nachteil[589].

Die Beweislast richtet sich nach dem Anfechtungsstatut, also nach italienischem Recht, woraus sich die folgende Verteilung der Beweislast ergibt: Hinsichtlich der Tatsache, daß das Kind nicht vom Ehemann der Mutter abstammt, ist der Ehemann beweispflichtig. Er muß beweisen, daß er von der Geburt des Kindes nichts wußte. Als Indiz dafür gilt, daß er nicht am Geburtsort des Kindes oder an seinem Wohnsitz war. Andere Gründe für die Anfechtungsklage sind Impotenz, Ehebruch der Frau, Verheimlichung der Schwangerschaft und der Geburt des Kindes durch die Frau (Art. 235 I Nr. 1-3 CC). Dagegen trägt die Mutter die Beweislast für eine gegebenenfalls nur zeitweilige Wiederaufnahme der ehelichen Gemeinschaft[590]. Diese Verteilung der Beweislast folgt aus dem favor veritatis, der auch in Italien als Balance zum favor filiationis im Vordringen ist[591].

Die Fristen folgen der lex causae. Bei einem Verstoß gegen den ordre public greift deutsches Recht ein. Die Frist richtet sich ebenfalls nach italienischem Recht und beträgt ein Jahr nach Rückkehr des Scheinvaters an den Geburtsort des Kindes[592]. Ist der Zeitpunkt der Rückkehr unklar, trägt der Scheinvater die Beweislast dafür, daß seinen Rückkehr nicht länger als ein Jahr zurückliegt. Eine frühere Kenntnis von der Geburt des Kindes ist dagegen für einen Fristbeginn unschädlich[593]. Kann der Scheinvater beweisen, daß er erst 1997 an den Geburtsort des Kindes zurückgekehrt ist, hat seine Klage Aussicht auf Erfolg.

---

588 BGBl 1977 II 1472; Art. 11 ZPRÜ BGBl 1958 II 522.

589 BGH IPRax 1987, 176 (178), m. Anm. *Schlosser*, 153; BGH FamRZ 1993, 691 (693); *Hausmann*, FamRZ 1977, 302ff.

590 Cass. 14. 4. 1996, Dir. fam. 1996, 541.

591 Siehe oben § 2 II.

592 Der Begriff des "luogo di nascita" ist streitig. Vertreten wird, bei größeren Gemeinden, nach Stadtteilen zu unterscheiden, vgl. *Granelli*, 82; *Cian/Oppo-Franchi*, 64. Nach anderer Ansicht kommt es auf den Wohnsitz des Mutter an, vgl. *Bianca*, 252. Der Kassationshof bestimmt dagegen den Begriff nach den Gemeindegrenzen, unabhängig davon, ob es sich um eine größere oder kleinere Gemeinde handelt; Cass. 14.4.1986 Nr. 2603 = Dir. fam. 1986, 539 (541); *Cattaneo*, Art. 231-249, Anm. 205; *Jayme*, Jahrbuch für italienisches Recht 11 (1998), 237 (240).

593 Cass. 28.5.1980 Nr. 3500 = Foro it. 1981 I 823; *Cian/Trabucchi*, Commentario breve al codice civile, 3. Aufl. 1994, Art. 244 Anm. II 4; AG Mönchengladbach 19.1.1996, Jahrbuch für italienisches Recht 11 (1998), 281 (283).

§ 12 Begründung des Eltern-Kind-Verhältnisses

Das Abstammungsstatut regelt die Begründung des Eltern-Kind-Verhältnisses zum Vater und zur Mutter. Das Abstammungsstatut entscheidet, ob die Abstammung nach dem Anerkennungs- oder dem Abstammungssystem erfolgt. Ferner gehören hierzu Abstammungsvermutungen, Anerkennungsverbote, Zustimmungserfordernisse, die Antragsberechtigung für eine gerichtliche Feststellung sowie Fristen und Beweise[594].

Wie die meisten Länder des romanischen Rechtskreises folgt Italien dem Anerkennungssystem, Deutschland dagegen dem Abstammungssystem. Das CIEC-Abkommen über die Mutterschaftsanerkennung[595] greift im Verhältnis beider Staaten nicht ein, da Italien dieses Abkommen nicht ratifiziert hat. Nicht behandelt werden im folgenden die Fragen des Kindesunterhalts, da diese in beiden Ländern vorrangig durch die Haager Unterhaltsabkommen geregelt sind[596].

Interessant im deutsch-italienischen Rechtsverkehr sind die Fälle, in denen das Recht der Staatsangehörigkeit des Kindes und das Recht an seinem gewöhnlichen Aufenthaltsort auseinanderfallen. Hier können materiellrechtliche Unterschiede unterschiedliche Auswirkungen haben. Im Verhältnis zur Mutter fragt sich, wann ein Mutterschaftsanerkenntnis, wie es das italienische Recht vorsieht, erforderlich ist (I). Im Verhältnis zum Vater kann die alternative Anknüpfung zur Doppelvaterschaft führen (II). Zu nennen sind ferner die Fälle der Anerkennung (III) und deren Form (IV), der Zustimmung zur Anerkennung (V), die Vaterschaftsfeststellung (VI) und die Legitimation (VII). Von Interesse sind schließlich die Auswirkungen bei einer künstlichen Befruchtung, die aber im Zusammenhang mit der Vaterschaftsanfechtung besonders interessant sind und daher unter § 13 als *Beispielsfälle 7 a* und *b* behandelt werden.

I. Abstammung von der Mutter

Das deutsche Recht folgt in § 1591 BGB dem Abstammungssystem, so daß keine Anerkennung der Mutterschaft notwendig ist. Das italienischem Recht hingegen folgt gemäß Art. 250 CC dem Anerkennungssystem und sieht eine Anerkennung der Mutterschaft vor.

Beispielsfall 1: Eine unverheiratete Deutsche und ein Italiener haben ein Kind. Ist eine Anerkennung der Mutterschaft erforderlich, wenn die Parteien

---

594 *Münchener Kommentar/Klinkhardt*, Art. 19 EGBGB Rn. 23; *Palandt/Heldrich*, Art. 19 EGBGB Rn. 7; *Rauscher*, 189. Entscheidend ist, welche Rechtsordnung bei der Anerkennung zuerst angewandt wurde. War dies die italienische, erfolgt die Eintragung eines Randvermerks.

595 Siehe oben § 10 I 1.

596 Siehe oben § 10 I 5.

a. in Italien

b. in Deutschland leben?

c. Ändert sich etwas, wenn der Vater deutsch und die Mutter Italienerin ist?

Haben die Parteien ihren gewöhnlichen Aufenthalt in Italien (*Beispielsfall 1a)* und ist damit italienisches Kollisionsrecht anwendbar, richtet sich die Abstammung von der Mutter gemäß Art. 33 I, II IPRG alternativ nach dem Heimatrecht des Kindes oder eines Elternteils zum Zeitpunkt der Geburt des Kindes. Bei nichtehelichen Kindern entscheidet ausschließlich das Heimatrecht des Kindes darüber, ob für die Begründung des Mutter-Kind-Verhältnisses eine Anerkennung notwendig ist. Die möglicherweise notwendige Anerkennung richtet sich gemäß Art. 35 IPRG alternativ nach dem Heimatrecht des Kindes bzw. des Anerkennenden, wenn letzteres für die Wirksamkeit der Anerkennung günstiger ist. Solange der Vater das Kind noch nicht anerkannt hat, kommt als Heimatrecht des Kindes ausschließlich deutsches Recht zur Anwendung, so daß keine Mutterschaftsanerkennung erforderlich ist[597]. Erkennt dagegen der italienische Vater das Kind vor oder unmittelbar nach der Geburt an, erwirbt das Kind auch die italienische Staatsangehörigkeit, es ist dann Doppelstaater. Gemäß Art. 19 IPRG ist die italienische Staatsangehörigkeit effektiv. Das Heimatrecht des Kindes ist das italienische Recht, so daß für die Begründung des Mutter-Kind-Verhältnisses die Mutter eine Anerkennung abgeben muß[598].

Kommt dagegen das Kind einer deutschen Mutter und eines italienischen Vaters in Deutschland zur Welt (*Beispielsfall 1 b*), ist nach dem Recht des gewöhnlichen Aufenthalts des Kindes (Art. 19 I 1 EGBGB) und nach dem deutschen Heimatrecht der Mutter (Art. 19 I 2 EGBGB) keine Anerkennung der Mutterschaft erforderlich.

Ist in *Beispielsfall 1 c* die Mutter Italienerin und der Vater Deutscher, gilt in Italien dasselbe wie in Fall a. Hat das Kind dagegen seinen gewöhnlichen Aufenthalt in Deutschland, ist nach dem Aufenthaltsrecht des Kindes zwar kein Mutterschaftsanerkenntnis erforderlich. Da aber aus italienischer Sicht die Abstammung zur Mutter erst durch die Anerkennung begründet wird, entstehen hinkende Rechtsverhältnisse. Zur Vermeidung derartiger hinkender Rechtsverhältnisse sollte eine Eintragung im Beispielsfall auch dann erfolgen, wenn das Heimatrecht eines Elternteils (Italien) diese vorschreibt, das Recht

---

[597] Problematisch kann der Fall sein, wenn der oder die Erstanerkennende, hier die Mutter, die Zustimmung zur Anerkennung des Vaters verweigert. Klagt dieser auf Erteilung der Zustimmung, wird das italienische Gericht nach dem Kindeswohl entscheiden; vgl. Cass. 26.4.1999 = Mass. giust. civ. 1999 Nr. 4148; ferner Cass. 29.4.1999 Nr. 4325; Cass. 23.2.1991 Nr. 1958; Cass. 19.6.1996 Nr. 5629 = Giust. civ. 1996 I 3070 m. Anm. *Giacolone*, Foro it. 1996 I 3070 m. Anm. *Cimini*.

[598] *Ferrando* Giur. it. 1983 I 2, 371ff.

am gewöhnlichen Aufenthalt des Kindes (Deutschland) hingegen eine Eintragung nicht für notwendig hält[599]. Strittig ist, ob die bloße Mitteilung des Krankenhauses an die Behörde unter Nennung der Mutter als Mutterschaftsanerkenntnis ausreicht oder die Mutter selbst bei der Eintragung mitwirken muß[600]. Die herrschende Ansicht hält aus Gründen der Rechtssicherheit und Klarheit eine eigene Erklärung der Mutter für notwendig[601]. Diese Anerkennung ist durch Vermerk in der Geburtsurkunde zu kennzeichnen, wenn sie nach dem Abstammungsstatut erforderlich ist, auch wenn die lex fori kein Mutterschaftsanerkenntnis kennt[602].

Die Leihmutterschaft (*Beispielsfall 1 d*) definiert sich dadurch, daß ein Kinderwunsch dadurch erfüllt wird, daß eine befruchtete Eizelle oder ein Embryo einer anderen Frau als "Leihmutter" eingepflanzt wird, die das Kind für die "Wunschmutter" austrägt. Während das deutsche Recht gemäß § 1 I Nr. 7 EmbryonenSchG die Leihmutterschaft verbietet, ist sie in Italien bei medizinischen Gründen erlaubt[603].

Beispielsfall 2: Eine Deutsche ist mit einem Italiener verheiratet. Ein Kind wird im Reagenzglas gezeugt. Aus medizinischen Gründen wird der Embryo einer anderen Italienerin eingepflanzt, die auch das Kind zur Welt bringt.

a. Die Parteien leben in Italien.

b. Die Parteien leben in Deutschland.

Nach italienischem Kollisionsrecht richtet sich das anwendbare Recht nach der Staatsangehörigkeit des Kindes (Art. 33 I IPRG)[604]. In *Beispielsfall 2 a* besitzt das Kind in jedem Fall die italienische Staatsangehörigkeit des Vaters. Die deutsche Staatsangehörigkeit der "Wunschmutter" überträgt sich nicht auf das Kind, da nach deutschem Recht gemäß § 1591 BGB Mutter ist, wer das Kind gebärt. Anwendbar ist somit das italienische Heimatrecht des Kindes. Sein Status richtet sich nach seinen Wunscheltern, da nach italienischem Recht die Leihmutterschaft zulässig ist, richtet sich der Status des Kindes nach den Wunscheltern. Das Kind gilt als ehelich.

In *Beispielsfall 2 b* kommen gemäß Art. 19 I 1 EGBGB deutsches Recht als Aufenthaltsrecht und italienisches Recht als Heimatrecht des Vaters sowie der

---

599 *Palandt/Heldrich*, Art. 19 EGBGB Rn. 7; *Henrich*, StAZ 1998, 1 (3); *Gaaz*, StAZ 1998, 241 (249).

600 *Hepting/Gaaz*, § 21 PStG, Rn. 306; BGHZ 90, 129. *Palandt/Heldrich*, Art. 19 EGBGB Rn. 7; *Henrich*, StAZ 1998, 1 (3); *Gaaz*, StAZ 1998, 249.

601 *Hepting/Gaaz*, § 21 PStG Rn. 306; AG Rottweil, IPRax 1993, 110.

602 *Hepting/Gaaz*, § 29 PStG, Rn. 25ff.

603 Trib. Roma 29.3.2000, NGCC 2000, 310. Eine ähnliche Entscheidung traf der Supreme Court of California in *Johnson v. Calvert* vom 20.5.1993, wo die "Wunschmutter" als gesetzliche Mutter anerkannt wurde.

604 Siehe oben § 5 II 1.

gebärenden Mutter zur Anwendung (Art. 19 I 2 EGBGB). Hier kommt es nicht zu einer "salomonischen" Lösung mit zwei Müttern (der "Wunschmutter" nach italienischem Recht, der "Leihmutter" nach deutschem Recht): Die Leihmutterschaft ist nach § 1 I Nr. 7 EmbryonenSchG im deutschen Recht verboten, so daß das alternativ anwendbare italienische Recht gegen den deutschen ordre public verstößt[605]. Es bleibt daher bei der Anwendung des deutschen Aufenthaltsrechts. Gemäß § 1591 BGB gilt die "Leihmutter" als Mutter des Kindes[606].

II. Abstammung vom Vater – Doppelvaterschaft

Bei der Abstammung vom Vater unterscheiden sich das italienische und das deutsche Recht insofern, als nach italienischem Recht gemäß Artt. 250, 253 CC die Vaterschaft auch dann anerkannt werden kann, wenn die Mutter verheiratet ist. Nach deutschem Recht ist dies auch nach der Reform nur möglich, wenn bereits ein Scheidungsantrag anhängig ist und der Ehemann der Anerkennung zustimmt (§ 1599 II BGB).

Dabei kann das Problem auftreten, daß die alternativen Anknüpfungen zu mehreren Vätern führt, da beide Rechtsordnungen das Kindeswohl unterschiedlich auslegen und den Kindern unterschiedliche Väter zuordnen. Dieses Problem bezeichnet man als Doppelvaterschaft (*Beispielsfälle 1-3*)[607]. Ferner werden in Bezug auf die Begründung des Vater-Kind-Verhältnisses einige Fälle mit Berührung zu Drittstaaten behandelt, um die Unterschiede beider Anknüpfungsmechanismen zu verdeutlichen (*Beispielsfälle 4-6*) und schließlich die Frage der Legitimation im deutsch-italienischen Rechtsverkehr behandelt (*Beispielsfall 7*).

Beispielsfall 1:

a. Eine mit einem Deutschen verheiratete Italienerin lebt in Italien und bekommt von einem anderen Deutschen ein Kind. Ist das Kind ehelich?

b. Wie verhält es sich, wenn die Parteien ihren gewöhnlichen Aufenthalt in Deutschland haben?

c. Ändert sich etwas, wenn die Mutter während der Geburt in Italien gelebt hat und danach nach Deutschland gekommen ist?

---

605 BT-Drucks, 13/4899, 82f.; *Palandt/Diederichsen*, § 1591 BGB Rn. 1; *Looschelders*, IPRax 1999, 240 (243).

606 Betroffenen deutschen Frauen bleibt es überlassen, ihren Kindeswunsch im Ausland mittels der dort zulässigen Fortpflanzungshilfen zu erfüllen.

607 Vgl. dazu *Looschelders*, IPRax 1999, 420 (421).

d. Eine Italienerin, die mit einem Italiener verheiratet ist und in Deutschland lebt, bekommt von einem Italiener ein Kind. Der wahre Vater möchte sein Kind anerkennen[608].

Im *Beispielsfall* stellt sich die Frage der Doppelvaterschaft, da das Kind möglicherweise mehreren Vätern zugeordnet werden kann. Dies Phänomen kann im deutsch-italienischen Rechtsverkehr auftreten, wenn das Kind einer verheirateten Mutter geboren wird.

In *Beispielsfall 1 a* kommt entweder gemäß Art. 33 I IPRG das italienische Heimatrecht des Kindes (aufgrund der effektiven italienischen Staatsangehörigkeit gemäß Art. 19 IPRG) oder gemäß Art. 33 II IPRG das deutsche Heimatrecht des Scheinvaters in Betracht. Der Renvoi des deutschen IPR auf das Recht am gewöhnlichen Aufenthalt des Kindes (Art. 19 I 1 EGBGB) ist gemäß Art. 13 III IPRG unbeachtlich, da das italienische Recht nicht für die Ehelichkeit des Kindes günstiger ist.

Da das italienische Recht dem Anerkennungssystem folgt, ist die Anerkennung speziell anzuknüpfen. Das Anerkennungsstatut gemäß Art. 35 I 1 IPRG ist italienisches Recht als Heimatrecht des Kindes. Nach dem italienischen Heimatrecht des Kindes könnte der Vater das Kind anerkennen. Eine Anknüpfung an die deutsche Staatsangehörigkeit des Anerkennenden ist unbeachtlich, da bei bestehender Ehe der Mutter eine Anerkennung nach deutschem Recht nur möglich ist, wenn ein Scheidungsverfahren anhängig ist.

Fraglich ist, ob gemäß Art. 33 II IPRG das deutsche Heimatrecht des Scheinvaters durchgreift, da das Kind aufgrund der Ehelichkeitsvermutung gemäß § 1591 BGB als ehelich gilt. Diese Anknüpfungsalternative greift aber nur dann, wenn es dem Interesse des Kindes entspricht, daß der Familienfrieden gegenüber der wahren Abstammung überwiegt. Ein Indiz hierfür ist z.B., dass das Kind bei der Familie der verheirateten Mutter lebt. Andererseits spricht einiges für eine Anknüpfung an die lex fori[609]. Lebt das Kind bei den wahren Eltern, dürfte das Interesse des Kindes an einer Bindung zu den wahren Eltern gegenüber dem ehelichen Status überwiegen.

In der Praxis dürfte entscheidend sein, ob die Mutter das Kind als ehelich eintragen läßt, indem sie eine entsprechende Erklärung vor dem Standesbeamten abgibt, die Bestandteil der Geburtsurkunde wird, oder ob sie nicht den Ehemann als Vater eintragen läßt, wodurch das Kind nichtehelich und vaterlos wird[610], so daß der wahre Vater ohne vorherige Anfechtungsklage das Kind gemäß Art. 250, 253 CC anerkennen kann[611]. Diese Lösung erscheint sachnah

---

[608] Nach BGH 15.2.1984, StAZ 1984, 194.
[609] *Picone*, La riforma, 340.
[610] *Picone*, La riforma, 341, 343. Grenze für eine Rechtswahl ist das Interesse des Kindes.
[611] *Otto*, StAZ 1994, 178 (181).

und praktikabel. Nach italienischem Recht hat es damit letztlich die Mutter gemäß Art. 250 CC in der Hand, ob sie das Kind als ehelich oder nichtehelich einträgt[612].

Leben die Parteien dagegen in Deutschland (*Beispielsfall 1 b*), gilt das Kind gemäß Art. 19 I 1 EGBGB i.V.m. §§ 1591, 1592 BGB als ehelich. Gemäß Art. 19 I 1 EGBGB sind alternativ das Recht des gewöhnlichen Aufenthalts des Kindes (deutsches Recht), gemäß Art. 19 I 2 EGBGB das Heimatrecht des Vaters (deutsches Recht), und gemäß Art. 19 I 3 EGBGB das Ehewirkungsstatut anwendbar. Da der Ehemann jedoch Deutscher ist und die Eheleute in Deutschland leben, wird gemäß Art. 14 I Nr. 2 EGBGB wiederum an das deutsche Recht als Aufenthaltsstatut alternativ angeknüpft. Somit führen alle Anknüpfungen zum deutschen Recht. Zwar könnte auch hier die italienische Mutter den Ehemann nicht als Vater des Kindes eintragen. Da aber die Verbindung zum deutschen Recht überwiegt (gewöhnlicher Aufenthalt des Kindes, Staatsangehörigkeit des Ehemannes, Ehewirkungsstatut) und allein die italienische Staatsangehörigkeit der Mutter in Bezug auf das Verhältnis des Kindes zum Vater keine zusätzliche Anknüpfungsalternative eröffnet, ist deutsches Recht anwendbar und keine Ausnahme zu § 21 PStG zulässig[613]. Hier wird der Familienfrieden geschützt. Grundsätzlich kann der Scheinvater darauf vertrauen, daß das Kind von ihm abstammt.

Stammt das Kind in Wahrheit von einem anderen Mann ab, so ist gemäß §§ 1600 ff. BGB zur Feststellung dessen Vaterschaft eine Anfechtungsklage notwendig, die nur von der Mutter, ihrem Ehemann oder dem Kind erhoben werden kann.

Italienisches Recht ist dagegen in *Beispielsfall 1 c* alternativ anwendbar, wenn die Mutter in Italien geheiratet und die Ehepartner dort ihren letzten gemeinsamen gewöhnlichen Aufenthalt hatten (Art. 19 I 3 i.V.m. Art. 14 I 3 EGBGB). Das italienische IPR nimmt diese Verweisung an, da italienisches Recht nach dem Heimatrecht des Kindes anwendbar ist. Zwar würde das Heimatrecht des Scheinvaters gemäß Art. 33 II IPRG auf deutsches Recht zurückverweisen. Das deutsche IPR wird aber nach dem oben gesagten die Rückverweisung nicht annehmen, da sich dadurch die Zahl der alternativ anwendbaren Rechte verringern würde.

Die Auslegung der alternativen Anknüpfung ist streitig: Vertreten werden vier verschiedene Auffassungen: Eine Meinung räumt dem Aufenthaltsrecht des Kindes generell Vorrang ein, während die anderen Anknüpfungsalternativen nur subsidiär eingreifen sollen[614]. Nach anderer Ansicht gilt das Prioritätsprin-

---

612 *Hausmann/Trabucchi*, StAZ 1982, 93 (104); *Otto*, StAZ 1994, 178 (182).
613 *Henrich*, FamRZ 1998, 1401 (1402).
614 *v. Hoffmann*, Rn. 132; *Henrich*, StAZ 1998, 1 (2).

zip[615]: Wenn der wahre Vater das Kind vor der Geburt anerkannt habe, verdränge die biologische Abstammung die Vaterschaftsvermutung des Ehemannes, bei einer Anerkennung erst nach der Geburt bleibe es bei der Vaterschaftsvermutung. Nach einer dritten Auffassung ist dasjenige Recht anwendbar, das zum wirklichen Vater führt[616]. Die vierte Ansicht stellt auf das Kindeswohl ab.

Im Ergebnis ist der vierten Ansicht zu folgen. Die zweite Ansicht ist abzulehnen, da die Vaterschaftszuordnung relativ willkürlich erscheint und zu Rechtsunsicherheit führt. Die dritte Ansicht kann sich zwar darauf berufen, daß Art. 20 S.2 EGBGB die Anfechtung und damit die Feststellung der wahren Vaterschaft begünstigt. Diese einseitige Auslegung widerspricht aber dem Zweck der Gesetzesreform, eheliche und nichteheliche Kinder gleichzustellen[617], da hier die nichteheliche Kindschaft favorisiert werden würde. Für die von der ersten Ansicht befürwortete subsidiäre Anknüpfung könnte zwar der Wortlaut des Gesetzes sprechen[618], da die Alternative in Art. 19 I 2 EGBGB angewendet werden "können". Der Sinn und Zweck des Gesetzes spricht aber dagegen. Es handelt sich um eine alternativen Anknüpfung, die im Gegensatz zu der subsidiären Anknüpfung ein Element der beschränkten Rechtswahl beinhaltet[619]. Gegen die erste Ansicht spricht außerdem, daß gemäß Art. 20 EGBGB a.F. die Alternativität der anwendbaren Rechts als gleichrangige Anknüpfungsmöglichkeiten verstanden wurde[620]. Diese historische Interpretation des Art.19 I EGBGB läßt den Schluß zu, daß der Gesetzgeber der alternativen Anknüpfung gemäß Art. 19 I EGBGB keine abweichende Bedeutung geben wollte[621].

Die herrschende Lehre löst daher zu recht diese Problematik im Hinblick auf das Kindeswohl. Auch das Kindeswohl ist umstritten. Nach einer Ansicht soll das Kind so schnell wie möglich einen Vater bekommen, damit sein Unterhalt gesichert sei[622]. Andere befürworten, das Kind immer dem wahren Vater zu-

---

615 *Palandt/Heldrich*, Art. 19 EGBGB Rn. 6.

616 *Henrich*, StAZ 1998, 1 (4); *Junker*, Rn. 565.

617 Siehe oben § 9.

618 Vgl. *v. Hoffmann*, Rn. 132.

619 Siehe unten § 17 I 2 c. Dabei hat der Richter insofern eine wichtige Rolle, als er die Rechtswahl anhand von Indizien überprüft, um dem Kindeswohl gerecht zu werden. Daraus kann allerdings nicht – wie teilweise vertreten – gefolgert werden, daß der wirkliche Vater für das Kind immer besser ist. Vielmehr kommt es auf den Einzelfall an.

620 BT-Drucks. 10/5632, 43; *Firsching/v. Hoffmann*, 5. Aufl. 1997, § 8 Rn. 132; *Palandt/Heldrich*, 57. Aufl., Art. 20 EGBGB aF Rn. 8; *Erman/Hohloch*, 9. Aufl. 1993, Art. 20 EGBGB aF Rn. 12; *Soergel/Kegel*, 12. Aufl. Art. 20 EGBGB aF Rn. 10ff.

621 So auch *Looschelders*, IPRax 1999, 240 (241); *Gaaz*, StAZ 1998, 241 (250); *Hay*, 303; *Rauscher*, 190.

622 *Palandt/Heldrich*, Art. 19 EGBGB Rn. 6; *Hay*, 303; *Münchener Kommentar/Klinkhardt*, Art. 19 EGBGB Rn. 14.

zuordnen[623]. Die erste Auffassung würde aus praktikablen Gründen meist deutsches Recht anwenden. Auch die zweite Ansicht wird den Interessen des Kindes nur aus deutscher Sicht gerecht.

Daher sind auch diese beiden Ansätze abzulehnen. Wenn mehrere Rechtsordnungen konkurrieren, sollte vielmehr es auf das Kindeswohl im Einzelfall ankommen, um den Interessen des Kindes gerecht zu werden. Es kommt daher auf eine materielle Wertentscheidung an[624]. Nur so lassen sich hinkende Abstammungsverhältnisse vermeiden[625]. Das ausländische Recht muß also nicht nur auf kollisionsrechtlicher, sondern auch auf materiellrechtlicher Ebene berücksichtigt werden[626].

Letztlich hat es daher im deutsch-italienischen Kontext die Mutter ebenso wie in *Beispielsfall 1 a* in der Hand, ob sie das Kind als ehelich eintragen läßt oder dem wahren Vater die Möglichkeit eröffnet, die Vaterschaft gemäß Art. 250, 253 CC anzuerkennen, in dem sie das Kind als nichtehelich eintragen läßt[627].

Ist die Anerkennung nach italienischem Recht erfolgt (*Beispielsfall 1 c*), ändert eine Übersiedlung nach Deutschland nichts an dem Abstammungsverhältnis. Das deutsche Abstammungsstatut, das gemäß Art. 19 I 1 EGBGB an den gewöhnlichen Aufenthalt des Kindes anknüpft, ist zwar wandelbar; das Eltern-Kind-Verhältnis ändert sich aber durch den Statutenwechsel mit der Einreise nach Deutschland nicht. Art. 19 I 1 EGBGB ist hier zum Schutz wohlerworbener Rechte einschränkend auszulegen[628].

In *Beispielsfall 1 d* ist italienisches Recht alternativ anwendbar, da der Scheinvater Italiener ist (Art. 19 I 2 IPRG). Zwar führen das Aufenthaltsrecht des Kindes (Art. 19 I 1 EGBGB) und das Ehewirkungsstatut (Art. 19 I 3 EGBGB) zum deutschen Recht, aber die Staatsangehörigkeit des Scheinvaters zum italienischen Recht. Die Anknüpfung an die italienische Staatsangehörigkeit des Scheinvaters führt zu keinem Renvoi, da das italienische Recht die Verweisung annimmt (Art. 33 II IPRG).

Wenn das deutsche materielle Kindschaftsrecht angewendet wird, so gilt das Kind aufgrund der Ehelichkeitsvermutung gemäß § 1592 BGB als ehelich. Eine Anerkennung durch den wahren Vater ist ausgeschlossen.

Nach italienischem materiellem Kindschaftsrecht gibt es ebenfalls gemäß Art. 231, 232 I CC eine Ehelichkeitsvermutung. Das Kind erlangt aber nur dann den Status eines ehelichen Kindes, wenn die Mutter das Kind als ehelich

---

623 *Henrich*, FamRZ 1998, 1401 (1402); *Junker*, Rn. 565.
624 So auch *Looschelders*, IPRax 1999, 420 (421).
625 *Rauscher*, 190.
626 Vgl. dazu *Jayme*, Ehrenzweig-GdS, 37ff, der dies als "zweistufige Anknüpfung" bezeichnet; *Looschelders*, IPRax 1999, 240 (242) m.w.N.
627 *Hausmann/Trabucchi*, StAZ 1982, 93 (104).
628 *Henrich*, StAZ 1998, 1 (3); *v. Hoffmann*, Rn. 133; *Andrae*, Rn. 461.

in die Geburtsurkunde eintragen läßt[629]. Die Ehelichkeitsvermutung kann – wie bereits dargelegt – schon dadurch widerlegt werden, daß die Mutter in die Geburtsurkunde nicht den Ehemann als Vater eintragen läßt, wodurch das Kind nichtehelich und vaterlos ist. Im letzteren Falle gestattet das italienische Heimatrecht eine Anerkennung durch den wahren Vater, ohne daß die vermutete Ehelichkeit angefochten werden muß.

Sind beide materiellen Kindschaftsrechte alternativ anwendbar, kann dies zur Doppelvaterschaft führen, indem das Kind rechtlich gesehen nach der Anerkennung durch seinen wahren Vater zwei Väter erhält. Die materiellen Sachrechte unterscheiden sich von der kollisionsrechtlichen Favorisierung, weil das italienische materielle Recht zur nichtehelichen Abstammung, das deutsche materielle Recht zur ehelichen Abstammung führt. Es fragt sich, wer zur Personensorge und Unterhalt verpflichtet ist.

Es stellt sich die gleiche Problematik wie in *Beispielsfall 1 c*. Auch hier ist im Sinne der historischen Interpretation von einer Gleichrangigkeit der Anknüpfungsalternativen auszugehen[630]. Entscheidend ist das Kindeswohl.

Da im vorliegenden Fall die Staatsangehörigkeit des Vaters und das Ehewirkungsstatut zum italienischen Recht führen, überwiegt die Verbindung zum italienischen Recht, so daß dies für das Kind günstiger ist[631]. Auch der Bundesgerichtshof hat in einem solchen Fall zur alten Rechtslage das italienische Recht für anwendbar erklärt. Der Status des ehelichen Kindes sei nicht vorrangig. Es widerspreche auch nicht dem deutschen ordre public, dem Kind den Status eines ehelichen Kindes zu versagen. Die materielle Rechtslage nach italienischem Recht habe Vorrang vor dem § 21 PStG[632]. Diese Leitsätze behalten auch nach der Reform Gültigkeit. Es ist nicht die Intention der alternativen Anknüpfung gemäß Art. 19 EGBGB, dem Kind den Status eines ehelichen Kindes zu verleihen, sondern eine Eltern-Kind-Beziehung zu begründen[633]. Durch die Anerkennung des wahren Vaters sollten die Abstammungsverhältnisse geklärt werden. Die materielle Rechtslage nach italienischem Recht hat Vorrang vor § 21 PStG.

Das somit anwendbare italienische Kollisionsrecht knüpft für die Anerkennung gemäß Art. 35 I IPRG alternativ an die Staatsangehörigkeit des Kindes oder des Anerkennenden an. Beide Anknüpfungen führen zum italienischen Recht. Hinsichtlich der Geschäftsfähigkeit des Anerkennenden wird gemäß Art. 7 EGBGB i.V.m. Art. 35 II IPRG ebenfalls an die italienische Staatsan-

---

[629] *Gabrielli*, 59 (63).

[630] So auch *Looschelders*, IPRax 1999, 240 (241); *Gaaz*, StAZ 1998, 241 (250); *Hay*, 303; *Rauscher*, 190; a.A. *Henrich*, StAZ 1998, 1 (2).

[631] *Henrich*, FamRZ 1998, 1401 (1402).

[632] BGH 15.2.1984, StAZ 1984, 194 mit zustimmender Anmerkung von *Beitzke*.

[633] *Hay*, 300.

gehörigkeit des Anerkennenden angeknüpft. Hinsichtlich der Form verweist Art. 11 EGBGB auf die lex fori oder die causae und begünstigt damit die Wirksamkeit der Anerkennung. Auch das italienische Recht favorisiert die formelle Wirksamkeit, indem alternativ an die lex fori, die lex loci actus oder die lex causae angeknüpft wird.

Nach italienischem Kollisionsrecht werden die *Beispielsfälle 1 a, c* und *d* gleich behandelt, da gemäß Art. 33 I IPRG immer das italienische Heimatrecht des Kindes und gemäß Art. 33 II IPRG die Heimatrechte beider Eltern herangezogen werden können. Die Parteien haben immer die Möglichkeit einer Rechtswahl. Aus deutscher Sicht ist eine solche Rechtswahl ausgeschlossen, wenn die Parteien in Deutschland ihren gewöhnlichen Aufenthalt haben und der Scheinvater Deutscher ist (*Beispielsfall 1 a*). Wird in diesem Fall in Italien eine Vaterschaftsanerkennung erklärt, hat das Kind zwei Väter: nach deutschem Recht ist der Scheinvater, nach italienischem Recht nach Anerkennung der wahre Vater rechtlich gesehen der Vater. Zur Beseitigung der Scheinvaterschaft nach deutschem Recht ist eine Anfechtung erforderlich.

Beispielsfall 2:

a. Eine mit einem Deutschen verheiratete Italienerin lebt in Italien und bekommt von einem anderen Deutschen ein Kind (vgl. *Beispielsfall 1 a*). Ein Scheidungsantrag ist anhängig. Ist das Kind ehelich?

b. Wie verhält es sich, wenn die Parteien ihren gewöhnlichen Aufenthalt in Deutschland haben?

In *Beispielsfall 2* schützt auch das deutsche materielle Recht nicht mehr die eheliche Abstammung, da der wahre Vater in einem anhängigen Scheidungsverfahren sein Kind anerkennen kann (§ 1599 II BGB), sofern eine Scheidungsverfahren anhängig ist und die Mutter und der Ehemann zustimmen. Folglich lassen alle Anknüpfungen Raum für eine Option zugunsten der ehelichen bzw. nichtehelichen Abstammung. Wollen die Parteien die eheliche Abstammung begründen, können sie in Italien gemäß Art. 33 I, II IPRG deutsches oder italienisches Recht wählen. Im Zweifel wird das Gericht das Recht des lex fori anwenden. Wollen die Parteien in Italien die Rechtsbeziehung zum leiblichen Vater begründen, können die Parteien nach italienischem Recht wählen, ob sie im Hinblick auf die Wirksamkeit der Anerkennung deutsches oder italienisches Recht anwenden (Art. 35 I 1 und 2 IPRG). Das italienische Recht hat den Vorteil, daß keine Zustimmung des Ehemannes der Mutter zur Wirksamkeit der Anerkennung notwendig ist. Nach deutschem Recht kann dagegen auf die Zustimmung des Kindes verzichtet werden.

Leben die Parteien dagegen in Deutschland, haben die Parteien keine Rechtswahl, da das italienische Heimatrecht der Mutter nicht zur Begründung des Vater-Kind-Verhältnisses anwendbar ist. Hier gilt ausschließlich das deutsche Aufenthaltsrecht des Kindes gemäß Art. 19 I 1 EGBGB.

III. Anerkennung

Beispielsfall 3:

a. Eine Deutsche, die mit einem Türken verheiratet war, und in Italien mit einem Italiener zusammenlebt, bekommt von diesem ein Kind, das innerhalb von 100 Tagen nach rechtskräftiger Scheidung geboren wird. Der Italiener möchte sein Kind anerkennen[634].

b. Ändert sich etwas an der Rechtslage, wenn die Parteien in Deutschland leben?

c. Eine Italienerin bringt drei Monate nach der Scheidung von ihrem griechischen Ehemann bringt ein Kind ihres deutschen neuen Partners zur Welt. Dieser erkennt die Vaterschaft an. Alle Parteien leben in Deutschland[635].

Gemäß Art. 33 I IPRG ist in *Beispielsfall 3 a* das Heimatrecht des Kindes anwendbar. Das Kind besitzt sowohl die deutsche als auch die türkische Staatsangehörigkeit und könnte ferner möglicherweise durch Anerkennung die italienische Staatsangehörigkeit erwerben. Diese bleibt aber für die Anknüpfung außer Betracht, da es gemäß Art. 33 I IPRG auf den Zeitpunkt der Geburt ankommt. Das deutsche Kollisionsrecht verweist zwar gemäß Art. 19 I 1, 3 EGBGB auf das italienische Aufenthaltsrecht bzw. das italienische Ehewirkungsstatut zurück. Das italienische Recht nimmt aber die Rückverweisung gemäß Art. 13 III IPRG nicht an, da das italienische Recht nicht zur ehelichen Abstammung führt. Auch nach deutschen Recht könnte das Kind gemäß § 1599 II BGB von dem wahren Vater anerkannt werden. Das türkische Heimatrecht des Vaters, das gemäß Art. 33 II IPRG bzw. gemäß Art. 33 I i.V.m. Art. 19 I 2 EGBGB alternativ anwendbar ist, hält dagegen nach Scheidung an einer Ehelichkeitsvermutung fest. Ein Renvoi ist hier im Interesse der ehelichen Abstammung nicht beachtlich (Art. 13 III IPRG). Hier gilt aus italienischer Sicht im Interesse des ehelichen Abstammung gemäß Art. 33 II IPRG türkisches Recht, um hinkende Rechtsverhältnisse zu vermeiden[636].

In *Beispielsfall 3 b* wird das deutsche Kollisionsrecht hingegen dahin ausgelegt, hier gemäß Art. 19 I 1 EGBGB das Aufenthaltsrecht des Kindes anzuwenden, da hier sein Interesse an der wahren Abstammung schützenswerter sei[637].

---

634 Nach *Henrich*, FamRZ 1998 1401 (1403).

635 Nach *Henrich*, FamRZ 1998, 1401 (1402).

636 Siehe dazu *Carella*, NLCC 1996, Art. 35 S. 1195 f.

637 *Henrich*, FamRZ 1998. 1401 (1403 f.); hier kommt die subsidiäre Anknüpfung zum gleichen Ergebnis; vgl. *v. Hoffmann*, Rn. 132.

In dieser Konstellation schützt also das italienische Kollisionsrecht stärker den Familienfrieden, während das deutsches Kollisionsrecht dem Interesse des Kindes auf Kenntnis der wahren Abstammung Vorrang einräumt.

In *Beispielsfall 3 c* unterliegt die Abstammung gemäß Art. 19 I 1 EGBGB dem deutschem Aufenthaltsrecht des Kindes. Gemäß § 1593 I i.V.m. § 1599 II BGB wird nicht mehr der frühere Ehemann als Vater des Kindes vermutet. Art. 19 I 2 EGBGB verweist dagegen auf griechisches Recht. Dies verweist zwar gemäß Artt. 14, 17, 32 griechisches ZGB auf das Aufenthaltsrecht zurück. Dies ist aber unbeachtlich, da dadurch die Zahl der anwendbaren Rechte vermindert würde und dis dem Sinn der Verweisung widerspricht (Art. 4 I 1 EGBGB)[638]. Gemäß Art. 1465 griech. ZGB gilt dagegen das Kind, das innerhalb von 300 Tagen nach Scheidung geboren wurde, als ehelich. Die Vaterschaftsanerkennung durch den deutschen wirklichen Vater wäre nach deutschem, aber nicht nach griechischem Recht möglich. Das Kind hat also zwei Väter. Es fragt sich, ob ein Anfechtung der Vaterschaft notwendig ist.

Über das Verhältnis der Anknüpfungen entscheidet das Günstigkeitsprinzip, indem im Interesse des Kindes das günstigste Recht anwendbar ist. Welches Recht das günstigste ist, ist umstritten[639]. Nach der hier vertretenen Ansicht ist auf den jeweiligen Einzelfall abzustellen[640]. Im vorliegenden Fall ist das tatsächliche Verhältnis zum Scheinvater aufgelöst worden. Somit hat das Interesse des Kindes an seiner wahren Abstammung Vorrang. Das deutsche Recht ist anwendbar.

IV. Form

Beispielsfall 4:

a. Ein nichteheliches Kind italienischer Eltern wird in England geboren und nach der englischen Ortsform anerkannt[641]. Ist die Anerkennung in Italien wirksam?

b. Wird die Anerkennung in Deutschland für wirksam angesehen?

In *Beispielsfall 4 a* geht es um die formelle Wirksamkeit der Anerkennung. Gemäß Art. 35 III IPRG richtet sich die Form der Anerkennung alternativ nach der lex fori, der lex loci actus oder der lex causae. Da in *Beispielsfall 4 a* die Anerkennung nach der englischen lex loci actus wirksam abgegeben wurde, ist sie auch gemäß Art. 35 III IPRG in Italien wirksam. Das gleiche gilt in *Beispielsfall 4 b* gemäß Art. 11 EGBGB für das deutsche Recht: Hat das Kind

---

638 *Münchener Kommentar/Klinkhardt*, Art. 19 EGBGB Rn. 19f.

639 Siehe oben § 9 III 1.

640 Siehe oben § 9 III 1.

641 Cass. 9.3.1988 Nr. 2358 = Giust. civ. 1988 II 725; Trib. Milano 12.12.1984 = Foro it. 1986 I 2918, 2929.

seinen gewöhnlichen Aufenthalt in Deutschland gelten alternativ gemäß Art. 11 EGBGB die lex loci actus oder die lex causae. Hier sind gemäß Art. 19 I 1 und 2 EGBGB alternativ das deutsche Aufenthaltsrecht bzw. das italienische Heimatrecht des Vater als lex causae anwendbar. Es genügt aber auch die Beachtung von englischen Formvorschriften als lex loci actus.

Beispielsfall 5:

Eine in Italien lebende Deutsche, die mit einem Italiener verheiratet ist, bekommt von einem Filippino ein Kind. Aus Unkenntnis des italienischen Rechts gibt sie keine Mutterschaftsanerkennung ab. Als Stellvertreterin des phillipinischen Vaters läßt sie in seinem Namen dessen Vaterschaftsanerkennung auf den Philippinen eintragen, die den philippinischen Formvorschriften entspricht[642].

a. Ist die Anerkennung aus italienischer Sicht wirksam?

b. Wie beurteilt sich diese Frage nach deutschem Kollisionsrecht?

In *Beispielsfall 5 a* verhält es sich hingegen anders: zwar genügte hier die Anerkennung der philippinischen Ortsform, die gemäß Art. 35 III IPRG auch anwendbar ist. Die Anerkennung konnte aber nicht wirksam aufgrund von Angaben der Mutter eingetragen werden. Denn die Anerkennungsberechtigung richtet sich alternativ nach dem italienischen Heimatrecht des Kindes oder des Ehemannes (Art. 35 II IPRG). Hiernach genügt es nicht für die Anerkennung, wenn diese durch einen Stellvertreter abgegeben wird.

Hat das Kind (wie in *Beispielsfall 5 b*) dagegen seinen gewöhnlichen Aufenthalt in Deutschland, gelten alternativ gemäß Art. 11 EGBGB die lex loci actus oder die lex causae. Hier sind gemäß Art. 19 I 1 und 2 EGBGB alternativ das deutsche Aufenthaltsrecht bzw. das italienische Heimatrecht des Vater als lex causae anwendbar. Die lex loci actus ist auch nach deutscher Auffassung nicht anwendbar, da sie mit dem deutschen ordre public unvereinbar ist. Ferner fehlt es an der Beachtung deutscher Zustimmungsvorschriften, welche gemäß Art. 23 EGBGB – aus deutscher Sicht ist die deutsche Staatsangehörigkeit gemäß Art. 5 I 2 EGBGB die effektive – im Interesse des Kindes zu berücksichtigen sind.

---

642 Vgl. *Thieme*, Jahrbuch italienisches Recht 8 (1995), 112, 273ff.; zur Vaterschaftsfeststellung; Cass. 20.2.1998 Nr. 1856 Foro it. 1999 I 2044 Cass. 20.2 1998 (Berücksichtigung des Kindeswohls).

V. Zustimmung

In *Beispielsfall 2 a*[643] richtet sich die Zustimmung zur Anerkennung nach dem Anerkennungsstatut (Art. 35 I IPRG), so daß alternativ deutsches Recht als Heimatrecht des Vaters oder italienisches Recht aufgrund der italienischen effektiven Staatsangehörigkeit des Kindes anwendbar ist. Nach italienischem Recht ist gemäß Art. 253 CC die Zustimmung des Kindes erforderlich. Eine fehlende Zustimmung des Kindes führt aber gemäß Art. 35 I 2 IPRG nicht dazu, daß die Anerkennung unwirksam ist, da deutsches Recht alternativ anwendbar ist und geringere Wirksamkeitsvoraussetzungen für die Anerkennung kennt.

Gemäß Art. 19 I 2 EGBGB i.V.m. § 1595 BGB ist nach dem deutschem Heimatrecht des Vaters eine Zustimmung des Kindes nicht mehr erforderlich. Da das Kind aber auch die italienische Staatsangehörigkeit besitzt, ist gemäß Art. 23 EGBGB eine Zustimmung des Kindes gemäß Art. 253 CC erforderlich. Hierzu wird in der Lehre vertreten, daß die fehlende Zustimmung des Kindes nicht zur schwebenden Unwirksamkeit der Anerkennung führe. Diese sei vielmehr in Deutschland wirksam, da nach deutschem Recht keine Zustimmung des Kindes mehr erforderlich sei. Der Wirksamkeit der Anerkennung nach deutschem Recht stünde nicht entgegen, daß die Anerkennung nach italienischem Recht wegen der fehlenden Zustimmung des Kindes (schwebend) unwirksam sei[644]. Gleiches gilt in *Beispielsfall 2 b*, wenn die Parteien ihren gewöhnlichen Aufenthalt in Deutschland haben.

In *Beispielsfall 5 a* ist nach dem italienischen Heimatrecht des Kindes gemäß Art. 35 I 1 IPRG zur Vaterschaftsanerkennung sowohl die Zustimmung der Mutter als auch des Kindes erforderlich[645]. Beide lagen hier nicht vor, so daß die Anerkennung schon aus diesem Grunde unwirksam ist.

Nach deutschem Recht ist in *Beispielsfall 5 b* gemäß Art. 23 EGBGB das Heimatrecht des Kindes maßgeblich. Da das nichteheliche Kind die deutsche Staatsangehörigkeit der Mutter besitzt, ist hinsichtlich der Anerkennung die Zustimmung der Mutter erforderlich. Diese kann nicht nur konkludent abgegeben werden.

---

[643] Eine mit einem Deutschen verheiratete Italienerin lebt in Italien und bekommt von einem anderen Deutschen ein Kind. Ein Scheidungsantrag ist anhängig.

[644] *Rauscher*, 190; a.A. *Jayme*, IPRax 1990, 309ff.

[645] Diese kann auch im Interesse des Kindes eingeklagt oder ersetzt werden.

VI. Vaterschaftsfeststellung

Beispielsfall 6:

a. Ein in Frankreich geborenes Kind italienischer Eltern wird in Frankreich verlassen aufgefunden. Es möchte die Vaterschaft in Italien feststellen lassen[646].

b. Wie verhält es sich, wenn die Eltern Deutsche sind und die Vaterschaftsfeststellung in Deutschland beantragt wird?

Die internationale Zuständigkeit italienischer Gerichte ergibt sich gemäß Art. 37 IPRG aus der italienischen Staatsangehörigkeit des beklagten Vaters.

Die Feststellungsklage richtet sich gemäß Art. 33 I, III 1 IPRG nach dem Heimatrecht des Kindes[647]. Fraglich ist, ob italienisches oder französisches Sachrecht anwendbar ist. Problematisch ist hier der Zeitpunkt, da es gemäß Art. 33 I IPRG auf den Zeitpunkt der Geburt ankommt. Zwar erwirbt das Kind mit Geburt nur die französische Staatsangehörigkeit nach der ius soli, aber durch die Feststellungsklage auch die italienische Staatsangehörigkeit seiner Eltern nach der ius sanguinis[648]. Hier wird in der italienischen Lehre vertreten, diese Staatsangehörigkeit sei im Interesse des Kindes mitzuberücksichtigen, da sie bei Geburt bereits latent vorhanden war[649].

Nach deutschem Recht kommt in *Beispielsfall 6 b* gemäß Art. 19 I 1 EGBGB das Aufenthaltsrecht des Kindes zur Anwendung. Dies ist das französische Recht, welches die Verweisung annimmt und im Falle elternloser Kinder französisches Recht anwendet. Andere Alternativen kommen daneben nicht in Betracht.

VII. Legitimation

Beispielsfall 7:

a. Nach welchem Recht erfolgt die Legitimation des nichtehelichen Kindes eines Deutschen und einer Italienerin, das in Italien lebt, durch nachfolgende Eheschließung[650]?

b. Kann die Legitimation in Deutschland eingetragen werden?

---

646 Fall angelehnt an *Ballarino*, 444f.

647 A.A. alternative Anknüpfung an das Heimatrecht des Feststellenden *Picone*, m.w.N.

648 Anders als im deutschen Recht erwirbt ein nichteheliches Kind nicht automatisch die Staatsangehörigkeit der Mutter. Vielmehr ist auch dafür gemäß Art. 1 I G 1991/92 eine Anerkennung der Mutterschaft erforderlich.

649 *Ballarino*, 445.

650 Angelehnt an AG Schöneberg m. Anm. *v. d. Heyde*, in: Jahrbuch für italienisches Recht 10 (1997), 173ff.

In *Beispielsfall 7 a* könnte sich die Legitimation durch nachfolgende Eheschließung gemäß Art. 34 I IPRG alternativ nach dem Heimatrecht des Legitimierenden (deutsch) oder des Kindes (italienisch) richten. Das deutsche IPR enthält seit der Reform kein Legitimationsstatut mehr[651]. Wenn man die Legitimation an das Abstammungsstatut anknüpft[652], verweisen das Aufenthaltsrecht des Kindes gemäß Art. 19 I 1 EGBGB sowie das Ehewirkungsstatut gemäß Art. 19 I 4 i.V.m. Art. 14 I Nr. 2 EGBGB auf das italienische Recht des gewöhnlichen Aufenthalts zurück. Damit ist italienisches Recht anwendbar.

Hat das Kind dagegen in *Beispielsfall 7 b* in Deutschland seinen gewöhnlichen Aufenthalt, ist gemäß Art. 19 I 1 EGBGB keine Legitimation mehr erforderlich, da das deutsche materielle Recht kein Legitimation mehr kennt. Ist der Vater Italiener, kann zur Vermeidung hinkender Rechtsverhältnisse gleichwohl gemäß Art. 19 I 2 EGBGB das Kind nach italienischem Recht legitimiert werden, da nach italienischer Auffassung darin eine Statusverbesserung liegt. Das italienische IPR nimmt gemäß Art. 34 IPRG die Verweisung auf das italienische Heimatrecht des Legitimierenden an. Demzufolge wird auch von den deutschen Behörden ein Legitimationsvermerk in der Geburtsurkunde eingetragen.

VIII. Zusammenfassung

Hinsichtlich der formellen Wirksamkeit im Ausland vorgenommener Anerkennungserklärungen unterscheiden sich beide Rechte nicht (*Beispielsfälle 4 a, b* und *5 a, b* – hier mit unterschiedlicher Begründung). Auch hinsichtlich der Begründung des Eltern-Kind-Verhältnisses finden beide Rechtsordnungen vergleichbare Lösungen. In den *Beispielsfällen 1 a, c* und *d* bleibt in beiden Rechtsordnungen Raum für eine Rechtswahl der Parteien, außer wenn aus deutscher Sicht eine Verbindung zu Italien nur in der Staatsangehörigkeit der Mutter und des unehelichen Vaters besteht (*Beispielsfälle 1 b* und *2* i.V.m. *1 b*). Hierin liegt eine Ungleichbehandlung. Die Anwendung des eigenen Rechts erscheint in beiden Staaten praktikabler, außer wenn alle Beteiligen die Staatsangehörigkeit des anderen Staates besitzen (*Beispielsfall 1 d*). Im Verhältnis zu dritten Staaten wie der Türkei zeigt sich dagegen deutlicher, daß das italienische Kollisionsrecht eher den Familienfrieden schützt, während das deutsche hier die wahre Abstammung begünstigt (*Beispielsfälle 3 a* und *b*). Geht es um die Feststellung der Abstammung eines im Ausland lebenden Kindes unverheirateter Eltern (*Beispielsfälle 6 a* und *b*), schützt das italienische Recht stärker die Interessen des Kindes, während das deutsche Recht tendenziell die Lösung dem Aufenthaltsstaat des Kindes überläßt.

---

651 Zur alten Rechtslage AG Berlin-Schöneberg m. Anm. *v. d. Heyde*, Jahrbuch für italienisches Recht 10 (1997), 173ff.

652 So die hier vertretene Auffassung, siehe näher oben § 9 II 4.

§ 13 Anfechtung

Hinsichtlich der Anfechtung im deutsch-italienischen Rechtsverkehr sind sechs Fallkonstellationen denkbar, je nachdem welche Staatsangehörigkeit die Mutter, das Kind oder der Scheinvater besitzen und welchen gewöhnlichen Aufenthalt sie haben[653]. Unterschieden nach der Anfechtungsberechtigung verdreifacht sich diese Zahl. Hier werden diejenigen Fallkonstellationen herausgegriffen, die entweder durch die Rechtsprechung - allerdings meist zum alten Recht - entschieden wurden oder die für die Darstellung der Unterschiede beider Kollisionsrechte wichtig sind (*Beispielsfälle 1-3*). Zur Verdeutlichung bestimmter Fragestellungen werden einige Fälle mit Berührung zu dritten Staaten herangezogen (*Beispielsfälle 4-6*). Schließlich wird die Frage der Anfechtung des Eltern-Kind-Verhältnisses bei künstlicher Befruchtung erörtert (*Beispielsfall 7*).

I. Deutsch-italienischer Rechtsverkehr

Beispielsfall 1:

a. Ein Italiener und eine mit einem Deutschen verheiratete Italienerin haben in Italien ein gemeinsames Kind. Da die Italienerin mit ihrem Ehemann und Kindern aus dieser Verbindung zusammenlebt, trägt sie das Kind als ehelich und den Namen ihres Ehemannes als Vater ein. Der Scheinvater möchte die Ehelichkeit anfechten.

b. Die Parteien leben in Deutschland.

In *Beispielsfall 1 a* richtet sich das anwendbare Recht nach Art. 33 III IPRG. Das Anfechtungsstatut folgt danach grundsätzlich dem Abstammungsstatut gemäß Art. 33 I IPRG (Gleichlauf)[654]. Da hier die eheliche Abstammung sowohl aufgrund der Ehelichkeitsvermutung des italienischen als auch des deutschen Rechts begründet wird, fragt sich, nach welchem Recht die Anfechtung erfolgt. Nach dem Wortlaut des Gesetzes soll die Anfechtung nach dem Recht erfolgen, das die Ehelichkeit begründet. Anwendbar ist gemäß Art. 33 I IPRG das italienische Heimatrecht des Kindes. Art. 33 II IPRG verweist auf das Heimatrecht der Eltern, so daß hier auch das deutsche Heimatrecht des Scheinvaters in Betracht kommt. Das deutsche Kollisionsrecht sieht gemäß Art. 20 i.V.m. mit Art. 19 I 1 und 4 EGBGB eine Anknüpfung an den gewöhnlichen Aufenthalt des Kindes vor und verweist somit auf das italienische Recht zurück. Dieses nimmt gemäß Art. 13 III IPRG die Verweisung an, da das italienische Recht ebenfalls zur ehelichen Abstammung führt. Gemäß Art. 19 I 2 EGBGB kommt ferner alternativ das deutsche Heimatrecht des Scheinvaters für die Anfechtung in Betracht. Aus italienischer Sicht soll das

---

653 Siehe oben § 9 III 1.

654 *Picone*, FamRZ 1994, 986.

strengste Recht anwendbar sein. Dies dürfte das italienische sein, da dieses kürzere Anfechtungsfristen (1 Jahr) für die Anfechtung durch den Scheinvater vorsieht als das deutsche (2 Jahre)[655]. Die Anwendung italienischen Rechts wird teilweise auch damit begründet, die lex fori zu bevorzugen[656].

In *Beispielsfall 1 b* ist das Eltern-Kind-Verhältnis durch eine nach italienischem und deutschem Recht wirksame Anerkennung begründet worden. Wird die väterliche Abstammung durch Anerkennung nach zwei der in Art. 19 EGBGB genannten Rechtsordnungen begründet, genügt gemäß Art. 20 S.1 EGBGB die Anfechtung nach einer dieser Rechtsordnungen[657]. Im deutsch-italienischen Kontext könnte hier aus praktikablen Gründen deutsches Recht angewendet werden. Die Anfechtung wird gemäß Art 65 IPRG automatisch in Italien anerkannt.

Das gleiche gilt, wenn die Anerkennung wegen der fehlenden Zustimmung des Kindes nur nach dem deutschen Aufenthaltsstatut wirksam wäre. Hier ist auch die Anfechtung nach beiden Rechtsordnungen möglich[658], aber nach deutschem Recht praktikabler.

Interessant ist die Variante, daß die deutsche Anfechtungsfrist von 2 Jahren bereits verstrichen ist. Da nach italienischem Recht die Anfechtung der Anerkennung wegen Wahrheitswidrigkeit gemäß Art. 263 III CC unverjährbar ist, kann gleichwohl nach italienischem Recht angefochten werden.

Beispielsfall 2:

a. Eine in Italien lebende Deutsche, die mit einem Italiener verheiratet ist, bekommt von einem anderen Italiener ein Kind. Der Scheinvater möchte die Ehelichkeit anfechten.

b. Die Parteien leben in Deutschland.

c. Das Kind möchte in Deutschland die Ehelichkeit anfechten.

In *Beispielsfall 2 a* ändert sich an der Anknüpfung nichts, da wiederum gemäß Art. 33 I, II IPRG das deutsche Heimatrecht des Kindes und das italienische Heimatrecht des Scheinvaters alternativ anwendbar sind. Gemäß Art. 35 I 1 und 2 IPRG hat es die Mutter in der Hand, ob sie das Kind als ehelich oder

---

655 Die Anfechtung richtet sich daher nach Art. 244 CC und kann seitens des Vaters erfolgen. Voraussetzung für die Anfechtung ist, daß der Vater fristgerecht anficht. Die Frist beginnt bei Abwesenheit des Vaters bei der Geburt des Kindes mit seiner Rückkehr an den Geburtsort des Kindes sowie seiner Kenntniserlangung von der Geburt des Kindes. Er muß beweisen, daß er sich nicht vorher an diesem Ort aufgehalten hat; vgl. LG Mönchengladbach, Jahrbuch für italienisches Recht 11 (1998), 281 m. Anm. *Jayme*, 237ff.

656 *Picone*, 355f.

657 *Rauscher*, 194.

658 Zur Anfechtung der Anerkennung nach italienischem Recht trotz fehlender Zustimmung des Kindes vgl. *Holler*, 85.

nichtehelich eintragen läßt[659]. Trägt sie es als ehelich ein, könnte die Anfechtung der Vaterschaft gleichwohl gemäß Art. 33 III 1 IPRG nach deutschem Recht erfolgen. Das deutsche Kollisionsrecht nimmt gemäß Art. 19 I 2 EGBGB die Verweisung an, so daß deutsches Recht anwendbar ist[660].

In *Beispielsfall 2 b* ändert sich die Anknüpfung im Vergleich zu *Beispielsfall 1 b*, da jetzt auch das italienische Recht als Heimatrecht des Scheinvaters gemäß Art. 19 I 2 EGBGB alternativ anwendbar ist. Das italienische Kollisionsrecht nimmt gemäß Art. 33 II IPRG die Verweisung an. Dies kann dazu führen, daß die Klage möglicherweise verfristet ist. Hier wäre gleichwohl eine Anfechtung nach dem deutschem Aufenthaltsstatut des Kindes möglich.

In *Beispielsfall 2 c* könnte sich ein Anfechtungsrecht sowohl aus dem italienischen Heimatrecht des Vaters als auch aus dem deutschen Aufenthaltsstatut ergeben.

In den *Beispielsfällen 2 b* und *c* dürfte das Kindeswohl über das anwendbare Sachrecht entscheiden. Ausschlaggebend für die Entscheidung könnten Fristen und beweisrechtliche Fragen sowie unterschiedliche Anfechtungsgründe sein. Da es jedoch in beiden Rechtsordnungen ein Anfechtungsrecht bei Volljährigkeit gibt, welches die Anfechtungsfrist an die Kenntnis des Anfechtungsgrundes knüpft, erscheint objektiv keine Rechtsordnung günstiger.

Hier könnten tatsächliche Gründe den Ausschlag geben: Liegt z.B. eine testamentarische Vaterschaftsanerkennung durch den italienischen wahren Vater vor, kann dies dafür sprechen, auch bei der Anfechtung italienisches Recht anzuwenden. Da aber einerseits deutsche Anfechtungsentscheidungen in Italien gemäß Artt. 65 IPRG automatisch anerkannt und demzufolge auch die Personenstandsänderungen in Italien eingetragen werden, könnte für die deutschen Gerichte eine Entscheidung nach deutschem Recht praktikabler sein. Andererseits mag eine italienische Entscheidung den Vorteil haben, daß für die Behörden kein Sprachproblem existiert, so daß die Frage im Einzelfall entschieden werden wird.

Beispielsfall 3:

a. Zwei verheiratete Deutsche leben in Italien. Die Frau bekommt von einem Italiener ein Kind. Der Scheinvater möchte die Ehelichkeit anfechten.

---

659 *Hausmann/Trabucchi*, StAZ 1982, 93 (104); *Otto*, StAZ 1994, 178 (182). Dazu ausführlich oben § 2 I 2.

660 Trägt dagegen die Mutter das Kind als ehelich ein, kommt als Anfechtungsstatut italienisches Recht in Betracht, da er durch kürzere Anfechtungsfristen das strengere Recht ist (vgl. oben Beispiel 1). Die Anwendung italienischen Rechts wird teilweise auch mit der Tendenz, die lex fori anzuwenden, begründet, vgl. *Picone*, 355f.

b. Eine Italienerin, die mit einem Italiener verheiratet ist und in Deutschland lebt, bekommt von einem anderen Italiener ein Kind. Der Scheinvater möchte die Ehelichkeit nach 1 ½ Jahren anfechten[661].

c. Die Konstellation ist die gleiche wie in *Beispielsfall 3 b*, nur lebte der Scheinvater bei der Geburt des Kindes wieder in Italien und hatte keine Kenntnis von der Geburt des Kindes[662].

In *Beispielsfall 3 a* scheint auf den ersten Blick gemäß Art. 33 III 1 IPRG i.V.m. Art. 33 I, II IPRG nur deutsches Recht als Heimatrecht des Kindes anwendbar zu sein. Gemäß Art. 19 I 1 EGBGB verweist dieses jedoch auf das italienische Recht zurück. Nach italienischem Recht könnte der wahre Vater gemäß Art. 35 I 2 IPRG sein Kind anerkennen, wenn die Mutter es als nichtehelich einträgt. Dann wäre nur die Anfechtung nach deutschem Recht als demjenigen Recht, das die Ehelichkeit bejaht, gemäß Art. 33 III 1 IPRG anwendbar. Wird das Kind dagegen als ehelich eingetragen, sind aufgrund der Rückverweisung alternativ das italienische und das deutsche Recht anwendbar. Hier wird das italienische Recht als strengeres Recht angewendet werden.

In *Beispielsfall 3 b* führt die Anknüpfung an den gewöhnlichen Aufenthalt des Kindes gemäß Art. 20 S. 1 EGBGB i.V.m. Art. 19 I 1 EGBGB zum deutschen Recht, die Anknüpfung an das Heimatrecht des Vaters gemäß Art. 20 S. 1 EGBGB i.V.m. Art. 19 I 2 EGBGB dagegen zum italienischen Recht. Ehewirkungsstatut ist ebenfalls das italienische Recht.

Erfolgt die Anfechtung erst 1 ½ Jahre nach der Geburt des Kindes und war der Scheinvater bei der Geburt des Kindes anwesend, ist die einjährige Anfechtungsfrist nach italienischem Recht gemäß Art. 244 II CC bereits verstrichen[663]. Die zweijährige deutsche Frist ist günstiger, so daß eine Anfechtung nur noch nach deutschem Recht möglich ist. In diesem Fall entscheidet das Gericht nach dem Kindeswohl[664]: Dabei ist zu berücksichtigen, wo das Kind aufwächst und ob der Familienfrieden schützenswerter ist oder das Recht des Kindes auf Klärung der eigenen Abstammung überwiegt. Lebt das Kind bei der verheirateten Mutter, dürfte der Familienfrieden schützenswerter sein[665].

Etwas anderes ergibt sich bei der Abwandlung in *Beispielsfall 3 c*: Hier war der Scheinvater nach Italien zurückgekehrt und hatte vor der Anfechtung keine Kenntnis von der Geburt des Kindes. Deswegen ist die Anfechtung auch

---

661 Zur Rechtsprechung zu ähnlichen Konstellationen nach altem Recht vgl. OLG Hamm 14.3.1995 = IPRspr. 1996 Nr. 201 = DZWiR 1997, 460 m. Anm. *Gruber*.

662 AG Mönchengladbach 19. 1. 1996 = Jahrbuch für italienisches Recht 11 (1998), 281, m. Anm. *Jayme*, 237.

663 Deswegen war nach der alten Rechtslage die Anfechtung verfristet vgl. OLG Hamm IPRspr. 1996, Nr. 201

664 *Baum*, 185.

665 Siehe oben § 9 III 1.

nach italienischem Recht noch nicht verjährt, da die Verjährung der Anfechtung gemäß Art. 244 II CC erst mit der Rückkehr des Vaters an den Geburtsort des Kindes beginnt[666].

Möchte ein Elternteil oder das Kind die Ehelichkeit anfechten, kann dies sowohl nach deutschem als auch nach italienischem Recht durchgeführt werden[667].

Die engere Verbindung zum italienischen Recht aufgrund der italienischen Staatsangehörigkeit der Parteien und auch aufgrund des italienischen Ehewirkungsstatuts spricht für eine Anwendung italienischen Rechts[668]. Dies entspricht der herrschenden Meinung zur alten Rechtslage, wonach bei einer Ehe der Mutter das Ehewirkungsstatut im Interesse des Familienfriedens und der Anwendung eines einheitlichen Rechts anwendbar sein sollte[669]. Ob nach der Reform diese Tendenz anhält, ist fraglich: Die Reform bezweckt, die Eltern-Kind-Beziehung zu begründen, will aber dabei nicht notwendig die eheliche Abstammung begünstigen[670]. Daher wäre es möglich, daß auch bei der Ehe der Mutter sich die Anerkennung durch den wahren Vater durchsetzt.

II. Anwendungsfälle mit Berührung zu Drittländern

Beispielsfall 4:

a. Eine Italienerin, die in Italien lebt und mit einem Türken verheiratet ist, bekommt von einem Deutschen ein Kind. Die Mutter hat das Kind aufgrund von Drohungen seitens des Türken als ehelich eintragen lassen. Das Kind möchte die Ehelichkeit anfechten.

b. Die Parteien leben in Deutschland.

c. Das Kind eines Italieners und einer Türkin, die mit einem Türken verheiratet ist und in Deutschland lebt, wird nach einem Scheidungsantrag geboren. Das Kind möchte die Ehelichkeit anfechten.

In *Beispielsfall 4 a* kommen gemäß Art. 33 III i.V.m. Art. 33 I, II IPRG das italienische Recht als Heimatrecht des Kindes und der Mutter sowie das türki-

---

666 AG Mönchengladbach 19. 1. 1996 = Jahrbuch für italienisches Recht 11 (1998), 281, m. Anm. *Jayme*, 237; *Cattaneo*, 205. Mit Rückkehr des Vaters wird widerleglich vermutet, daß dieser von der Geburt des Kindes Kenntnis hat.

667 Dabei ist nach folgenden Fällen zu unterscheiden: Möchte der wahre Vater sein Kind anerkennen, kann er das nach italienischem Recht ohne vorherige Anfechtung tun, sofern das Kind als nichtehelich eingetragen wurde. Wurde dagegen das Kind als ehelich eingetragen und möchten das Kind, der Scheinvater oder die Mutter aus anderen Gründen anfechten, können sie das anwendbare Recht wählen.

668 OLG Hamm 14.3.1995 = IPRspr. 1996, Nr. 201 = DZWiR 1997, 460 m. Anm. *Gruber*.

669 OLG Hamm 14.3.1995 = IPRspr. 1996, Nr. 201 = DZWiR 1997, 460 m. Anm. *Gruber*. Ausführlich zum Sinn und Zweck der Regelung nach alter Rechtslage, *Eschbach*, 151ff.

670 *Rauscher*, 190.

sche Recht als Heimatrecht des Scheinvaters alternativ in Betracht. Zur Vermeidung hinkender Rechtsverhältnisse soll das strengere Recht anwendbar sein[671].

Während das italienische Recht gemäß Art. 244 II CC ein Anfechtungsrecht des Kindes innerhalb von 1 Jahr nach Kenntnis der die Anfechtung begründenden Umstände oder nach Volljährigkeit vorsieht, beträgt die Anfechtungsfrist nach türkischem Recht nur einen Monat, so daß demnach das türkische Recht als das strengste Recht gilt. Das türkische Recht dürfte jedoch gegen den italienischen ordre public verstoßen, da das kurze Anfechtungsrecht das Recht des Kindes auf Kenntnis der eigenen Abstammung aushöhlt. Das Kind kann daher gleichwohl die Ehelichkeit nach italienischem Recht anfechten[672].

In *Beispielsfall 4 b* wendete die Rechtsprechung zur alten Rechtslage meist das Heimatrecht des türkischen Scheinvaters an, um hinkende Rechtsverhältnisse zu vermeiden. Dies hatte die Konsequenz, daß eine Anfechtung wegen der extrem kurzen Fristen meist ausgeschlossen war. Ein Verstoß gegen den ordre public wurde darin nicht gesehen[673]. Nach der Reform könnte Art. 20 S. 2 i.V.m. Art. 19 I 1 EGBGB dagegen für eine Anwendung des Rechts am gewöhnlichen Aufenthalt des Kindes sprechen, um diesem eine Anfechtung zu ermöglichen[674]. Hier kommt eine Anwendung des deutschen Sachrechts in Betracht, ohne daß auf den ordre public zurückgegriffen werden muß.

Beispielsfall 4 c zeigt die Bedeutung des Art. 20 S. 2 EGBGB. Während Art. 20 S. 1 EGBGB i.V.m. Art. 19 EGBGB die Anfechtung ausschließlich nach denjenigen Rechtsordnungen zulassen, welche die eheliche Abstammung bejahen, erlaubt Art. 20 S. 2 EGBGB immer die Anfechtung nach dem Recht des gewöhnlichen Aufenthalts: Das Kind gilt nach dem türkischem Heimatrecht des Scheinvaters als ehelich, weil der Scheinvater nicht der Anfechtung zugestimmt hat, dagegen nach deutschem Recht als unehelich, weil nach dem deutschen Aufenthaltsstatut die Ehelichkeits- und Vaterschaftsvermutung gemäß § 1599 II BGB durch die Anerkennung des wahren Vaters mit Zustimmung des Mutter und des Scheinvaters entkräftet worden ist. Hier kann das Kind gemäß Art. 20 S. 2 EGBGB nach deutschem Recht anfechten. Selbst wenn die kurze Frist des türkischen Rechts abgelaufen ist, behält das Kind im Interesse der Feststellung seiner wahren Abstammung das Recht, nach dem Aufenthaltsstatut, also nach deutschem Recht die Vaterschaft anzufechten.

---

671 *Ballarino*, 448.
672 *Picone*, 342f.
673 AG Spandau 4.6.1997, FamRZ 1998, 1132.
674 *Henrich*, FamRZ 1998, 1401 (1403).

Beispielsfall 5:

Das Kind eines deutschen Vaters und einer italienischen Mutter, die mit einem Türken verheiratet ist, wurde in Italien geboren. Das Kind wurde als ehelich eingetragen. Später zieht die Familie nach Deutschland. Das Kind möchte die Ehelichkeit anfechten.

In *Beispielsfall 5* sind alternativ das deutsche Recht am gewöhnlichen Aufenthaltsort des Kindes (Art. 20 EGBGB i.V.m. Art. 19 I 1 EGBGB), das türkische Heimatrecht des Scheinvaters (Art. 20 EGBGB i.V.m. Art. 19 I 2 EGBGB) oder das italienische Recht als Ehewirkungsstatut (Art. 20 i.V.m. Art. 19 I 3 EGBGB) anwendbar. Das italienische Recht nimmt gemäß Art. 33 I IPRG die Verweisung an[675]. Folglich kann die Vaterschaft nach allen Rechtsordnungen angefochten werden. Die Anfechtung ist also z.B. nicht dadurch ausgeschlossen, daß die kurze Anfechtungsfrist nach türkischem Recht schon abgelaufen ist[676].

Ist ein nichteheliches Kind eines Türken und einer Italienerin in Deutschland wahrheitswidrig anerkannt worden, verbietet das türkische Recht die Anfechtung die Anerkennung. Das deutsche Recht kennt ein auf zwei Jahre befristetes Anfechtungsrecht, das italienische ein unbefristetes Anfechtungsrecht des Kindes. Trotz des türkischen Anfechtungsverbots bleibt eine Anfechtung nach dem deutschen Aufenthaltsrecht möglich. Aus Gründen der Praktikabilität wird das Gericht deutsches Recht anwenden, wenn die Anfechtungsfrist von zwei Jahren noch nicht verstrichen ist.

Beispielsfall 6:

Eine deutsche Mutter lebt in Österreich in zweiter Ehe mit einem Italiener. Das Kind aus der ersten Verbindung ist 17 und wurde erst nach Scheidung geboren. Der Italiener erkannte das Kind als sein eigenes an. Danach wurde es durch die Eheschließung mit dem Italiener legitimiert.

a. Da die Eltern mittlerweile wieder getrennt leben, ficht der Italiener in Deutschland die Ehelichkeit an.

b. Wie verhält es sich, wenn das Kind die Ehelichkeit anfechten möchte?

In *Beispielsfall 6 a* stellt sich die Frage, ob eine Ehelichkeitsanfechtung nach dem österreichischen Aufenthaltsrecht bzw. Ehewirkungsstatut (Art. 20 S.1 EGBGB i.V.m. Art. 19 I 1 und 3 EGBGB oder dem italienischen Heimatrecht des Vaters (Art. 19 I 2 EGBGB) erfolgen kann. Das italienische Kollisionsrecht knüpft alternativ an das Heimatrecht des Kindes, des Vaters und der

---

[675] Das Kind besitzt die italienische Staatsangehörigkeit der Mutter, so daß italienisches Recht anwendbar ist.

[676] *Henrich*, FamRZ 1998, 1401 (1403).

Mutter an (Art. 33 II IPRG), so das auch das deutsche Heimatrecht der Mutter zu beachten ist. Ein Renvoi ist diesbezüglich zu beachten.

Nach deutschem Recht ist fraglich, ob das Kind ehelich ist, da nach der Reform eine Legitimation durch nachfolgende Ehe nicht mehr existiert. Nach italienischem Recht gilt das Kind als ehelich. Die Anfechtungsfrist von einem Jahr nach Geburt des Kindes, die gemäß Art. 244 II CC für die Ehelichkeitsanfechtung gilt, ist aber verstrichen. Fraglich ist, ob der Vater die Ehelichkeit nach dem österreichischem Aufenthaltsstatut anfechten kann (Art. 20 S. 1 i.V.m. Art. 19 I 1 EGBGB). Der Sinn der alternativen Anknüpfung des Anfechtungsstatuts besteht darin, die Anfechtung zu begünstigen. Ferner sollen die Interessen des Kindes auf Kenntnis der wahren Abstammung geschützt werden. Dies führt zu einer zweistufigen Prüfung: Der Vater besitzt ein Anfechtungsrecht nach dem österreichischem Aufenthaltsstatut (Art. 20 S. 1 i.V.m. Art. 19 I 1 EGBGB). Gleichwohl ist hier abzuwägen, ob die Anfechtung dem Kindeswohl entspricht. Der favor veritatis ist nur dann vorzugswürdig, wenn er den Interessen des Kindes entspricht. Hier könnte der Familienfrieden und das Recht des Kindes auf ein harmonisches Aufwachsen überwiegen.

Anders verhält es sich in *Beispielsfall 6 b*, wenn das Kind die Ehelichkeit anfechten möchte. Hier überwiegt das Recht auf Kenntnis der eigenen Abstammung, so daß das eine Anfechtung in jedem Fall nach italienischem materiellen Recht zulässig wäre.

III. Künstliche Befruchtung

Beispielsfall 7:

a. Eine mit einem Italiener verheiratete Deutsche, welch ein Italien lebt, läßt sich mit Einverständnis ihres Ehemanns künstlich befruchten. Nach der Geburt des Kindes möchte der Scheinvater in Italien die Vaterschaft anfechten[677].

b. Das Kind einer Italienerin und eines Griechen wird mit Einverständnis des Ehemanns in Deutschland durch heterologe Insemination gezeugt. Nach der Geburt des Kindes möchte der Scheinvater seine Vaterschaft anfechten.

In *Beispielsfall 7 a* führen das deutsche und das italienische Recht zu folgenden Ergebnissen: Das deutsche Recht bejaht ein Anfechtungsrecht des Scheinvaters trotz vorher erteilter Einwilligung zur künstlichen Befruchtung

[677] Cost. 26. 9. 1998 Nr. 347 = Giur. it. 1999, 1138 m. Anm. *Nivarra*; Cost. 19. 1. 1996 = Giur. it. 1999, 1653ff.mit Anm. *Mannella*; Cost. 22.4.1997 Nr. 112 = Foro it. 1999 I 1764; Cass. 16.3.1999 Nr. 2315 = Foro it. 1999 I 1834.

uneingeschränkt, gewährt aber im Interesse des Kindes einen Unterhaltsanspruch gegen den Scheinvater[678]. Ebenso war ursprünglich die Lage im italienischen Recht. Nach neuster italienischer Entscheidung des Corte Costituzionale[679] soll dagegen eine Anfechtungsrecht nunmehr nach vorheriger Zustimmung ausgeschlossen sein: Das Interesse des Kindes, in eine harmonischen Familie aufzuwachsen, überwiege gegenüber der biologischen Wahrheit[680]. Hier wird das italienische Gericht gemäß Art. 33 III IPRG italienisches Recht anwenden, da es die strengeren Regeln enthält.

In *Beispielsfall 7 b* sind gemäß Art. 20 S. 1 EGBGB das deutsche Aufenthaltsrecht des Kindes das italienische Heimatrecht der Mutter und das griechische Heimatrecht des Vaters anwendbar. Wie soeben dargestellt, bejaht das deutsche Recht die Anfechtung, während das italienische Recht sie verneint. Das griechische Recht verneint ebenfalls ein Anfechtungsrecht, wenn die Mann der künstlichen Befruchtung zugestimmt hat (Art. 1471 II ZGB). Nach deutschem Aufenthaltsrecht kann der Scheinvater somit anfechten, nach dem griechischen Heimatrecht des Vaters bzw. dem italienischen Heimatrecht der Mutter hingegen nicht. Es fragt sich, welches Recht hier anwendbar ist.

Die alternative Anknüpfung orientiert sich am Kindeswohl. Es fragt sich, welche Lösung für das Kind günstiger ist. Eindeutig wäre die Antwort, wenn das Kind anfechten wollte, da hier das Anfechtungsrecht des Kindes nach deutschem Recht Vorrang haben würde. Während bislang in diesem Fall der Anfechtung das strengste Recht, d.h. griechisches Recht, favorisiert wurde[681], kommt es nun darauf an, welches Recht den Interessen des Kindes am besten entspricht[682].

Dabei könnte es im Interesse des Kindes vorzuziehen sein, hier das griechische Recht anzuwenden. Wenn der Vater anficht, hat dies unterhaltsrechtlich keine Nachteile für das Kind, es verliert aber die verwandtschaftlichen Beziehungen. Hier sind das Interesse des Kindes an Kontinuität und Stabilität der Beziehung zu zwei Bezugspersonen gegen die Beseitigung unwahrer Abstammungsverhältnisse abzuwägen. Da der favor veritatis hier nicht zu einer neuen Eltern-Kind-Beziehung führt, könnte er möglicherweise hier hinter anderen Interessen zurücktreten.

---

678 BGH FamRZ 1983, 686.

679 Cost. 26.9.1998 Nr. 347 = Giur. it. 1999, 1138 m. Anm. *Nivarra.*

680 Cost. 26.9.1998 Nr. 347 = Giur. it. 1999, 1138; Cost. 19.1.1996 = Giur. it. 1999, 1653ff.mit Anm. *Mannella*; Cost. 22.4.1997 Nr. 112 = Foro it. 1999 I 1764; Cass. 16.3.1999 Nr. 2315 = Foro it. 1999 I 1834; a.A. App. Brescia 10.5.-14.6.1996 = Rep. Foro it. 1996 voce "Filiazione" Nr. 36, 37; Rep. 1997 Nr. 36.

681 *Henrich*, Int. FamR, 183.

682 *Baum*, 186; *Jayme*, FS Schwind, 103 (109).

IV. Zusammenfassung

Nach italienischem Kollisionsrecht greift das strengste Recht durch, wenn mehrere Rechte die Anfechtung begründen, um den Familienfrieden zu schützen (vgl. die *Beispielsfälle 1 a, 2 a, 3 a, 4 a, 5 a* und *7 a*). Kennt das danach anwendbare Recht aber unverhältnismäßig kurze Fristen, verstößt dies gegen den italienischen ordre public, der ein Recht auf Kenntnis der eigenen Abstammung (favor veritatis) als Balance zum Schutz der Familie (favor filiationis) kennt.

Nach deutschem Kollisionsrecht kommen alle Rechtsordnungen, die gemäß Art. 20 S. 1 EGBGB die Abstammung begründen, als Anfechtungsstatut in Betracht. Da das deutsche einheitliche Kindschaftsrecht die eheliche Abstammung nicht mehr favorisiert, gibt es keine Begünstigung der Ehelichkeit mehr. Die Anfechtung ist nicht mehr nur dann zulässig, wenn alle Rechtsordnungen sie erlauben. Es genügt, daß die Anfechtung nach einer Rechtsordnung des Abstammungsstatuts zulässig ist (*Beispielsfälle 1 b, 2 b, 3 b, 4 b, 5 b, 6 a* und *7 b*). Ob im Ergebnis erfolgreich angefochten werden kann, ist eine Frage des materiellen Rechts. Das Anfechtungsrecht des Kindes nach dem Recht des gewöhnlichen Aufenthalts gemäß Art. 20 S.2 EGBGB dient dazu, Rechtsklarheit zu schaffen, wenn zwar das Aufenthaltsrecht keine eheliche Abstammung bejaht, aber nach den anderen Rechtsordnungen eine Scheinvaterschaft besteht und das Kind möglicherweise zwei Väter besitzt. Die Anfechtungsmöglichkeit gemäß Art. 20 S. 2 EGBGB beseitigt die Scheinvaterschaft und begünstigt die wahre Vaterschaft im Interesse des Kindes (vgl. die *Beispielsfälle 2 c, 4 c* und *6 b*).

Ingesamt eröffnet die alternative Anknüpfung bei Abstammung und Anfechtung eine größere Flexibilität.

§ 14 Kindschaftswirkungen

Die Kindschaftswirkungen betreffen die elterliche Sorge, die Vertretung und den Wohnsitz des Kindes, Mitarbeitspflichten und Ausstattungsansprüche, Nießbrauch am Vermögen des Kindes, Folgen aus den Verwandtschaftsbeziehungen zu den Familien des Vaters und der Mutter sowie Umgangsrechte[683]. Da die Wirkungen größtenteils durch internationale Abkommen geregelt sind[684], verbleibt als wichtigster Gegenstand der Kindschaftswirkungen die Vertretung und die elterliche Sorge.

Die Kindschaftswirkungen richten sich im italienischem Kollisionsrecht gemäß Art. 36 IPRG nach dem Heimatrecht des Kindes, im deutschem Kollisionsrecht gemäß Art. 21 EGBGB nach dem gewöhnlichen Aufenthalt des Kindes. Diese unterschiedliche Anknüpfung wirkt sich im deutsch-italienischen Kontext im Hinblick auf die elterliche Sorge und Vertretung des Kindes aus, da auch im italienischen Recht die Auffassung herrscht, daß die elterliche Sorge durch Art. 36 IPRG geregelt ist und nur bei Gefährdung des Kindeswohls von Art. 3 MSA erfaßt wird[685].

In Italien[686] besteht gegenüber dem Kind in einer nichtehelichen Lebensgemeinschaft aufgrund des faktischen Zusammenlebens ein gemeinsames Sorgerecht nach Art. 317bis CC. Ziehen die Italiener nach Deutschland, ist eine notarielle Sorgeerklärung zur Begründung des gemeinsamen elterlichen Sorge erforderlich (§§ 1626 a BGB).

Im folgenden werden sowohl die Stabilität von Sorgeverhältnissen, insbesondere im Hinblick auf die Vertretung des Kindes (*Beispielsfälle 1-3*) als auch die Frage der Kindesentführung erörtert (*Beispielsfall 4*).

I. Gemeinsames Sorgerecht?

Beispielsfall 1:

a. Eine Deutsche und ein Italiener leben in Italien und haben ein nichteheliches Kind. Beide haben das Kind anerkannt und leben mit diesem zusammen. Wer hat das Sorgerecht?

b. Die Parteien ziehen nach Deutschland. Wer hat das Sorgerecht?

Die Kindschaftswirkungen richten sich in *Beispielsfall 1 a* gemäß Art. 36 IPRG nach dem Heimatrecht des Kindes. Dieses erwirbt aufgrund der Anerkennung durch den italienischen Vater die italienische Staatsangehörigkeit, ferner die deutsche der Mutter durch Geburt. Gemäß Art. 19 I 2 IPRG gilt die

---

683 BT-Drucks. 13/4899; *Pirrung*, 160.

684 Siehe oben § 10 I 6.

685 Siehe oben § 5 IV.

686 Ähnlich Belgien, vgl. *Henrich*, FamRZ 1998, 1401 (1404).

italienische Staatsangehörigkeit als effektiv[687]. Das italienische Recht sieht aufgrund der Anerkennung und des tatsächlichen Zusammenlebens der Eltern ein gemeinsames Sorgerecht vor (317bis CC)[688].

Problematisch ist die Einführung des gemeinsamen Sorge für nichteheliche Kinder insofern, als sie in verschiedenen Ländern an unterschiedliche Voraussetzungen geknüpft sind. Dies zeigt sich in *Beispielsfall 1 b*: Ziehen die Parteien nach Deutschland, ist nach dem Recht des gewöhnlichen Aufenthalts des Kindes, d.h. nach deutschem materiellen Recht, eine notarielle Sorgeerklärung zur Begründung des gemeinsamen elterlichen Sorge erforderlich (§§ 1626 a BGB). Ein Schutz wohlerworbener Rechte greift hier nicht ein[689]. Nach deutschem Recht besitzt ohne eine Sorgeerklärung nur die Mutter die elterliche Sorge.

Beispielsfall 2:

a. Deutsche unverheiratete Eltern leben mit ihrem Kind in Italien. Wer besitzt das Sorgerecht?

b. Italienische unverheiratete Eltern leben in Deutschland. Wer besitzt das Sorgerecht?

In *Beispielsfall 2 a* besitzt das Kind die deutsche Staatsangehörigkeit, welche sein Heimatrecht gemäß Art. 36 IPRG bestimmt. Art. 21 EGBGB verweist auf das Recht des gewöhnlichen Aufenthalts. Dieser liegt in Italien, so daß gemäß Art. 36 IPRG italienisches Recht anwendbar ist. Gemäß Art. 13 I IPRG akzeptiert das italienische Recht die Rückverweisung auf italienisches Sachrecht. Dieses sieht aufgrund der Anerkennung und des tatsächlichen Zusammenlebens der Eltern ein gemeinsames Sorgerecht vor (317bis CC).

In *Beispielsfall 2 b* richtet sich dagegen die elterliche Sorge gemäß Art. 21 EGBGB nach deutschem Recht, da das Kind hier seinen gewöhnlichen Aufenthalt hat[690]. Die Mutter erhält danach automatisch die elterliche Sorge (§ 1626a II BGB), während ein gemeinsames Sorgerecht gemäß § 1626a I BGB erst durch eine gemeinsame notariell beglaubigte Sorgeerklärung entsteht.

II. Vertretung

Die Vertretung für das Kind richtet sich gemäß Art. 36 IPRG nach dessen Heimatrecht. In *Beispielsfall 5 a* zur Abstammung (Vaterschaftsanerkennung

---

[687] Maßgeblich ist der Entscheidungszeitpunkt. Erkennt der Vater das Kind erst später an, besitzt das Kind zunächst nur die deutsche Staatsangehörigkeit, erwirbt dann aber mit Anerkennung die italienische, welche als effektiv gilt.

[688] Ähnlich Belgien, vgl. *Henrich*, FamRZ 1998, 1401 (1404).

[689] *Rauscher*, 194.

[690] Zum Begriff *Baetge*, 48, 88ff. m.w.N.

durch die in Italien lebende deutsche Mutter in Stellvertretung des philippinischen Vaters) war die Mutter für die Zustimmung des Kind zur Vaterschaftsanerkennung nicht vertretungsberechtigt, denn die Vertretung richtet sich ebenfalls nach italienischem Recht. Hiernach entsteht die gesetzliche Vertretungsmacht der Mutter für das nichteheliche Kinder erst durch ihre Mutterschaftsanerkennung. Diese hatte aber die Mutter aus Unkenntnis des italienischen Rechts nicht erklärt, sondern lediglich die Vaterschaftsanerkennung im Namen des Filippino und die Zustimmung im Namen des Kindes abgegeben. Folglich war sie nicht gesetzliche Vertreterin des Kindes und konnte nicht für das Kind die Zustimmung erklären.

Aus deutscher Sicht käme es gemäß Art. 21 EGBGB dagegen auf den gewöhnlichen Aufenthalt des Kindes an.

III. Form

Beispielsfall 3:

a. Ein Kind unverheirateter italienischer Eltern wird in Österreich geboren. Der Vater gibt eine Sorgeerklärung nach österreichischem Recht ab[691].

b. Die Parteien ziehen von Österreich nach Deutschland.

In *Beispielsfall 3 b* wird eine Sorgeerklärung, die z.B. nach österreichischem Recht abgegeben wurde, in Deutschland anerkannt. Dies gilt auch dann, wenn die Ortsform von der deutschen abweicht. Die Sorgeerklärung hält einem Statutenwechsel stand. Sie kann auf Antrag eines Elternteils gerichtlich abgeändert werden[692]. In *Beispielsfall 3 a* läßt dagegen die Anerkennung durch beide Eltern nach italienischem Recht keinen Schluß auf eine gemeinsame Sorgeerklärung zu. Die Wirkungen einer ausländischen Anerkennung bleiben nur dann erhalten, wenn sie den inländischen Formvorschriften genügen, d.h. öffentlich beurkundet wurde[693].

IV. Statutenwechsel

Wenn die italienische Parteien in *Beispielsfall 1 b*[694] aus Italien ihren gewöhnlichen Aufenthalt nach Deutschland verlagern, ändert sich das Sorgeverhältnis, da Deutschland keine gemeinsame elterliche Sorge für nichteheliche Kinder ex lege kennt. Während der Status des Kindes einem Statutenwechsel unter dem Aspekt des wohlerworbenen Rechts standhält, gilt dies nicht für die

691 Vgl. *Rauscher*, 189.
692 *Henrich*, FamRZ 1998, 1401 (1404).
693 *Henrich*, FamRZ 1998, 1401 (1405).
694 Eine Deutsche und ein Italiener leben in Italien und haben ein nichteheliches Kind. Beide haben das Kind anerkannt und leben mit diesem zusammen. Die Parteien ziehen nach Deutschland.

elterliche Sorge[695]. Dies hat auch Auswirkungen für die Vertretung des Kindes: Ohne gemeinsame Sorgeerklärung kann der Vater das Kind nicht wirksam vertreten. Vielmehr erhält die Mutter gemäß Art. 21 EGBGB i.V.m. § 1626 a II BGB die alleinige elterliche Sorge. Das Problem, daß bald der Vater, bald eine andere Person rechtlich dem Kind zugeordnet wird, bricht mit dem Grundsatz der Stabilität. Dieser Nachteil läßt sich auch nicht dadurch rechtfertigen, daß die Neuregelung den Bedürfnissen einer schnellebigen Zeit mit wechselnden Grenzziehungen gerecht werden müsse[696].

Anders verhält es sich, wenn die Parteien (wie in *Beispielsfall 3 a*) vorübergehend in Österreich gelebt haben und dort eine Sorgerklärung abgegeben haben. Verlagern die Parteien wie in (*Beispielsfall 3 b*) ihren gewöhnlichen Aufenthalt nach Deutschland, kann eine österreichische Sorgeerklärung kann aufgrund des Statutenwechsels den inländischen Wirkungen angepaßt werden[697]. Ist dagegen bei einer direkten Verlagerung des gewöhnlichen Aufenthalts nach Deutschland niemals eine Sorgeerklärung abgegeben worden, verliert der italienische Vater die elterliche Sorge, so daß hinkende Rechtsverhältnisse entstehen. Hier zeigt sich die Rechtsunsicherheit der Anknüpfung an den gewöhnlichen Aufenthalt[698].

V. Kindesentführung

Beispielsfall 4:

a. Eine Deutsche und eine Italiener leben in Italien und haben ein nichteheliches Kind. Die Mutter kehrt gegen den Willen des Vaters mit dem Kind nach Deutschland zurück[699].

b. Das nichteheliche Kind eines Italieners und einer Deutschen lebt in Italien. Beide haben das Kind anerkannt. Die Mutter verbringt das Kind gegen den Willen des Vaters nach Deutschland.

In *Beispielsfall 4 a* kann der Vater gemäß Artt. 12, 13 HKÜ bei dem italienischen Gericht am gewöhnlichen Aufenthalt des Kindes eine Rückführung des Kindes verlangen, wenn das Kind minderjährig ist, die Verbringung unter Verletzung seines Sorgerechts widerrechtlich war und die das Rückführungsersuchen dem Kindeswohl entspricht.

Da hier ein Fall der Gefährdung des Kindeswohl gemäß Art. 3 MSA vorliegt, richtet sich die elterliche Sorge nach dem Heimatrecht des Kindes. Dieses ist

---

695 *Gaaz*, StAZ 1998, 241 (249); *Henrich*, FamRZ 1998, 1401f.; *Palandt/Heldrich*, Art. 19 EGBGB Rn. 4.; *Rauscher*, 194.

696 Siehe oben § 9 IV.

697 *Rauscher*, 194f.

698 Siehe hierzu näher unten § 17 II 2 b bb.

699 Beispielsfall *Koch/Magnus/Winkler v. Mohrenfels*, 71ff.

Doppelstaater. Aus italienischer Sicht ist die italienische Staatsangehörigkeit effektiv, so daß italienisches Recht anwendbar ist. Danach besteht gemäß Art. 317bis CC ein gemeinsames Sorgerecht beider Eltern. Dieses wurde durch das eigenmächtige Handeln der Mutter des Kindes verletzt, da der Vater nicht in die Verbringung des Kindes nach Deutschland eingewilligt hatte. Die Rückführung widerspricht nicht dem Kindeswohl. Eine Sorgerechtsentscheidung wird in der Entscheidung über den Rückführungsantrag nicht getroffen[700].

Bringt die Mutter in *Beispielsfall 4 b* das Kind aus Italien gegen den Willen des Vaters nach Deutschland, kann sich der Väter zwar ebenfalls auf das Haager Kindesentführungsübereinkommen berufen[701], hat aber in der Sache keine Erfolg. Die elterliche Sorge richtet sich gemäß Art. 3 MSA nach dem Heimatrecht des Kindes. Dieses ist wiederum Doppelstaater. Gemäß Art. 5 II EGBGB gilt jedoch die deutsche Staatsangehörigkeit als effektiv, so daß gemäß § 1626a II BGB die Mutter das alleinige Sorgerecht besitzt. Hier kommt es zu divergierenden Entscheidungen, je nachdem, ob ein deutsches oder ein italienisches Gericht entscheidet.

VI. Zusammenfassung

Während das italienische Recht dadurch eine gewisse Stabilität gewährleistet, daß sich die Kindschaftswirkungen nach dem Heimatrecht des Kindes richten (*Beispielsfälle 1 a*, *2 a* und *3 a*), zeigt sich die Unsicherheit und Ungleichbehandlung nach deutschem Kollisionsrecht in den *Beispielsfällen 1 b*, *2 b*, *3 b* und *c*. Die Anknüpfung an den gewöhnlichen Aufenthalt des Kindes nach deutschem Kollisionsrecht ist wandelbar. Dies bedeutet, daß das Eltern-Kind-Verhältnis zu unverheirateten Eltern instabil ist. Anders als beim Statuserwerb gibt es im deutsch-italienischen Rechtsverkehr in Bezug auf die elterliche Sorge keinen Schutz wohlerworbener Rechte.

---

700 *Palandt/Heldrich*, 59. Aufl. Art. 21 Rn 5f.; OGH 12.2.1997, IPRax 1999, 185.
701 *Henrich*, FamRZ 1998, 1401 (1404).

§ 15 Zusammenfassung: Anwendungsfälle

I. Hinsichtlich der Anknüpfung der Abstammung unterscheiden sich beide Rechtsordnungen in der Argumentation, aber kaum im Ergebnis: In beiden Rechtsordnungen tendiert die Anknüpfung dahin, die lex fori anzuwenden, sei es im Wege der effektiven Staatsangehörigkeit, sei es über den gewöhnlichen Aufenthalt. Die Heimatrechte der Eltern gewinnen an Bedeutung, wenn sie in Italien die Ehelichkeit begünstigen oder in Deutschland hinkende Rechtsverhältnisse vermeiden. Hier erscheint die deutsche Anknüpfung flexibler, da Günstigkeitserwägungen im Interesse des Kindes auf kollisionsrechtlicher Ebene folgt (z.B. in den *Beispielsfällen 1 c* und *d* zur Abstammung), während die italienische Anknüpfung stabileren Prämissen folgt und den favor filiationis anwendet. Allerdings steht dem im materiellen italienischen Recht eine flexiblere Regelung gegenüber.

Unterschiede ergeben sich dagegen im Verhältnis zu weiteren Staaten. Hier wendet das italienische Kollisionsrecht das Heimatrecht einer Partei an, das die Ehelichkeit bejaht (favor filiatonis), während das deutsche Recht tendenziell das Recht des gewöhnlichen Aufenthalts bevorzugt (*Beispielsfälle 3 a* und *b* zur Abstammung).

II. Deutlichere Unterschiede zeigen sich bei der Anknüpfung der Anfechtung: Indem das italienische Kollisionsrecht grundsätzlich das strengste Recht anwendet, treten Rechtssicherheit und Klarheit stärker in den Vordergrund (*Beispielsfälle 1 a* und *3 a* zur Anfechtung). Dadurch sollen hinkende Rechtsverhältnisse vermieden und der Familienfrieden geschützt werden. Das deutsche Recht bewertet tendenziell das Recht auf Kenntnis der eigenen Abstammung höher und nimmt dafür hinkende Rechtsverhältnisse in Kauf (*Beispielsfall 3 b* zur Anfechtung). Im deutsch-italienischen Rechtsverkehr kann dies zu Doppelvaterschaft führen. Hier könnte es sinnvoll sein, der italienischen Variante den Vorzug zu geben, da diese meist mit der Realität korrespondiert und möglicherweise den Interessen des Kindes nach Stabilität näherkommt. Dagegen stimmen beide Rechtsordnungen gegenüber weiteren Staaten im Ergebnis überein, auch wenn dies in Italien durch einen Rückgriff auf den ordre public und in Deutschland meist durch Anwendung des Aufenthaltsrechts erreicht wird.

III. Bei den Kindschaftswirkungen zeigt sich in Italien eine größere Tendenz zur Gleichstellung und Toleranz, da eine automatische gemeinsame Sorge dort der Regelfall ist, falls dies den tatsächlichen Verhältnissen entspricht (*Beispielsfall 1 a* zu den Kindschaftswirkungen). Die deutsche Regelung der Anknüpfung erkennt dagegen ausländische Sorgeverhältnisse nicht ohne weitere Mitwirkung an (*Beispielsfall 2 b* zu den Kindschaftswirkungen). Die Anknüpfung an den gewöhnlichen Aufenthalt erscheint daher instabil.

Der folgende rechtsvergleichende Teil wird näher untersuchen, welche Unterschiede zwischen beiden Rechtsordnungen im Hinblick auf die Anknüpfungskriterien der alternativen Anknüpfung, aber auch im Hinblick auf die zugrundeliegenden Wertungen (entweder des favor veritatis oder des favor filiationis) bestehen, und herausarbeiten, ob und wie diese mit den Interessen des Kindes harmonisieren.

2. Teil: Rechtsvergleich

Das Anliegen dieses vergleichenden Teils ist es, nach einer die Ergebnisse der Länderberichte und der Anwendungsfälle zusammenfassenden Gegenüberstellung der Anknüpfungssysteme (§ 16) auf die bestehenden Unterschiede der Anknüpfungssysteme einzugehen und diese anhand kollisionsrechtlicher Wertungskriterien (§ 17) zu untersuchen (§§ 18, 19). Hieran schließt sich ein Ausblick mit einem Reformvorschlag für das deutsche Recht (§§ 20, 21) an.

§ 16 Gegenüberstellung der Anknüpfungssysteme

Hinsichtlich der Gegenüberstellung bieten sich zwei Wege der Einteilung an, zum einen anhand des deutschen und italienischen Kollisionsrechts im Kindschaftsrecht (I), zum anderen anhand der jeweiligen Statute (II). Um die Übersichtlichkeit zu erhöhen, werden beide nacheinander beide Einteilungen vorgenommen. Es folgt eine Zusammenfassung der gefundenen Gemeinsamkeiten und Unterschiede (III).

I. Gegenüberstellung des deutschen und italienischen Kollisionsrechts im Kindschaftsrecht

1. Italienisches Kollisionsrecht

Die Motive für die italienische Reform des internationalen Kindschaftsrechts sind die Anknüpfung an die Person des Kindes und eine weitgehende Gleichstellung ehelicher und nichtehelicher Kinder. Soweit für einen bestimmten Status gesonderte Anknüpfungen getroffen werden, dient dies dazu, die Rechtsposition des Kindes zu verbessern. Die eheliche Abstammung wird dabei nach wie vor als optimale Rechtsposition angesehen. Im Einzelnen gestaltet sich die italienische Reform wie folgt:

a) Das italienische Kollisionsrecht zeigt eine differenzierte Anknüpfung zur Begründung des Eltern-Kind-Verhältnisses, indem es zwischen dem Abstammungs-, dem Anerkennungs- und dem Legitimationsstatut unterscheidet.

Bei einer ehelichen Abstammung greift gemäß Art. 33 I, II IPRG alternativ das Heimatrecht des Kindes oder eines Elternteils zum Zeitpunkt der Geburt ein.

Bei einer nichtehelichen Abstammung gilt gemäß Art. 33 I IPRG stets das Heimatrecht des Kindes zum Zeitpunkt seiner Geburt.

Allein nach dem Heimatrecht des Kindes entscheidet sich auch die Frage, ob eine Anerkennung des nichtehelichen Kindes notwendig ist. Wenn eine solche Anerkennung erforderlich ist, so bestimmen sich Voraussetzungen, Wirkungen und Wirksamkeit der Anerkennung gemäß Art. 35 I 1. Alt. IPRG alternativ nach dem Heimatrecht des Kindes zum Zeitpunkt seiner Geburt oder nach dem Heimatrecht des Anerkennenden (Art. 35 I 2. Alt. IPRG) zum Zeitpunkt der Anerkennung. Die formelle Wirksamkeit der Anerkennung wird begünstigt, indem sich die Form der Anerkennung gemäß Art. 35 III IPRG alternativ nach der lex loci actus, der lex causae oder der lex fori richten kann.

Bei der Legitimation durch nachfolgende Ehe ist gemäß Art. 34 I IPRG alternativ das Heimatrecht des Kindes oder des Legitimierenden zum Zeitpunkt der Legitimation anwendbar. In allen anderen Fällen gilt gemäß Art. 34 II IPRG ausschließlich das Heimatrecht des Legitimierenden.

In allen Fällen der Begründung des Eltern-Kind-Verhältnisses ist gemäß Art. 13 III IPRG ein Renvoi unter der Voraussetzung beachtlich, daß er die Begründung des Eltern-Kind-Verhältnisses begünstigt. Dies soll in Konfliktfällen die eheliche Abstammung oder die Wirksamkeit der Anerkennung bzw. der Legitimation des nichtehelichen Kindes begünstigen.

b) Die Anfechtung folgt gemäß Art. 33 III IPRG dem Abstammungsstatut. Begründen mehrere Rechte die Ehelichkeit, so gilt das strengste Recht.

c) Die Kindschaftswirkungen richten sich gemäß Art. 36 IPRG nach dem Heimatrecht des Kindes. Ein Renvoi ist gemäß Art. 13 I IPRG beachtlich.

Die differenzierte alternative Anknüpfung hinsichtlich der Begründung der Kindschaft, die zwischen Abstammungsstatut, Anerkennungsstatut, und Legitimationsstatut unterscheidet, erscheint auf den ersten Blick unübersichtlich. Sie ist aber beim näheren Hinsehen eine homogene Anknüpfung: In allen Fällen bestimmt das Heimatrecht des Kindes die Anknüpfung. Das Heimatrecht eines Elternteils greift nur ein, wenn es für die Interessen des Kindes günstiger ist, indem es entweder die Ehelichkeit oder die Wirksamkeit der Anerkennung bzw. der Legitimation begünstigt.

Damit hat der Gesetzgeber eine harmonische Abstimmung zwischen Abstammungsstatut, Anerkennungsstatut und Legitimationsstatut geschaffen, die sich bei dem Anfechtungsstatut und dem Wirkungsstatut fortsetzt.

2. *Deutsches Kollisionsrecht*

Das neue deutsche Kollisionsrecht ist durch eine starke Vereinfachung geprägt.

Die Anknüpfung von ehelicher und nichtehelicher Kindschaft wurde weitgehend angeglichen und das Legitimationsstatut wurde aufgehoben. Neu eingeführt worden sind das Anfechtungsstatut und das Wirkungsstatut.

a) Hinsichtlich der Begründung der Kindschaft unterscheidet das deutsche IPR nicht zwischen Abstammungsstatut, Anerkennungsstatut und Legitimationsstatut. Stattdessen gilt in allen Fällen gemäß Art. 19 EGBGB das Abstammungsstatut. Es richtet sich alternativ nach dem gewöhnlichen Aufenthaltsort des Kindes oder dem Heimatrecht eines Elternteils.

Ist die Mutter verheiratet, kommt gemäß Art. 19 I S. 2 EGBGB als weitere alternative Anknüpfung das Ehewirkungsstatut des Art. 14 I EGBGB zur Zeit der Geburt in Betracht.

Bei nichtehelichen Kindern entscheidet das Abstammungsstatut gemäß Art. 19 I S. 1 EGBGB, ob sich die materiellen Voraussetzungen zur Begründung des Eltern-Kind-Verhältnisses nach dem Abstammungs- oder Anerkennungssystem richten. Das anwendbare Recht entscheidet ferner in allen Fällen darüber, ob die Abstammung einem einheitlichen oder einem nach dem Status des Kindes differenzierenden Recht unterliegt.

Hinsichtlich des Renvoi ist die Rechtslage noch unklar. Durchzusetzen scheint sich die Auffassung, daß ein Renvoi nur dann beachtlich im Sinne des Art. 4 EGBGB ist, wenn er nicht die Zahl der alternativ anwendbaren Rechte einschränkt, da eine solche Einschränkung dem Sinn der alternativen Anknüpfung widerspräche[702].

b) Das Anfechtungsstatut folgt gemäß Art. 20 EGBGB dem Abstammungsstatut. Umstritten ist bislang, ob diese Verweisung uneingeschränkt gilt, oder ob die Anknüpfung an die Heimatrechte eines Ehegatten subsidiär ist und die Anknüpfung an das Ehewirkungsstatut entfällt[703]. Unabhängig von diesem Streit verbleibt dem Kind gemäß Art. 20 S. 2 EGBGB "in jedem Fall" die Möglichkeit, nach dem Recht seines gewöhnlichen Aufenthaltsorts anzufechten, um die Vermutung der Abstammung zu widerlegen. Der Gesetzgeber hat dabei wohl insbesondere an die Fälle hinkender Rechtsverhältnisse und Doppelvaterschaft gedacht, die vermieden werden sollen[704].

c) Das Wirkungsstatut richtet sich gemäß Art. 21 EGBGB stets nach dem gewöhnlichen Aufenthaltsort des Kindes.

Das deutsche Recht erscheint auf den ersten Blick als homogene Regelung, da stets das Recht das gewöhnlichen Aufenthaltsorts des Kindes anwendbar ist. Freilich ist dabei zu beachten, daß keine große Stabilität besteht, weil der Aufenthaltsort wandelbar ist.

II. Gegenüberstellung der Statute

1. Begründung des Eltern-Kind-Verhältnisses

Der Vergleich des italienischen und deutschen Abstammungsstatuts zeigt, daß beide die alternative Anknüpfung anwenden, wenn auch mit unterschiedlichen Akzenten.

---

702 *Schröder*, 145.

703 So *Henrich*, StAZ 1996, 356ff.

704 *Henrich*, FamRZ 1998, 1401 (1401f.).

Im italienischen Recht ist in Art. 33 II IPRG eine deutliche Präferenz des Abstammungsstatuts zugunsten der ehelichen Abstammung enthalten[705]. Die durch die alternative Anknüpfung eröffnete Möglichkeit für die Partei, das anwendbare Recht vorzuschlagen[706], ist bei der nichtehelichen Abstammung stark eingeschränkt[707]. Das Interesse des Kindes ist konkret festgelegt, indem erstens die eheliche Abstammung und zweitens ein stabiles Abstammungsverhältnis begünstigt werden soll[708].

Diese Begünstigung eines stabilen Abstammungsverhältnisses setzt sich in der Anknüpfung der Anerkennung nichtehelicher Kinder gemäß Art. 35 I IPRG fort, wonach die Wirksamkeit der Anerkennung begünstigt werden soll[709]. Führen alle Alternativen zu einer Wirksamkeit der Anerkennung, können die Parteien eine Rechtsordnung im Hinblick auf die durch Anerkennung eintretenden Wirkungen vorschlagen (rein finanzielle Wirkung oder legitimierende Wirkung)[710].

Entsprechendes gilt auch für die Anknüpfung der Legitimation fort: Die in Art. 34 IPRG vorgesehene alternative Anknüpfung soll die Wirksamkeit der Legitimation begünstigen.

Der Begünstigung der Ehelichkeit dient schließlich die Regelung des Renvoi in Art. 13 III IPRG, wonach eine Rück- oder Weiterverweisung nur beachtlich ist, wenn sie zur Ehelichkeit bzw. zur Wirksamkeit der Anerkennung oder der Legitimation führt.

Das deutsche Recht begünstigt dagegen nicht die eheliche Abstammung. Art. 19 EGBGB läßt Raum für eine alternative Anknüpfung bei jeder Form der Abstammung, d.h. für den Fall der ehelichen Abstammung, der nichtehelichen Abstammung und für den Fall, daß das materielle Recht keine Statusunterschiede mehr kennt. Gemäß Art. 4 I EGBGB ist ein Renvoi beachtlich, wenn er nicht die Zahl der Anknüpfungsalternativen einschränkt, womit die Flexibilität erhalten bleiben soll.

Diese Unterschiede lassen sich im Hinblick auf die jeweiligen Wertvorstellungen und tatsächlichen Umstände erklären:

---

705 Führen beide Alternativen zur ehelichen Abstammung, kann zur Begünstigung der Ehelichkeit z.B. das Recht vorgeschlagen werden, das die strengsten Anfechtungsfristen kennt; vgl. *Picone*, 343.

706 *Picone*, 343.

707 Eine Rechtswahl ist nicht bei der Anknüpfung der Abstammung, sondern nur bei der Anknüpfung der Anerkennung vorgesehen.

708 Siehe oben § 5 II 4.

709 Darüber hinaus wird auch die formelle Wirksamkeit begünstigt, da das Formstatut der Anerkennung gemäß Art. 35 III IPRG sowohl die Form der lex causae, der lex loci actus oder der lex fori zuläßt. Auch hier bleibt für eine Rechtswahl Raum.

710 *Picone*, 342.

In Italien herrscht die Auffassung, daß der Status der Ehelichkeit dem Kind eine bessere, sicherere und stabilere Rechtsstellung gewährt[711]. Ferner ist Italien durch die Emigration geprägt, so daß ein tatsächliches Bedürfnis besteht, ins Ausland verzogenen Italienern ihr Heimatrecht zu erhalten und ihnen trotz der Veränderung der äußeren Umstände eine rechtliche Kontinuität zu gewährleisten[712].

In Deutschland soll generell die Begründung eines Eltern-Kind-Verhältnisses gefördert werden, unabhängig davon, ob die Eltern verheiratet sind oder nicht. Die Tatsache, daß Deutschland zu einer multikulturellen Gesellschaft geworden ist und die nach Deutschland immigrierten Ausländer stärker integriert werden könnten, indem das Recht des gewöhnlichen Aufenthalts angewendet wird, war ein weiterer Anlaß für diese liberale Regelung[713]. Da die alternative Anknüpfung generell dazu dient, hinkende Rechtsverhältnisse zu vermeiden[714], wird das deutsche Gericht abwägen, ob dem Parteiwillen im Interesse des Kindes im Einzelfall stattzugeben ist[715]. Dabei soll es nicht entscheidend auf die eheliche oder nichteheliche Abstammung ankommen.

Festzuhalten bleibt: Beide Rechtsordnungen lassen eine Mitwirkung der Parteien durch ein Vorschlagsrecht bzgl. des anwendbaren Rechts zu. Zur Vermeidung hinkender Rechtsverhältnisse wird diese in Italien explizit, in Deutschland möglicherweise durch den Richter im Einzelfall begrenzt. Das italienische Kollisionsrecht scheint tendenziell die Begünstigung der ehelichen Kindschaft bzw. der Begründung einer Eltern-Kind-Beziehung mit strengeren Prioritäten durchzusetzen, während die deutsche Regelung flexibler wirkt.

Abschließend läßt sich sagen, daß die praktischen Unterschiede zwischen dem deutschen und italienischen Abstammungsstatut gering sind. Die praktischen Unterschiede zeigen sich vor allem bei der Anfechtung und teilweise bei den Kindschaftswirkungen.

2. *Anfechtungsstatut*

Die Anfechtung ist in beiden Rechtsordnungen an das Abstammungsstatut angelehnt. So heißt es im italienischen IPRG in Art. 33 III IPRG: "Die Anfechtung folgt dem Abstammungsstatut." Art. 20 S. 1 EGBGB lautet: "Die Anfechtung kann nach jedem Recht erfolgen, das die Abstammung begründet."

---

711 *Giardina*, 332.
712 *Giardina*, 319.
713 *Kropholler*, IPR, 267f.
714 *Rauscher*, 190.
715 *Baum*, 83.

Unterschiedlich sind die Lösungen, wenn mehrere Rechte die Abstammung begründen[716].

Der italienische Gesetzestext hilft nicht bei der Frage weiter, welches Recht gelten soll, wenn mehrere Rechte die Abstammung begründen. Das italienische Anfechtungsstatut ist daher im Kontext des Abstammungsstatuts auszulegen, das stark von der Begünstigung der Ehelichkeit (favor filiationis) geprägt ist[717]. Deswegen wird in der Lehre bei mehreren die Abstammung begründenden Rechten vertreten, entweder nur das strengste Recht[718] oder kumulativ alle Rechte anzuwenden[719]. Aus praktikablen Gründen ist die erste Ansicht vorzugswürdig[720].

Nach deutschen Recht gibt es nach dem Wortlaut des Art. 20 S. 1 EGBGB für die Anwendung des strengsten Rechts zur Begünstigung der ehelichen Abstammung, die zur alten Rechtslage vertreten wurde, keinen Anhaltspunkt mehr[721]. Stattdessen sind nach dem insoweit offenen Wortlaut des Art. 20 S. 1 EGBGB zwei verschiedene Lösungen denkbar: Anwendung der lex fori oder Rechtswahl der Parteien, wobei die Systematik des Gesetzes in Form des Art. 20 S. 2 EGBGB dafür spricht, daß der Anfechtungsberechtigte wählen darf, nach welchem dieser Rechte er anfechten möchte[722]. Da dieses Anfechtungsrecht des Art. 20 S. 2 ausschließlich dem Kind zusteht, spricht viel dafür, daß hierdurch das Recht auf Kenntnis der eigenen Abstammung (favor veritatis) gestärkt werden soll[723], ebenso wie im deutschen materiellen Recht im Hinblick auf diesen Gesichtspunkt die Anfechtungsmöglichkeiten des Kindes erweitert worden sind[724].

Das italienische Kollisionsrecht scheint demgegenüber dem favor filiationis stärker verhaftet als das deutsche Kollisionsrecht. Möglicherweise erklärt dies sich aus dem italienischen materiellen Recht, wonach ein außerhalb der Ehe geborenes Kind, das bei seinen wirklichen Eltern lebt, ohnehin vom wahren Vater anerkannt werden kann, ohne daß es der Anfechtung bedarf[725], während in dem Fall, daß das nichteheliche Kind beim Scheinvater aufwächst, der Familienfrieden schützenswerter ist.

Im Ergebnis scheint also die Konkretisierung der alternativen Anknüpfung beim deutschen Anfechtungsstatut gemäß Art. 20 EGBGB stärker von dem

---

716 Siehe oben § 12 II Beispielsfall 1 c zur Abstammung vom Vater.
717 *Giardina*, 332.
718 *Ballarino*, 448, *Schwimann*, 219.
719 *Picone*, 350.
720 Siehe oben § 12 II zu Beispielsfall 1 c zur Abstammung vom Vater.
721 *Henrich*, FamRZ 1998, 1401 (1403).
722 Siehe oben § 12 II zu Beispielsfall 1 c zur Abstammung vom Vater.
723 BVerfG FamRZ 1989, 255 (259).
724 Siehe oben § 6 II.
725 Siehe oben § 2 I 3.

Gedanken des favor veritatis, das italienische Anfechtungsstatut stärker vom favor filiationis geprägt.

3. *Wirkungsstatut*

Der Unterschied zwischen dem in Italien geltenden Heimatrechtprinzip und dem in Deutschland geltenden Aufenthaltsprinzip ist beim Wirkungsstatut am deutlichsten ausgeprägt. Das Wirkungsstatut sieht nämlich weder in Deutschland noch in Italien eine alternative Anknüpfung vor.

Das anwendbare Recht richtet sich in Italien nach dem Heimatrecht des Kindes. Im Falle eines Doppelstaaters bestimmt Art. 19 IPRG, daß die effektive Staatsangehörigkeit gelten soll. Dies ist das Recht mit der engsten Verbindung. Ist eine Staatsangehörigkeit die italienische, gilt diese als effektiv (Art. 19 S. 2 IPRG).

In Deutschland richtet sich das anwendbare Recht nach dem gewöhnlichen Aufenthalt des Kindes. Dieser ist wandelbar, so daß das Kind auch hier durch einen gewollten Statutenwechsel das anwendbare Recht beeinflussen kann. In der Praxis dürfte die Wahl des Wirkungsstatuts nach deutschem Kollisionsrecht den Eltern zustehen, die einen Wechsel des gewöhnlichen Aufenthalts herbeiführen.

In der Praxis wirkt sich dieser Unterschied allerdings weniger aus als dies auf den ersten Blick scheint. Weitreichende Materien sind nämlich durch vorrangige Staatsverträge wie das Haager Unterhaltsabkommen und das in Deutschland geltend Minderjährigenschutzabkommen geregelt[726], so daß die Kollisionsrechte oft nicht anwendbar sind.

III. Ergebnis

Die Gegenüberstellung der Anknüpfungssysteme hat Gemeinsamkeiten und Unterschiede gezeigt.

Unterschiede bestehen in dreifacher Hinsicht:

- Als primäre Anknüpfung verwendet Italien das Heimatrecht des Kindes, Deutschland das Aufenthaltsrecht des Kindes.
- Das italienische Kollisionsrecht begünstigt die Ehelichkeit des Kindes. Dies zeigt sich sowohl in der zusätzlichen Anknüpfungsalternative bei der Begründung des Eltern-Kind-Verhältnisses und der Anfechtung, als auch in einer Spezialregelung des Renvoi, der an die Bedingung des Schutzes der Familie geknüpft ist. Im deutschen Kollisionsrecht besteht dagegen eine stärkere Tendenz, dem Kind durch Anfechtung der Vaterschaft die Möglichkeit zu geben, seinen wahren Vater feststellen zu lassen.

---

[726] Siehe oben § 10 I.

- Schließlich besteht im deutschen Kollisionsrecht entsprechend dem materiellen Kindschaftsrecht keine Unterscheidung zwischen ehelichen und nichtehelichen Kindern, während das italienische Kollisionsrecht und das materielle Kindschaftsrecht nach wie vor an dieser Unterscheidung festhalten.

Bestehen aber diese Unterschiede trotz derselben Motive der beiden Reformen, durch die Anknüpfung an die Person des Kindes das Kindeswohl in den Mittelpunkt zu stellen, so muß es hierfür Gründe geben. Offensichtlich besteht zwar in der Wahl der Mittel Übereinstimmung, da beide Rechtsordnungen im internationalen Kindschaftsrecht eine alternative Anknüpfung eingeführt haben; aber es existieren unterschiedliche Vorstellungen darüber, welche Lösung dem Kindeswohl besser entspricht. Dieser Frage wird im folgenden nachgegangen.

§ 17 Kollisionsrechtliche Wertungskriterien und Kindeswohl

In diesem Abschnitt sollen Kriterien ermittelt werden, anhand derer die gegenübergestellten Rechtsordnungen bewertet werden können.

I. Einführung

Ebenso wie das materielle Privatrecht bezweckt auch das Kollisionsrecht, gerechte Lösungen zu finden. Folglich bestehen auch im Kollisionsrecht Interessen, die für eine optimale Regelung zu beachten sind. Diese allgemeinen kollisionsrechtlichen Wertungskriterien, die im jeweiligen Einzelfall stärker oder schwächer dominieren, sind Ordnungsinteressen (1), Verkehrsinteressen (2) und Parteiinteressen (3)[727]. Außerdem kommt im internationalen Kindschaftsrecht durch die alternative Anknüpfung dem Kindesinteresse bzw. Kindeswohl eine besonders wichtige Rolle zu, wie bereits in den Länderberichten dargelegt worden ist (II).

1. Ordnungsinteressen sind die Interessen des Rechtsverkehrs an einem geordneten internationalen Recht, wodurch mittelbar auch dem Partei- und Verkehrsinteresse gedient wird[728]. In diesem Zusammenhang sind Entscheidungsharmonie, Rechtssicherheit und Vorhersehbarkeit zu nennen.

2. Verkehrsinteressen sind die Interessen des Rechtsverkehrs an einer praktikablen und sicheren Lösung. Träger der Verkehrsinteressen sind die daran potentiell Beteiligten, im Kindschaftsrecht also das Kind, die Eltern und die betroffenen Behörden und Gerichte[729]. Inhaltlich umfassen die Verkehrsinteressen zum einen die Verkehrsfähigkeit der einschlägigen Rechtspositionen oder Entscheidungen, zum anderen die Praktikabilität der Regelung.

3. Parteiinteresse bedeutet das Interesse der betroffenen Partei, nach einer Rechtsordnung beurteilt zu werden, der sie eng verbunden ist. Im Kindschaftsrecht sind die betroffenen Parteien das Kind und seine Eltern.

II. Bedeutung des Kindeswohls im Kollisionsrecht

Im Gegensatz zu den übrigen drei Wertungskriterien ist das Kindeswohl kein originär kollisionsrechtlicher, sondern ein materiellrechtlicher Gesichtspunkt[730].

---

727 *Kegel/Schurig*, 120.

728 *Kegel/Schurig*, 122.

729 *Kegel/Schurig*, 120.

730 Vgl. u.a. Art. 250 IV 1 CC (Anerkennung); Art. 252 I, II CC (Integration des nichtehelichen Kindes in die Familie der verheirateten Mutter), Art. 273 I CC (gerichtliche Feststellung der Abstammung durch einen Elternteil);: §§ 1628 BGB aF, 1680 BGB aF (elterliche Sorge) oder § 1740a BGB aF (Legitimation); §§ 1671, 1672 BGB sowie § 1666 BGB (elterliche Sorge).

Wie eine Gegenüberstellung der alten mit der neuen Rechtslage zeigt, hat das Kindeswohl mittlerweile auch auf kollisionsrechtlicher Ebene stark an Bedeutung gewonnen.

1. Alte Rechtslage

Vor den Reformen war das Kindeswohl im internationalen Kindschaftsrecht nur marginär enthalten[731]. Stärker dominierten die Eltern als verantwortliche Personen. Das zeigte sich z.B. daran, daß bei der nichtehelichen Kindschaft im deutschen Kollisionsrecht primär an die Person der Mutter angeknüpft wurde (Art. 20 EGBGB a.F.). Ähnlich verhielt es sich im italienischen Recht, in dem gemäß Art. 17 disp. prel. CC in erster Linie das Heimatrecht des Vaters bzw. des Kindes zur Begründung der Abstammung berücksichtigt wurde[732]. Dabei kam es in beiden Rechtsordnungen darauf an, zunächst die eheliche Abstammung zu fördern. Das Kindeswohl als Regelungsinstrument hatte eher die Bedeutung eines Korrektivs.

2. Neue Rechtslage: Alternative Anknüpfung

Das Interesse des Kindes rückt in beiden Reformen stärker ins Zentrum. Gemeinsam ist beiden Rechtsordnungen das Bestreben, durch die Anknüpfung an die Person des Kindes das Kindesinteresse bzw. Kindeswohl in den Mittelpunkt zu stellen sowie eheliche und nichteheliche Kinder gleichzustellen. Dies zeigt sich bereits der in jeweils ersten Anknüpfung an die Person des Kindes – im italienischen Kollisionsrecht an die Staatsangehörigkeit des Kindes zum Zeitpunkt seiner Geburt, im deutschen an seinen gewöhnlichen Aufenthalt. Hier zeigen sich divergierende Grundtendenzen, da das Staatsangehörigkeit stärker die Verbundenheit mit dem Herkunftsland, das Aufenthaltsprinzip stärker die Integration betont.

a) Funktion der alternativen Anknüpfung

Die alternative Anknüpfung relativiert die Pole des Aufenthalts- und Staatsangehörigkeitsprinzips, da beide Rechtsordnungen weitere Anknüpfungsalternativen zur Begründung oder Beseitigung der Eltern-Kind-Beziehung vorsehen[733]. Es handelt sich hier in beiden Rechtsordnungen um die Heimatrechte der Eltern, die im deutschen Recht allerdings nur im Verhältnis zum betref-

---

731 Zum Beispiel bei einer mindestens kumulativen Anknüpfung an die Staatsangehörigkeit des Heimatrecht des Kindes bei der Zustimmung gemäß Art. 23 EGBGB a.F. oder bei einer alternativen Anknüpfung an den gewöhnlichen Aufenthalt des Kindes zur Feststellung der Vaterschaft gemäß Art. 20 I S. 3 EGBGB a.F., da es hier auf das Recht auf Kenntnis des eigenen Abstammung ankam. Siehe zum alten Recht näher *Palandt/Heldrich*, Art. 20 EGBGB aF, Anm. 2 d cc.

732 *Giardina*, 313.

733 BT Drucks. 10/5632, 37.

fenden Elternteil herangezogen werden. Die Auswahl der anwendbaren Rechte richtet sich jeweils nach dem Kindeswohl.

Durch die von beiden Kollisionsrechten vorgesehene alternative Anknüpfung hat das Kindeswohl nunmehr auch im deutschen und italienischen Kollisionsrecht eine wichtige Bedeutung erlangt: Die alternative Anknüpfung im internationalen Kindschaftsrecht dient dazu, die Interessen des Kindes besser zu schützen, indem dasjenige Recht anzuwenden ist, das für das Kindeswohl am günstigsten ist[734]. Damit handelt es sich um einen Anwendungsfall des sogenannten "Günstigkeitsprinzips" im Internationalen Privatrecht[735], denn die alternative Anknüpfung ermöglicht es, materiellrechtliche Ziele zu begünstigen[736]. Das Kindeswohl, ursprünglich ein Begriff des materiellen Rechts, fließt somit in die kollisionsrechtliche Frage ein[737] und tritt als weiterer bzw. sich teilweise überlagernder Aspekt neben die gebräuchlichen kollisionsrechtlichen Wertungen (Ordnungsinteressen, Verkehrsinteressen und Parteiinteressen)[738].

Im internationalen Kindschaftsrecht dient die alternative Anknüpfung dazu, die Entstehung der Eltern-Kind-Beziehung, d.h. die eheliche Abstammung, die Feststellung der Abstammung oder die Formwirksamkeit zu begünstigen[739]. Alternative Anknüpfungen gelten auch zur Beseitigung der Eltern-Kind-Beziehung[740].

b) Methodik der alternativen Anknüpfung – beschränkte Rechtswahl durch die Parteien

Ob der Ehelichkeit und die Einheit der Familie oder dem Recht des Kindes auf Kenntnis der eigenen Abstammung bei der Abwägung entscheidendes Gewicht zukommt, hängt sowohl von den Vorgaben des Gesetzes als auch möglicherweise von den Parteien ab. Es fragt sich nämlich, wer die Auswahl der alternativ anwendbaren Rechtsordnungen trifft. Grundsätzlich läßt die alternative Anknüpfung sowohl für die Parteien als auch für den Richter die

---

[734] *Schröder*, 94; *Baum*, 154; *Marsch*, 108; *Jayme*, StAZ 1971, 65ff. m.w.N.; für Italien *Menegazzi Munari*, Dir. fam. 1998, 1220 (1222). Sowohl das italienische internationale Kindschaftsrecht in den Artt. 33-35 IPRG als auch das deutsche in den Artt. 19 und 20 EGBGB enthalten zahlreiche alternative Anknüpfungen, um dem Kind eine optimale Rechtsposition zu gewähren. Dieses Ziel prägt sowohl die italienische als auch die deutsche Reform des Kollisionsrechts.

[735] Siehe hierzu *Schröder*, Das Günstigkeitsprinzip im internationalen Privatrecht (1996).

[736] *Kropholler*, IPR, 33; *Schröder*, 85, 135; *Siehr*, FS v. Overbeck, 205 (229).

[737] Dies betrifft nicht nur die kollisionsrechtliche Hauptfrage der alternativen Anknüpfung sondern auch die Vorfrage der Ehelichkeit, vgl. *Schröder*, 76f.

[738] Siehe hierzu näher unten § 17 II 3.

[739] *Baum*, 99, 155; *Beitzke*, DAVorm 1983, 163, (174f.); *Sturm*, FamRZ 1984, 744 (751).

[740] *Baum*, 155, 161.

Möglichkeit offen, das anwendbare Recht zu bestimmen[741]. Dabei kann zwar terminologisch nicht von Parteiautonomie gesprochen werden, da diese eine ausschließliche Rechtswahl der Parteien beinhaltet[742], wohl aber von einem eingeschränkten Wahlrecht der Parteien im Sinne eines Vorschlagsrechts. Es kann somit ein subjektiver oder ein objektiver Rechtsvergleich erfolgen.

Schlagen die Parteien dagegen ein Recht im Hinblick auf ein bestimmtes Ergebnis vor, braucht der Richter nicht unbedingt alle anwendbaren Rechte zu ermitteln. Ein solcher Vorschlag ist insbesondere dann möglich, wenn das gewählte Recht das Ziel des Gesetzes begünstigt, so z.B. im italienischen Kollisionsrecht zur ehelichen Abstammung des Kindes führt[743]. Dadurch können die Parteien schneller Rechtssicherheit und -klarheit erlangen.

Der Richter wird z.B. in den *Beispielsfällen 1 a* und *1 d* zur Abstammung vom Vater der konkludenten Rechtswahl der Parteien folgen. Sie ergibt sich daraus, daß die Parteien einen Rechtsakt, hier die Statuseintragung des Kindes als nichtehelich trotz der bestehenden Ehe der Mutter vorgenommen haben. Dies ist während der Ehe der Mutter nur nach italienischem Recht möglich. Auf eine Rechtswahl deutet in den Fällen der Vaterschaftsanerkennung der Kreis der Zustimmungsberechtigten: Erklärt der Scheinvater seine Zustimmung zur der Anerkennung eines Kindes, das während eines rechtshängigen Scheidungsverfahrens geboren wurde, spricht dies für eine Wahl deutschen Rechts, da das italienische Recht eine solche Zustimmung nicht vorsieht. Stimmt dagegen das Kind der Anerkennung zu, wie es nach italienischem Recht erforderlich ist, spricht vieles für eine Wahl italienischen Rechts.

Der Richter wird in der Regel der Rechtswahl der Parteien entsprechen, es sei denn, daß diese den Interessen des Kindes zuwider läuft. Der Richter ist also nicht zwingend an eine Rechtswahl gebunden, aber die Parteien können ihn lediglich bei der Beurteilung des Sachverhalts unterstützen[744]. Daher wird hier von einer "beschränkten" Rechtswahl gesprochen.

Im Einzelnen verhält sich die Rechtswahl in Bezug auf die einzelnen Statute, wie folgt:

Rechtswahl bedeutet, daß die Rechtsordnung durch die Parteien bestimmt werden kann[745]. Fraglich ist, ob bei der alternativen Anknüpfung eine Rechtswahl der Parteien angenommen werden kann, da auch der Richter ein Gestaltungsrecht ausübt[746]. Die italienische Lehre geht dagegen davon aus, daß auch bei der alternativen Anknüpfung jedenfalls im Sinne eines Vorschlagsrechts

---

[741] *Schröder*, 175; *Picone*, 343; für ein unbeschänktes Gestaltungsrecht des Richters *Baum*, 83.

[742] *Baum*, 83.

[743] Siehe oben § 12 II Beispielsfall 1a zur Abstammung vom Vater.

[744] Ebenso *Schröder*, 183.

[745] *Baum*, 54.

[746] Für ein Gestaltungsrecht des Richters *Baum*, 83.

eine Rechtswahl möglich ist[747]. So können die Parteien z.B. gemäß Art. 35 I IPRG das ihnen günstigste Anerkennungsstatut oder gemäß Art. 35 III IPRG das Formstatut der Anerkennung vorschlagen. Auch bei der Abstammung können die Parteien gemäß Art. 33 I, II IPRG ein Recht vorschlagen, z.B. im Hinblick auf möglichst strenge Anfechtungsregeln, um die Stabilität der Eltern-Kind-Beziehung zu gewährleisten. Auch wenn das Gericht nicht an den Vorschlag der Parteien gebunden ist, kann daher auch bei der alternativen Anknüpfung von einer beschränkten Rechtswahl im Sinne eines Vorschlagsrechts gesprochen werden.

Hinsichtlich der Begründung des Eltern-Kind-Verhältnisses ist auch nach deutschem Recht gemäß Art. 19 I 1 und 2 EGBGB den Gerichten und Behörden eine alternative oder kumulative Anwendung des Gesetzes möglich und gleichzeitig für die Parteien eine beschränkte Rechtswahl eröffnet. Die Parteien können dasjenige Recht vorschlagen, daß für das Kind, seinem Status oder auch den Beziehungen zu seinen wirklichen Eltern, mit denen es zusammenlebt, am vorteilhaftesten ist. Für ein Vorschlagsrecht spricht auch der Wortlaut des Gesetzes. Dieser ist im Gegensatz zur Kegelschen Leiter in Art. 14 I EGBGB nicht an eine subsidiäre Anknüpfung gebunden. Darüber hinaus spricht es auch für das Kindeswohl, wenn eine Regelung getroffen wird, die mit den Vorstellungen der Personen übereinstimmt, bei denen das Kind aufwächst. So könnte das Recht angewendet werden, zu dem aus Sicht der Parteien die engste Verbindung besteht. Allerdings ist der Richter nicht an den Vorschlag gebunden, sondern überprüft sie anhand des Kindeswohls. Dies schließt ferner eine kumulative Anwendung mehrerer Rechte im Interesse des Kindes nicht aus, um z.B. hinkende Rechtsverhältnisse zu vermeiden. Wichtig ist ferner im deutschen Recht die Möglichkeit der Rechtswahl bei der Vaterschaftsfeststellung, um eine Gleichlauf von Feststellungs- und Unterhaltsstatut zu erzielen[748].

Begründen mehrere Rechtsordnungen die eheliche Abstammung oder die Vaterschaft durch Anerkennung, kann die Partei dasjenige im Sinne eines Vorschlagsrecht das Recht wählen, das ihren Interessen am nächsten steht (sachnächste Verbindung). Widerspricht die Rechtswahl dem Kindeswohl, da sein Recht auf eine kontinuierliche und stabile Beziehung zu beiden Elternteilen, bei denen es aufwächst, gefährdet ist, kann der Richter von dem Vorschlag abweichen[749].

Fest steht allerdings, daß die Parteien subjektiv z.B. durch die Wahl einer bestimmten Form das anwendbare Recht bestimmen können. Damit unterscheidet sich die alternative Anknüpfung von der subsidiären Anknüpfung z.B.

---

747 *Picone*, 343.
748 *Kropholler*, IPR, 358; *Schröder*, 95.
749 *Baum*, 83.

beim Ehewirkungsstatut in Art. 14 EGBGB[750]. Der Richter wahrt sich dagegen die Rolle eines objektiven Betrachters, so daß die Rechtswahl nicht unbeschränkt gilt, sondern zum Wohle des Kindes eine Abweichung möglich bleibt. Dies führt zu einer zweifachen Prüfung[751], indem die nach dem Wortlaut des Gesetzes zulässigen Alternativen daran gemessen werden, ob dem Sinn und Zweck des Gesetzes, nämlich dem Kindeswohl entsprechen.

c) Gestaltungsrecht des Richters

Der Richter ordnet in einem objektiven Rechtsvergleich durch ein rechtliches Werturteil an, welches Recht für das Kindeswohl am günstigsten ist[752]. Auch bei einem übereinstimmenden Parteivortrag bezüglich des anwendbaren Rechts muß der Richter diesen anhand des Kindeswohls überprüfen und alle Rechte ermitteln. Dies kann z.B. bei der Anfechtung wichtig sein. Problematisch sind hier insbesondere die Fälle, wo außer deutsch-italienischen Parteien auch die türkische Rechtsordnung beteiligt ist, wenn z. B. der Scheinvater Türke ist. Eine Rechtswahl türkischen Rechts setzt sich hier nicht durch. Der Richter muß hier im Interesse des Kindes alle Rechte ermitteln. Er kann im Interesse des Kindes gemäß Art. 20 S. 1 i. V. m. Art. 19 I 1 EGBGB deutsches Recht angewendet werden, wenn die Vaterschaft angefochten werden soll und der Scheinvater seine Mitwirkung verweigert (vgl. *Beispielsfall 4 c* zur Anfechtung). Das italienische Gericht wird zwar grundsätzlich bei der Anfechtung das strengste Recht, also türkisches Recht anwenden, aber in einem solchen Fall über den ordre public italienisches Recht anwenden (vgl. *Beispielsfall 4 a* zur Anfechtung).

Üben die Parteien kein Vorschlagsrecht für das anwendbare Recht aus, muß der Richter ebenfalls alle Rechte ermitteln, damit er dasjenige Recht anwenden kann, das dem Interesse des Kindes am besten gerecht wird. Unterscheiden sich die anwendbaren Rechte im Ergebnis wenig, wird der Richter vermutlich aus Gründen der Praktikabilität die lex fori anwenden. Tendenziell dürfte die Anknüpfung an das Aufenthaltsstatut des Kindes sowohl bei ehelichen als auch nichtehelichen Kindern aus praktikablen Gründen dann überwiegen, wenn der gewöhnliche Aufenthalt mit der lex fori übereinstimmt. Die Heimatstatuten der Eltern werden nur dann im Verhältnis zu jedem Elternteil kumulativ herangezogen, wenn sie besondere Anerkennungsformen oder andere Statusveränderungen vorsehen.

Das Gericht kann aber auch seine Entscheidung nach dem Gesichtspunkt der Rechtssicherheit treffen und z.B. bei der Anfechtung die lex fori anwenden,

---

750 Für eine subsidiäre Anknüpfung auch im internationalen Kindschaftsrecht, *v. Hoffmann*, Rn. 132.

751 *Looschelders*, IPRax 1999, 420 (422); *Jayme*, Ehrenzweig-GdS, 37ff; *ders.*, IPRax 1996, 242f; a.A. *v. Hoffmann*, Rn. 132.

752 *Schröder*, 175.

wenn sie dem gewöhnlichen Aufenthalt des Kindes entspricht, auch wenn nach dem Aufenthaltsrecht die Ehelichkeit des Kindes ohnehin verneint wird. Zwar wäre danach eine Anfechtung an sich für entbehrlich, kann aber zur Rechtsklarheit durchgeführt werden, wenn dies dem Kindeswohl entspricht.

3. Zusammenfassung und Ausblick

Das Kindeswohl kein originär kollisionsrechtlicher, sondern ein materiellrechtlicher Gesichtspunkt. Dennoch kommt dem Kindeswohl im internationalen Familienrecht seit den Reformen infolge der alternativen Anknüpfung eine große Bedeutung zu. Insbesondere kann entweder subjektiv durch Option einer oder mehrerer Parteien für ein bestimmtes Recht und ein damit verbundenes materiellrechtliches Ergebnis oder objektiv durch das Gestaltungsrecht des Richters dasjenige Recht bestimmt werden, das den Interessen des Kindes am besten entspricht.

Ehe das Kindeswohl auf kollisionsrechtlicher Ebene als Wertungskriterium herangezogen werden kann und neben die allgemeinen kollisionsrechtlichen Wertungskriterien Ordnungsinteressen, Verkehrsinteressen und Parteiinteressen gestellt werden kann, ist zu untersuchen, wie der Begriff Kindeswohl sich definieren läßt und ob das deutsche und das italienische Kollisionsrecht ihn auch gleich verstehen. Mit dieser Frage beschäftigt sich der nächste Abschnitt (II), ehe unter §§ 18, 19 die Bewertung erfolgt.

III. Kollisionsrechtlicher Begriff des Kindeswohls – favor filii

Ziel der Arbeit ist es, eine Regelung zu finden, die dem Kindeswohl, dem favor filii, entspricht. Der folgende Abschnitt beschäftigt sich damit, zu klären, ob es einen eigenständigen kollisionsrechtlichen Begriff des Kindeswohls gibt, oder ob das deutsche und italienische internationale Kindschaftsrecht das Kindeswohl unterschiedlich verstehen.

Zu diesem Zweck wird zunächst auf die jeweiligen Sachrechte zurückgegriffen (1) und danach geprüft, ob die oben ermittelten Unterschiede der beiden Kollisionsrechte[753] Aufschluß für ein unterschiedliches Verständnis des Kindeswohls geben (2). Hieran schließt sich eine Zusammenfassung an, die einen kollisionsrechtlichen Begriff des Kindeswohls definieren wird und dieses Kindeswohl in Beziehung zu den übrigen drei allgemein gültigen kollisionsrechtlichen Wertungskriterien (Ordnungsinteressen, Verkehrsinteressen und Parteiinteressen) setzen wird (3).

---

[753] Siehe oben § 16.

1. *Materiellrechtlicher Begriff des Kindeswohls*

a) Allgemeines

Einen Schlüssel zum Verständnis des Begriffs Kindeswohls bieten die Sachrechte, da dieser Begriff dort als erstes verwendet wurde. Sachrecht und Kollisionsrecht sind vielfältig miteinander verknüpft[754], was daraus resultiert, daß die Kollisionsnormen dazu dienen, materiellrechtliche Regelungen für bestimmte Lebenssachverhalte zu koordinieren. Entwicklungen in den Sachrechten strahlen so auf die kollisionsrechtlichen Regelungen aus.

In der italienischen Verfassung wird der Begriff "Kindeswohl" in Art. 30 Cost. in der Weise umschrieben, daß er Betreuung, Ausbildung, Erziehung, Unterhalt und Verantwortung für das Kind beinhaltet. Darüber hinaus spielen Stabilität und Kontinuität der Beziehung zu anderen Familienmitgliedern eine große Rolle[755].

Art. 6 V GG spricht dagegen abstrakt vom Recht des Kindes auf Familie. In der deutschen Literatur wird der Begriff Kindeswohl in generalklauselartiger Weise definiert, wie z.B. "die Sorge für die körperliche, geistige, seelische und sittliche Ausbildung des Kindes in einer seinen Fähigkeiten, Anlagen und sonstigen Verhältnissen entsprechenden Weise dadurch ..., daß man es psychisch beeinflußt und lenkt, seine Persönlichkeit entwickelt und es zu einem Lebensberuf tüchtig macht"[756]. Eine andere Definition versteht unter Kindeswohl "ganz allgemein und unschematisch, was konkret im ganzen am besten den Interessen des Kindes in jeder Beziehung dient"[757].

Der so umschriebene generelle Begriff des Kindeswohls ist immer noch sehr unbestimmt[758]. Die Rechtsprechung hat in Einzelfällen Kriterien entwickelt, die den in der italienischen Verfassung genannten Prinzipien (Betreuung, Ausbildung, Erziehung, Unterhalt und Verantwortung für das Kind, Stabilität und Kontinuität der Beziehung zu anderen Familienmitgliedern) entsprechen. Zum Beispiel hat das Bundesverfassungsgericht für die elterliche Sorge die uneingeschränkte Eignung beider Eltern zur Pflege und Erziehung des Kindes und einen gemeinsamer Wille zur gemeinsamen Verantwortung für das Kind verlangt[759].

Im Ergebnis läßt sich damit der – länderübergreifend gültige – Begriff des materiellrechtlichen Kindeswohls nur durch eine Liste umschreibender Kriterien erklären. Hierbei handelt es sich um die Betreuung des Kindes durch persön-

---

754 *Siehr*, RabelsZ 37 (1973) 466f.; *Kropholler*, IPR, 33.

755 *Tamburrino*, 414ff.

756 *Dölle*, 150.

757 *Müller-Freienfels*, 219; siehe zu weiteren Definitionen *Coester*, 176, Fn. 1.

758 Vgl. *Coester*, 176.

759 BVerfG 3.11.1996. BVerfGE 92, 158 (176); BVerfG NJW 1991, 1944 = FamRZ 1991, 913

lich geeignete Bezugspersonen, die Förderung von Ausbildung und Erziehung, den Unterhalt, die Bindungen der Kinder an die Eltern und an Geschwister sowie die Berücksichtigung des Willen des Kindes[760]. Kurz gefaßt läßt sich Aspekt des Kindeswohls im materiellen Familienrecht in zwei Hauptgesichtspunkte gliedern: *Persönliche Verantwortung* und *wirtschaftliche Sicherheit*.

Sowohl im materiellen Recht als auch im Kollisionsrecht greifen in der Regel nie alle der soeben ermittelten Aspekte des Kindeswohls ein, sondern – je nach Fallkonstellation – nur bestimmte Aspekte: So spielt z.B. beim Kindesunterhalt allein die wirtschaftliche Sicherheit des Kindes eine Rolle, nicht hingegen die persönliche Zuwendung. Bei der elterlichen Sorge hingegen steht die persönliche Verantwortung und Zuwendung, d.h. Eignung der Eltern, Betreuung und Förderung des Kindes, im Vordergrund.

b) Unterschiede im deutschen und italienischem materiellen Kindschaftsrecht

Wie die Anwendungsfälle gezeigt haben, sind im deutsch-italienischen Rechtsverkehr mehrere kindschaftsrechtliche Fragen durch Staatsverträge kollisionsrechtlich vereinheitlicht worden, so z.B. der Kindesunterhalt, der bereits durch die Haager Unterhaltsabkommen im Verhältnis zwischen Deutschland und Italien einheitlich geregelt ist[761]. Für diese Frage besteht folglich auch übergreifend Einigkeit, welche Lösung dem Kindeswohl am besten entspricht.

Die verbleibenden Konfliktfälle betreffen den Streit mehrerer Personen um die Verantwortung für das Kind (rechtliche Elternstellung, elterliche Sorge). Hier steht der Aspekt der persönlichen Verantwortung im Vordergrund, während der Aspekt der wirtschaftlichen Sicherheit allenfalls mittelbar eine Rolle spielt. Wie die Länderberichte gezeigt haben, folgen das deutsche und das italienische unterschiedlichen Lösungen hinsichtlich der Fragen der einheitlichen

---

760 Betrachtet man ein so hehres Ziel wie das der persönlichen Zuwendung, so erscheinen einem die rechtlichen Regelungen abstrakt und nüchtern. Dies liegt an den tatsächlichen Grenzen, die eine rechtliche Regelung hat: Mit den Mitteln des Rechts läßt sich eine tatsächliche persönliche Zuwendung durch die Eltern im Sinne der Förderung der Entwicklung und Ausbildung des Kindes nicht erzwingen. Das materielle Kindschaftsrecht kann insoweit lediglich eine staatliche Aufsicht gegen exzessive Mißbräuche gewährleisten. Die eigentliche Aufgabe des Kindschaftsrechts ist mithin nicht die Gewähr der optimalen persönlichen Zuwendung, sondern nur die Schaffung des rechtlichen Rahmens für eine solche Zuwendung, der durch die Eltern bzw. den Elternteil auszufüllen ist. Es geht somit darum, bei den schon soeben angesprochenen Konfliktfällen, bei denen mehrere Personen um die Verantwortung für das Kind streiten (Zuordnung der Abstammung, Vaterschaftsanfechtung und elterliche Sorge), Lösungen zu finden, die für den zu entscheidenden Fall die bestmögliche persönliche Zuwendung für das Kind gewährleistet. Ebenso wie im materiellen Kindschaftsrecht geht es insbesondere um den dem Kindeswohl zugehörigen Aspekt, eine stabile Beziehung des Kindes zu seinen Bezugspersonen zu fördern.

761 Siehe oben § 10 I 5.

und gespaltenen Kindschaft sowie der Abwägung zwischen favor filiationis und favor veritatis. Aus diesen Unterschieden könnte sich ein unterschiedliches Verständnis des Kindeswohls im deutschen und italienischen Kindschaftsrecht ergeben. Dieser Frage wird im folgenden nachgegangen.

aa) Deutsches materielles Kindschaftsrecht: einheitliche Kindschaft

Das deutsche Kindschaftsrecht hat die verbale Unterscheidung zwischen ehelichen, nichtehelichen und legitimierten Kindern beseitigt. Dies hatte zur Konsequenz, daß das Rechtsinstitut der Legitimation weggefallen ist. Die Vereinheitlichung durch einen verbalen Kraftakt führte jedoch inhaltlich nicht zu einer völligen Gleichstellung. Insbesondere die Vater-Kind-Beziehung bei nichtehelichen Kindern ist vergleichsweise schwach. Dies zeigt sich sowohl bei der Anfechtung als auch bei der elterlichen Sorge[762].

An die Stelle der Ehelichkeitsanfechtung ist die Anfechtung der Vaterschaft getreten. Führt die alternative Anknüpfung zu Rechtsordnungen, von denen die eine die Ehelichkeitsanfechtung kennt, die andere die Anfechtung der Vaterschaft, kann nach deutscher Auffassung der Anfechtungsberechtigte das anwendbare Recht vorschlagen[763]. Die Wirkungen sind dieselben, da durch die Anfechtung feststeht, daß das Kind nicht vom Ehemann der Mutter abstammt. Der biologische Vater kann nicht seine Vaterschaft feststellen lassen. Dies schützt einerseits die Mutter und eine bestehende Ehe, hat aber andererseits die Konsequenz, daß der Vater weder seine Vaterschaft feststellen lassen kann, wenn die Ehe durch Tod aufgelöst wurde und das Kind innerhalb von 9 Monate nach Beendigung der Ehe geboren wurde, noch die Vaterschaft anfechten kann [764].

Die einheitliche Kindschaft im materiellen Recht ist auch bei der elterlichen Sorge keine Garantie für die Meistbegünstigung. Zur statusunabhängigen Gleichstellung nichtehelicher Kinder (z.B. im Sorgerecht und Namensrecht) ist nach deutschem Recht eine Mitwirkung der Eltern (Sorgerechtserklärung) durch notarielle Erklärung[765] erforderlich. Diese formellen Anforderungen können dazu führen, daß eine Sorgerechtserklärung nicht aus Unwillen, sondern aus Unkenntnis unterbleibt, insbesondere in sozialen Schichten mit geringerem Bildungsstand oder in gemischtnationalen Ehen mit anderen familiären Konzeptionen. Hier dürfte im Ergebnis die alleinige Sorge der Mutter ge-

---

762 Siehe oben § 6 II und III.

763 *Henrich*, Int. FamR, 190.

764 *Schumann*, FamRZ 2000, 389 (391).

765 Gelungener ist die Reform hinsichtlich der gemeinsamen elterlichen Sorge bei der Scheidung, die als gesetzlicher Regelfall vorgesehen ist, so daß im günstigsten Fall darüber nicht mehr entschieden werden muß. Selbst wenn die Parteien einen abweichenden Antrag stellen, kann das Gericht zum Wohle des Kindes ein gemeinsames Sorgerechtaufrechterhalten.

mäß § 1626a II BGB die Regel bleiben[766]. Ohne eine einverständliche Sorgeerklärung erhalt der nicht mit der Mutter verheiratete Vater die elterliche Sorge nur in Ausnahmefällen, wenn etwa die elterliche Sorge der Mutter ruht oder das Kindeswohl gefährdet ist[767].

bb) Italienisches materielles Kindschaftsrecht: gespaltene Kindschaft

Auf der anderen Seite gewährt Italien als Land mit gespaltener Kindschaft trotz der verbalen Statusunterschiede aufgrund tatsächlicher Lebensverhältnisse automatisch eine statusunabhängige Gleichstellung. Dies gilt insbesondere für die gemeinsame Sorge für nichteheliche Kinder aufgrund der Anerkennung und des Zusammenlebens der Eltern gemäß Art. 317bis CC. Auf der anderen Seite wird die Integration des nichtehelichen Kindes in die Familie der verheirateten Mutter gefördert, wenn dies dem Kindeswohl entspricht (Art. 252 I, II CC).

Hinsichtlich der Anfechtung der Abstammung sieht Italien ein differenziertes System mit vier Anfechtungsarten vor[768]. Dadurch wird einerseits das Rechts

---

766 Das in der Begründung des Gesetzesentwurfes festgehaltene Anliegen der Reform, die Verantwortung zu teilen, indem die Mutter nicht bei Legitimation durch den nichtehelichen Vater auf die elterliche Sorge verzichten muß und die Feststellung der Vaterschaft nicht nur mit unterhaltsrechtlichen, sondern auch mit Konsequenzen für die Personensorge verknüpft ist, (vgl. BT-Drucks. 13/4899, S. 35) wurde nicht verwirklicht. Dies wäre auch die Konsequenz aus der Reduzierung der Befugnisse der Jugendämter gewesen, die bislang beratend zur Seite standen. Lästig war die Pflicht zur Hinzuziehung, nicht aber die Möglichkeit der Unterstützung. Hier zeigt sich, daß die Anliegen der Reform für den Gesetzgeber und für die Betroffenen divergieren.
Erfreuliche Entwicklungen zeigen sich dagegen bei der gemeinsamen elterlichen Sorge nach Scheidung: das gemeinsame Sorgerecht setzt sich in Deutschland stärker bei der Scheidung durch, um Kontinuität und Stabilität zu gewähren, vgl. OLG Zweibrücken, FamRZ 1999, 40 (Kindeswohl auch gegen den Willen der Eltern BT-Drucks. 13/4899, 63) ; OLG Frankfurt, FamRZ 1999, 382 (Kooperationsbereitschaft); OLG Hamm, FamRZ 1999, 38 (positive Prognose); OLG Dresden, FamRZ 2000, 501; OLG München, FamRZ 2000, 1042 (Zeugen Jehovas); für eine Beibehaltung der gemeinsamen elterlichen Sorge trotzt gelegentlicher Konflikte ferner OLG Köln; FamRZ 2000, 1041, OLG Karlsruhe, FamRZ 2000, 1041; AG Hamburg, FamRZ 2000, 499; dagegen OLG Hamburg, FamRZ 2000, 1042; OLG Karlsruhe, FamRZ 2000, 1041; KG, FamRZ 2000, 502 und KG, FamRZ 2000, 504(Beendigung wegen negativer Prognose für das Kindeswohl durch unbewältigte Konflikte); AG Ratzeburg, FamRZ 2000, 505 (Aufrechterhaltung trotz Alkoholproblemen); OLG Karlsruhe, FamRZ 2000, 511 (Anhörung des Kindes bei eintweiliger Regelung eines Teilbereichs der elterlichen Sorge); BGH Beschluß vom 29.9.1999, NJW 2000, 203 (Aufhebung wegen fehlender Zahlung von Kindesunterhalt) mAnm Born, FamRZ 2000, 396; mAnm Gruber, FamRZ 2000, 399.

767 Kritisch zu den eingeschränkten Rechten des Erzeugers *Schumann*, FamRZ 2000, 395; vorsichtig, *Ewers*, FamRZ 2000, 787; dies verhält sich anders in Italien, wo der Verhinderung des eine Elternteils der andere die elterliche Sorge für das gemeinsame nichteheliche Kind erhält; vgl. *Thieme*, Kindschaftsrecht im Wandel, 183, 268.

768 Siehe oben § 2 II.

des Kindes auf Kenntnis der eigenen Abstammung garantiert, indem sein Anfechtungsrecht unverjährbar ist, andererseits die Favorisierung der ehelichen Abstammung deutlich. Nach italienischer Auffassung wird das Kindeswohl am besten durch Kontinuität und Stabilität der bestehenden Beziehung garantiert[769]. Unerheblich dabei ist, ob die Eltern verheiratet sind oder nicht.

cc) Stellungnahme

Einheitliche und gespaltene Kindschaft sind Systeme des materiellen Kindschaftsrechts, die sich inhaltlich mehr ähneln können, als dies auf den ersten Blick scheint. Es wäre ein Trugschluß, aus dem verbalen Unterschied einheitliche Kindschaft und gespaltene Kindschaft zu folgern, daß die einheitliche Kindschaft jedem Kind automatisch zwei Sorgerechtsverantwortliche beschert und deshalb für das Kind günstiger ist als die gespaltene Kindschaft. Vielmehr zeigt die Untersuchung, daß sich aus der verbalen Unterscheidung keine inhaltlichen Folgerungen ziehen lassen.

Inhaltlich zeigt sich dagegen, daß die einheitliche Kindschaft nach deutschem Modell durch großzügige Anfechtungsfristen die Feststellung der wahren Abstammung erleichtert (favor veritatis). Auch das italienische gespaltene Kindschaftsrecht enthält ebenfalls dieses Recht, beinhaltete aber kompliziertere Beweisregeln und, abgesehen vom Anfechtungsrecht des Kindes, kürzere Fristen[770]. Ferner wird in Italien die Legitimation zur Statusgleichstellung beibehalten. In Italien wird also die eheliche Abstammung favorisiert (favor filiationis). Gleichzeitig werden aber nichteheliche Kinder insoweit den ehelichen gleichgestellt, als eine gemeinsame Sorge allein aufgrund des faktischen Zusammenlebens begründet wird. Hier vollzieht sich die Gleichstellung nach deutschem Recht nicht, da im Regelfall die Mutter eines nichtehelichen die alleinige elterliche Sorge inne hat (§ 1626a II BGB). Allerdings sieht die Reform eine Option für ein gemeinsames Soregerecht vor, das in notarieller Form abzugeben ist (§ 1626 a I BGB). Erbrechtlich ist einzelfallbezogen eine Gleichstellung oder Differenzierung möglich. Damit läßt sich auch hier eine klare Favorisierung der Ehelichkeit ablesen, ohne jedoch die schwächste Partei, nämlich das Kind, zum Leidtragenden zu machen.

Positiv in beiden Reformen ist, daß die Anerkennung nichtehelicher Kinder durch den wahren Vater erleichtert wird. In Italien kann diese gemäß Art. 250 I 1 CC trotz bestehender Ehe erfolgen. In Deutschland ist die Anerkennung des nichtehelichen Kindes durch den wahren Vater während eines anhängigen Scheidungsverfahrens möglich (§ 1599 II BGB).

---

[769] *Giardina*, 332.

[770] Siehe oben § 2 II.

dd) Ergebnis

Allein aus dem Umstand, daß das deutsche und das italienische materielle Kindschaftsrecht Unterschiede hinsichtlich der einheitlichen und gespaltenen Kindschaft haben, läßt sich noch kein unterschiedliches Verständnis des Kindeswohls ableiten.

Der wichtigste Unterschied vom Verständnis des Kindeswohls liegt darin, daß das italienische materielle Recht trotz weitgehender inhaltlicher Gleichstellung die eheliche Abstammung für wichtiger hält (favor filiationis), während das deutsche materielle Kindschaftsrecht die Anfechtung der Vaterschaft einerseits durch die Mutter, den Scheinvater und das Kind mittels großzügiger Fristen begünstigt (favor veritatis).

c) Zusammenfassung

Der Begriff des Kindeswohls läßt sich sowohl im deutschen wie im italienischen materiellen Kindschaftsrecht der nur durch eine Liste umschreibender Kriterien erklären. Hierbei handelt es sich um die Betreuung des Kindes durch persönlich geeignete Bezugspersonen, die Förderung von Ausbildung und Erziehung, den Unterhalt, die Bindungen der Kinder an die Eltern und an Geschwister sowie die Berücksichtigung des Willen des Kindes. Insoweit ist der Begriff des Kindeswohls in beiden Rechtsordnungen identisch.

Allerdings zeigt sich, daß diese Kriterien in konkreten Einzelfällen in den beiden Rechtsordnungen verschieden gewichtet werden; das Kindeswohl im Sinne der für das Kind günstigsten wird in diesen Fällen folglich unterschiedlich eingeschätzt. Insbesondere ist der Konflikt zwischen favor filiationis (Familienfrieden) und favor veritatis (Kenntnis der wahren Abstammung) zu nennen, der im italienischen Recht eher zu Gunsten des favor filiationis und im deutschen Recht eher zu Gunsten des favor veritatis aufgelöst wird.

2. Kollisionsrechtlicher Begriff des Kindeswohls (favor filii)

Hinsichtlich des Ausgangspunkts gilt im Kollisionsrecht nichts anderes als im materiellen Recht: Kindeswohl bedeutet persönliche Zuwendung und materielle Sicherheit[771]. Allerdings ist die Fragestellung diejenige, welches Recht anwendbar ist. Hier kommen verschieden Aspekte des Kindeswohls in Betracht: Zum einen stellt sich die Frage, ob der favor filiationis und der favor veritatis auch kollisionsrechtlich wichtig sind. Ferner kommen das Staatsangehörigkeitsprinzip und das Aufenthaltsprinzip als speziell kollisionsrechtliche Gesichtspunkte für das Kindeswohl in Betracht.

---

[771] Siehe oben § 17 III 1.

a) Favor filiationis und favor veritatis

Die Gegenüberstellung des deutschen und italienischen materiellen Kindschaftsrechts hat gezeigt, daß jeweils ein Konflikt zwischen der Begünstigung des Abstammungsverhältnisses (favor filiationis) und dem Recht auf Kenntnis der eigenen Herkunft (favor veritatis) besteht, wobei das italienische Kindschaftsrecht stärker dem favor filiationis und das deutsche Kindschaftsrecht stärker dem favor veritatis folgt[772]. Ob dies auch auf kollisionsrechtlicher Ebene gilt, wird im folgenden untersucht..

aa) Italien

Das Kindeswohl wird im italienischen Kollisionsrecht in Art. 33 II, Art. 35 I 2 und Art. 13 III IPRG mit dem "*favor filiationis*" (lat. Begünstigung der Kindschaft) umschrieben. Es ist eine Besonderheit des italienischen internationalen Kindschaftsrechts, daß die Frage, ob ein Renvoi greift, sich danach richtet, welches Recht zur Begründung des Kindschaftsverhältnisses am günstigten ist.

aaa) Begünstigung der Kindeschaft durch den Renvoi

Interessant ist im italienischen Kollisionsrecht, dass ein Renvoi speziell im Kindschaftsrecht von Günstigkeitserwägungen abhängt. Gemäß Art. 13 III IPRG richtet sich der Renvoi nach dem „favor filiationis". Dies bedeutet, dass ein Renvoi nur beachtlich ist, wenn er primär die eheliche Abstammung bzw. die Begründung eines Kindschaftsverhältnisses überhaupt begünstigt[773] Der Renvoi richtet sich nachdem Kindeswohl im Sinne des „favor filiationis". Durch diese Günstigkeitserwägungen wird der Renvoi flexibel.

bbb) Günstigkeitsaspekte

Das italienische Kollisionsrecht konkretisiert somit das Kindeswohl durch den favor filiationis. Damit soll nach italienischem Verständnis kollisionsrechtlich primär die eheliche Abstammung gemäß Art. 33 II IPRG und Art. 13 III IPRG bzw. der Legitimation (Art. 34 I IPRG, Art. 13 III IPRG), sekundär die Wirksamkeit eines Abstammungsverhältnisses gemäß Art. 35 I 2 IPRG; Art. 13 III IPRG begünstigt werden. Nach italienischem Verständnis wird der favor filiationis mit dem besten Interesse des Kindes (favor filii) gleichgesetzt[774]. Dahinter steht der Gedanke, daß die eheliche Abstammung die beste Garantie für ein Aufwachsen in stabilen Verhältnissen gewährleistet[775].

---

772 Siehe oben § 17 III 1.

773 *Mosconi*, RDIPP, Art. 13, 957.

774 *Carella*, Art. 33, NLCC 1996, 1186; kritisch *Campiglio*, RDIPP 1995, 1086.

775 *Campiglio*, Art. 33, RDIPP 1995, 1083.

Dies spielt bei der Begründung eines Eltern-Kind-Verhältnisses zwar im deutsch-italienischen Rechtsverkehr eine geringe Rolle, ist aber z.B. bei der Vaterschaftsanerkennung wichtig, sobald eine islamische Rechtsordnung beteiligt ist (Vgl. *Beispielsfall 3 b* zur Abstammung). Hier wird zur Begünstigung der ehelichen Abstammung auch bei einem anhängigen Trennungs- bzw. Scheidungsverfahren türkisches Recht angewendet, um hinkende Rechtsverhältnisse zu vermeiden.

Der favor filiationis setzt sich auch bei der künstlichen Befruchtung durch (vgl. *Beispielsfall 7 a* zur Anfechtung). Möchte der deutsche Ehemann einer Italienerin, welche gemeinsam in Italien leben und sich zur heterologen Insemination entschlossen haben, die Ehelichkeit des Kindes anfechten, ist dies nach der italienischen Rechtsprechung zum materiellen Recht ausgeschlossen. Das italienische Heimatrecht der Scheinvaters verdrängt das deutsche der Mutter, da ersteres die eheliche Abstammung favorisiert (Art. 33 II IPRG). Gleiches gilt bei der Leihmutterschaft (vgl. *Beispielsfall 2 a* zur Begründung des Mutter-Kind-Verhältnisses). Auch hier ist eine Anfechtung des Vaters ausgeschlossen.

Gleichwohl erkennt das materielle italienische Kindschaftsrecht auch den *favor veritatis* an[776]: Das Kind hat ein unbefristetes Anfechtungsrecht hinsichtlich der Anfechtung der Anerkennung oder einer unrichtigen oder fehlenden Statuseintragung im Geburtenbuch. Ferner sind das Kind, die Mutter und der Scheinvater innerhalb großzügiger Fristen zur Anfechtung der Ehelichkeit berechtigt[777]. Dies wirkt sich aber kollisionsrechtlich nicht bei der alternativen Anknüpfung aus, da bei der Anknüpfung der Anfechtung grundsätzlich das strengste Recht anwendbar ist[778]. Der favor veritatis kommt nur im Rahmen des ordre public zum Tragen, wenn z.B. die Anfechtungsfristen unverhältnismäßig kurz sind (vgl. *Beispielsfall 4 a* zur Anfechtung)[779].

bb) Deutschland

In Deutschland ist das Kollisionsrecht dem Wortlaut nach offen. Wie oben dargelegt, orientiert sich die deutsche Reform des materiellen Kindschaftsrecht an zwei Prämissen, der Gleichstellung ehelicher und nichtehelicher Kinder, sowie die Vereinfachung der Anfechtung, mit dem Ziel, die wahre Abstammung festzustellen (*favor veritatis*, lat: Begünstigung der Wahrheit, hier der wahren Abstammung)[780].

---

776 Siehe oben § 2 II; sowie *Campiglio*, Art. 33, RDIPP 1995, 1087; a.A. Cost. 14.5.1999Nr. 170, Dir. fam. 1999, 1032 (1039) im Falle der künstlichen Befruchtung, hier soll auch materiellrechtlich die Ehelichkeit begünstigt werden.

777 Siehe oben § 2 II.

778 *Campiglio*, Art. 33, RDIPP 1995, 1087.

779 Siehe oben § 13 II.

780 Siehe oben § 6 II.

Die alternative Anknüpfung dient dazu, die Feststellung der Abstammung zu begünstigen. Im Unterschied zum italienischen Recht gilt eine alternative Anknüpfung der Abstammung sowohl zur Begründung der ehelichen als auch der nichtehelichen Abstammung. Damit geht das deutsche IPR vom der allgemeineren Bedeutung des favor filiationis aus, in dem generell ein Eltern-Kind-Verhältnis begründet werden soll[781]. Hinsichtlich der ehelichen Abstammung werden diese Alternativen um das Ehewirkungsstatut der Mutter zur Zeit der Geburt des Kindes erweitert. Dies soll dem Familienfrieden dienen, sofern eheliche oder nichteheliche Kinder bei der verheirateten Mutter leben. Durch diese zusätzliche Anknüpfungsalternative soll die Ehelichkeit begünstigt werden. Hier wirkt der favor filiationis.

Auch beim Renvoi ist nach der hier vertretenen Auffassung dagegen die Begünstigung der Kindschaft im weiteren Sinne maßgeblich, da ein Renvoi nur dann entfällt, wenn er die Zahl der anwendbaren Rechte einschränkt[782].

In erster Linie bezweckt jedoch Art. 19 I EGBGB, die Feststellung eines Abstammungsverhältnis zu erleichtern (favor filiationis). Daß damit nicht unbedingt die eheliche Abstammung gemeint ist, zeigt sich in *Beispielsfall 3 b* zur Abstammung. Danach ist eine Vaterschaftsanerkennung eines während eines anhängigen Scheidungsverfahrens geborenen Kindes einer Deutschen, die mit einem Türken verheiratet ist, und eines Italieners gemäß Art. 19 I 1 EGBGB im Interesse des Kindes möglich, auch wenn der türkische Scheinvater seine Zustimmung zur Anerkennung de leiblichen Vaters verweigert. Hier überwiegt aus deutscher Sicht das Interesse des Kindes, die Abstammung zu seinem leiblichen Vater zu begründen.

Anhaltspunkt für den favor veritatis könnte Art. 20 S. 2 EGBGB sein. Die Wertungen der Reform des materiellen nationalen Rechts und die bisherige Rechtsprechung zum alten Kollisionsrecht lassen aber vermuten, daß die tatsächliche Abstammung tendenziell begünstigt werden wird, so daß der favor veritatis auch hier erhebliches Gewicht erhält.

Indessen tritt die Anknüpfung des Art. 20 S. 2 EGBGB als weitere Alternative neben die Anknüpfungsmöglichkeiten gemäß Art. 20 S.1 EGBGB i. V. m. Art. 19 I EGBGB hinzu. Bei der Anfechtung würde dann das Recht gelten, daß die Anfechtung zuläßt, um die wahre Vaterschaft festzustellen. Diese Anknüpfung soll erst recht dem favor veritatis dienen[783]: Bei der Anfechtung kann der favor filiationis durch den favor veritatis verdrängt werden, wenn dies für die Interessen des Kindes günstiger ist, da das Kind immer nach dem Recht seines gewöhnlichen Aufenthalts anfechten kann, auch wenn danach gar kein Abstammungsverhältnis begründet wurde.

---

[781] *Rauscher*, 190.
[782] Siehe oben § 9 II 5.
[783] *Rauscher*, 191.

So verhält es sich in *Beispielsfall 4 c* zur Anfechtung: Das Kind einer mit einem Türken verheirateten Deutschen und eines Italieners wird während eines anhängigen Scheidungsverfahrens geboren. Hier kann das Kind im Interesse der Kenntnis seiner wahren Abstammung die Vaterschaft des Scheinvaters anfechten, auch wenn die sehr kurzen türkischen Anfechtungsfristen bereits verstrichen sind. Hier kann ein Anfechtungsverfahren des Kindes zur Rechtsklarheit im Interesse des Kindes gemäß Art. 20 S. 2 i.V.m. Art. 19 I 1 EGBGB nach deutschem Recht durchgeführt werden, obwohl nach deutschem Recht gar kein Abstammungsverhältnis vorliegt (vgl. *Beispielsfall 4 c* zur Anfechtung). Der favor veritatis setzt sich nach deutschem Recht bei der Anfechtung sogar bei der heterologen Insemination durch, indem im *Beispielsfall 7 b* zur Anfechtung eine Anfechtungsrecht des Ehemannes bejaht wird.

Das deutsche Verständnis des favor filii (Kindeswohls) im Kollisionsrecht liegt somit im Spannungsfeld zwischen favor filiationis und favor veritatis. Der favor filiationis bedeutet dabei nach deutschem Verständnis stärker die Begründung eines Abstammungsverhältnisses überhaupt und nicht primär die Begünstigung der ehelichen Abstammung.

cc) Stellungnahme

Stellt man diese Konzepte einander gegenüber, zeigt sich, daß zwar beide Rechtsordnungen das Interesse des Kindes darin sehen, ein Abstammungsverhältnis zu begründen. Anders als das deutsche Recht favorisiert das italienische Recht die eheliche Abstammung. Hier werden bereits unterschiedliche Auffassungen des Kindeswohls sichtbar[784]. Deutlichere Unterschiede werden beim Anfechtungsstatut erkennbar, da das deutsche Kollisionsrecht stärker das Recht auf Kenntnis der wahren Abstammung (favor veritatis) betont, während das italienische Kollisionsrecht auch hier eher die eheliche Kindschaft (favor filiationis) begünstigen will[785].

Angesichts dieser unterschiedlichen Interpretationen des Kindeswohls erscheint zweifelhaft, ob eine schematische Begünstigung hinsichtlich der Anknüpfung – sei sie nun auf die Begünstigung der Ehelichkeit oder auf die Begünstigung Feststellung der wahren Vaterschaft gerichtet – geeignet ist, dem Kindeswohl hinreichend zu entsprechen.

Wie ein Blick auf die materiellrechtliche Diskussion in Deutschland zeigt[786], gibt es durchaus Fälle, in denen die Begünstigung der Ehelichkeit für das

---

784 Dadurch entsteht z.B. das Problem der Doppelvaterschaft (siehe oben § 12 II).

785 Dies führt zur Zweifelsfrage, ob eine Anfechtung im Interesse des Kindes notwendig ist.

786 Das italienische materielle Recht enthält sowohl den favor veritatis als auch den favor filiationis, ohne eindeutige Präferenzen zu setzen. Der favor veritatis erlangt in der Rechtsprechung erst allmählich Bedeutung. Die geringere Beachtung des Konflikts im Gegensatz zu Deutschland erklärt sich möglicherweise dadurch, daß das italienische

Kindeswohl nicht angemessen erscheint. Dies betrifft z.B. den Fall, wenn das Kind bereits bei seinen wahren Eltern lebt. Hier greifen die Absichten, die Ehelichkeit des Kindes und das friedliche Zusammenleben zwischen Kind und Scheineltern durch den Ausschluß des Anfechtungsrechts zu schützen, nicht mehr, denn es besteht kein solches familiäres Zusammenleben mehr.

Folgende weitere Fälle sind denkbar, in denen das Recht auf Kenntnis der wahren Abstammung gegenüber dem Familienfrieden überwiegt[787]: (1) Das erwachsene Kind will in Einverständnis mit seiner Mutter und seinem gesetzlichen Vater das Anfechtungsverfahren durchführen. (2) Die familiäre Situation ist bereits so zerrüttet, daß die Anfechtung des Kindes die familiäre Situation nicht erheblich beeinträchtigt. (3) Das Kind wächst in einer Pflegefamilie auf und nicht bei seinen gesetzlichen Eltern.

Ebenso gibt es Fälle, in denen die Begünstigung der Feststellung der wahren Vaterschaft für das Kindeswohl schädlich ist, so z.B. wenn hierdurch der Familienfrieden gestört ist[788].

Im Ergebnis muß daher jeweils im Einzelfall entschieden werden, ob die Begünstigung der Ehelichkeit oder der Feststellung der wahren Vaterschaft der Vorrang gebührt.

Festzuhalten bleibt indessen, daß das italienische Kollisionsrecht durch explizite Begünstigung der Ehelichkeit bzw. der Wirksamkeit des Abstammungsverhältnisses eine stabilere und sicherere Lösung für das Kind anstrebt.

b) Staatsangehörigkeit und gewöhnlicher Aufenthalt

Die Staatsangehörigkeit gehört traditionell zur bevorzugten Anknüpfung im internationalen Familien- und Kindschaftsrecht, da das Kind seinem Heimatrecht grundsätzlich näher steht als dem Recht am gewöhnlichem Aufenthalt[789]. Diesem Grundsatz beinhaltet auch die kürzliche Reform des deutschen Staatsangehörigkeitsrechts durch eine Einführung der doppelten Staatsangehörigkeit[790]. Das Recht auf Herkunft ist ferner in der UN-Kinderrechtskonvention festgeschrieben. Er harmoniert auch mit dem Anliegen des internationalen

---

Recht seit 1975 die Anerkennung von Ehebruchskindern zuläßt, so daß die Ehelichkeitsvermutung bereits ohne Anfechtung entkräftet wird.

787 *Ernst*, 162f.

788 Dies betrifft z.B. den Fall, in dem ein Kind in der Familie der verheirateten Mutter aufgewachsen ist, und erst bei Volljährigkeit von seiner wahren Abstammung erfährt. Hier kann sein Feststellungsinteresse an der wahren Abstammung gegenüber dem Schutz des Familienfriedens zurücktreten; vgl. OLG Düsseldorf, 8.10.1997; NJW 1998, 999.

789 *Pirrung*, 106.

790 Gesetz zur Reform des Staatsangehörigkeitsrechts vom 15.7.1999, in Kraft seit dem 1.1.2000, BGBl. 1999 I, 1618; siehe dazu *Fuchs*, NJW 2000, 489ff.; *Gruber*, IPRax 1999, 426ff.

Familienrechts, die Mitglieder einer Familie möglichst einer einheitlichen Rechtsordnung zu unterstellen.

Diesem Anliegen steht das Bedürfnis nach Integration, Kooperation und friedlicher Koexistenz der Völker insbesondere zwischen den Völkern West- und Mitteleuropas gegenüber. Aus diesem Grund hat sich der deutsche Reformgesetzgeber (vor der Änderung des Staatsangehörigkeitsrechts) entschieden, primär an das Recht des gewöhnlichen Aufenthalts des Kindes anzuknüpfen, um eine Harmonie mit dem Unterhaltsstatut (Art. 4 I HUÜ; Art. 18 EGBGB) bzw. der Anordnung von Schutzmaßnahmen nach dem gemäß Art. 2 I MSA maßgeblichen Recht zu erzielen.

Das italienische Kollisionsrecht knüpft hingegen primär an das Heimatrecht des Kindes an[791]. Es folgt damit der Anknüpfung vieler kontinentaleuropäischer Staaten wie den Niederlanden, Belgien, Frankreich, Spanien, Portugal, Österreich und auch der Türkei[792]. Auch Art. 3 MSA berücksichtigt bei Gefährdung des Kindeswohls hinsichtlich des Sorgeverhältnisses das Heimatrecht des Kindes.

Aus italienischer Sicht soll angesichts der starken Emigration dem Kind seine kulturelle Verbundenheit mit dem Herkunftsland erhalten bleiben, während aus deutscher Sicht stärker eine Integration bezweckt werden soll. Im folgenden werden zunächst die beiden Prinzipien näher dargestellt (I und II) ehe anhand der ermittelten Bewertungskriterien eine Stellungnahme erfolgt (III).

---

791 Das italienische IPR knüpft in Art. 33 I, Art. 35 I und Art. 34 II IPRG zur Begründung der Eltern-Kind-Beziehung an die Staatsangehörigkeit des Kindes, das deutsche IPR gemäß Art. 19 I 1 EGBGB an den gewöhnlichen Aufenthalt des Kindes an. Diese gegensätzliche Anknüpfung setzt sich bei der Beseitigung der Eltern-Kind-Beziehung durch Anfechtung für Italien in Art. 33 III IPRG bzw. für Deutschland gemäß Art. 20 S. 1 EGBGB i.V.m. Art. 19 EGBGB sowie gemäß Art. 20 S. 2 EGBGB und bei den Kindschaftswirkungen in Art. 36 IPRG und Art. 21 EGBGB fort.

792 *Pirrung*, 106.

aa) Italien: Staatsangehörigkeitsprinzip

Die Anknüpfung an die Staatsangehörigkeit des Kindes bzw. alternativ die der Eltern ist immer mit der Vorfrage nach der Staatsangehörigkeit verbunden. Dies führt dazu, daß im Kindschaftsrecht häufig ausländisches Recht ermittelt werden muß. Beim Recht der Staatsangehörigkeit kommt es darauf an, ob sich diese nach der ius soli oder nach der ius sanguinis bestimmt. Diese Vorfrage ist im Einzelfall zu bestimmen, bezieht sich aber meist auf den Zeitpunkt der Geburt des Kindes (Art. 33 I, Art. 35 I 1, Art. 34 II IPRG), so daß sie konstant ist. Unter Günstigkeitsaspekten kommt es dagegen gemäß Art. 35 I 2 IPRG hinsichtlich der Staatsangehörigkeit der Eltern auf den Zeitpunkt der Anerkennung an. Lediglich die Kindschaftswirkungen knüpfen an die Staatsangehörigkeit des Kindes zum Entscheidungszeitpunkt an.

Die Anknüpfung an das Heimatrecht respektiert das Parteiinteresse. Eine Entfernung vom Heimatstaat läßt erst recht eine stärkere Verbundenheit mit dem Heimatrecht und ein Interesse an Kontinuität aufkommen. Deswegen wird häufig die ursprüngliche Staatsangehörigkeit beibehalten. Entsteht der Wunsch nach stärkerer Integration kann dies auf der Ebene der Staatsangehörigkeit durch den Erwerb einer weiteren Staatsangehörigkeit erzielt werden[793]. Diesem Bedürfnis kommen sowohl die Reform des italienischen Staatsangehörigkeitsrechts[794] von 1992 als auch die kürzliche Reform des deutschen Staatsangehörigkeitsrechts durch eine erleichterte Einbürgerung nach[795].

bb) Deutschland: Aufenthaltsprinzip

Der gewöhnliche Aufenthalt ist der auf Dauer angelegte Schwerpunkt der Lebensverhältnisse einer Person[796].

Die Anknüpfung an den gewöhnlichen Aufenthalt ist im internationalen Kindschaftsrecht nicht verbreitetet. Es prägt die Anknüpfung in klassischen Einwanderungsländern wie den USA, Argentinien[797] und zum Teil in der Schweiz. Der Gedanke, das Kind durch die Anknüpfung an des gewöhnlichen Aufenthalt besser zu schützen, findet sich ferner in Art. 4 des Haager Unterhaltsabkommen von 1973. Im Haager Minderjährigenschutzabkommen begründet der gewöhnliche Aufenthalt[798] gemäß Art. 2 MSA in erster Linie die

---

793 *Kegel/Schurig*, 390; *Benicke*, IPRax 2000, 171 (173).

794 Nuove norme sulla cittadinanza (Gesetz vom 15.2.1992 Nr. 91 = G.U. vom 15.2.1992 Nr.38); ins Deutsche übersetzt von *Vogler*, in: Jahrbuch für italienisches Recht 6 (1993), 151 m. Anm. *Cubeddu*, in: Jahrbuch für italienisches Recht 7 (1994), 47 (52).

795 Gesetz zur Reform des Staatsangehörigkeitsrechts vom 15.7.1999, in Kraft seit dem 1.1.2000; BGBl. 1999 I, 1618; dazu *Fuchs*, NJW 2000, 489ff.; *Gruber*, IPRax 1999, 426ff.

796 BVerwG 12.5.1992, StAZ 1993, 17; *v. Bar*, I Rn. 528.

797 Übersicht bei *Kegel*, 258.

798 Zum Begriff der gewöhnlichen Aufenthalts im MSA vgl. *Allinger*, 151.

Zuständigkeit der Behörden, während hinsichtlich der materiellen Rechtslage gemäß Art. 3 MSA das Heimatrecht des Kindes zu berücksichtigen ist. Hier ist allerdings eine Reform vorgesehen.

Die Anknüpfung an den gewöhnlichen Aufenthalt im Kollisionsrecht leitet sich aus dem Common Law ab[799]. Auch die Common-Law-Länder folgen aber nicht insgesamt dem Aufenthaltsprinzip; vielmehr knüpft Großbritannien neuerdings an die Staatsangehörigkeit des Kindes an[800]. In den USA richtet sich dagegen das Kindschaftstatut nach dem Domicile of choice bzw. dem domicile of origin, die aber mit dem gewöhnlichen Aufenthalt nach europäischem Verständnis nicht identisch ist. Insbesondere beim domicile of choice spielt eine subjektive Komponente eine starke Rolle, so daß eine Gleichsetzung der US-amerikanischen mit der kontinentaleuropäischen Anknüpfung an den gewöhnlichen Aufenthalt nicht erfolgen kann[801].

Hieran zeigt sich die Problematik des unbestimmten Begriffs des gewöhnlichen Aufenthalts. Zur Konkretisierung dieses Begriffs stehen sich verschiedene Auffassungen gegenüber: Nach einer Ansicht ist die zeitliche Dauer und Regelmäßigkeit des Aufenthalts entscheidend[802]. Nach an anderer Auffassung kommt es stärker auf die tatsächliche Bindung und die damit verbundene soziale Integration an[803]. Eine vermittelnde Ansicht orientiert sich an einer teleologischen Auslegung, die den Zweck der Anknüpfung an den gewöhnlichen Aufenthalt berücksichtigt und dabei auf die engste Verbindung abstellt[804]. Dies führt dazu, daß auf verschiedenen Rechtsgebieten der Begriff des gewöhnlichen Aufenthalts unterschiedlich ausgelegt wird[805].

Im internationalen Kindschaftsrecht wird überwiegend die soziale Integration betont[806]: Der gewöhnliche Aufenthalt sei der auf Dauer angelegte Daseinsmittelpunkt einer Person[807]. Hierbei spiele der zeitliche Aspekt eine erhebliche Rolle[808]. So ist z.B. eine vorübergehende Entfernung, ohne Willen, den bisherigen gewöhnlichen Aufenthalt aufzugeben, wie z.B. bei einem Schul- oder Studienaufenthalt im Ausland, ist unschädlich. Welches Gewicht die Dauer des Aufenthalts spielt, wird uneinheitlich gesehen: So wird im Fall einer Ge-

---

799 *Kegel/Schurig*, 383.

800 *Kegel/Schurig*, 383.

801 *Kegel/Schurig*, 383.

802 BVerwG 12.5.1992, StAZ 1993, 17.

803 BGH 29.10.1980, BGHZ 78, 293 = StAZ 1981, 183 m. Anm. *Otto* = IPRax 1981, 139, 125 m. Anm. *Henrich* = IPRspr. 1980 Nr.94; *Kropholler*, IPR, 267f.; ausführlich dazu *Baetge*, S. 48 m.w.N. zur Rechtsprechung und Literatur.

804 *Baetge*, 79f.; *Schwind*, FS Ferid (1988), 423 (425).

805 Für eine Differenzierung *Kropholler*, IPR 267ff.

806 BGH 29.10.1980, BGHZ 78, 293 = StAZ 1981, 183 m. Anm. *Otto* = IPRax 1981, 139, 125 m. Anm. *Henrich* = IPRspr. 1980 Nr.94.

807 Zum Begriff *Münchener Kommentar/Klinkhardt*, Art. 21 EGBG nF, Rn. 1.

808 Siehe oben § 9 II 1 a sowie ausführlich *Baetge*, 49.

fährdung des Kindeswohl ein gewöhnlicher Aufenthalt gemäß Art. 1 MSA nach 6-12 Monaten angenommen. Familiäre Bindungen dominieren dagegen stärker in Entscheidungen zum deutschen Kollisionsrecht. Gerichte haben ein gewöhnlicher Aufenthalt eines ausländischen Kindes in Deutschland auch nach drei Jahren verneint wird, wenn die Eltern des Kindes nur eine befristete Aufenthaltsgenehmigung besitzen[809] und das Kind nicht in Deutschland geboren wurde[810]. Gerade bei der Verknüpfung von Familienrecht und Ausländerrecht zeigt sich, daß die Auslegung nicht frei von politischen Entwicklungen ist. Die persönlichen Interessen des Einzelnen gehen dagegen stärker dahin, das Recht des Heimatstaates auch nach längerer Zeit in der Emigration beizubehalten. Entscheidend ist dabei das Umfeld, von dem jeder geprägt wurde. Vielmehr liegt in der Verbundenheit zum Heimatstaat ein individuelles Interesse an Kontinuität[811].

Schließlich ist die Anknüpfung an den gewöhnlichen Aufenthalt im deutschen Kollisionsrecht in Art. 19 I 1 EGBGB, Art. 20 I 2 sowie Art. 21 EGBGB nicht an einen bestimmten Zeitpunkt gebunden. Die Unbestimmtheit und Wandelbarkeit dieses Begriffs lassen Zweifel aufkommen, ob diese Anknüpfung mit den Interessen des Kindes harmoniert.

cc) Stellungnahme

Wichtig erscheint die Anknüpfung an den gewöhnlichen Aufenthalt zur Sicherung der Lebensgrundlage im Unterhaltsrecht oder dann, wenn sonstige Ordnungsinteressen der Rechtssicherheit überwiegen[812]. Im internationalen Kindschaftsrecht sollte der gewöhnlichen Aufenthalt dagegen nicht dazu dienen, Integrationshindernisse abzubauen. Vielmehr überwiegt hier das Parteiinteresse an der kulturellen Identität der Verbundenheit mit dem Heimatrecht[813]. Dies bestätigt auch die neuste Entwicklung im Staatsangehörigkeitsrecht: Zur Integration ist es möglich, daß ausländische Kinder nach achtjährigem Aufenthalt der Eltern in Deutschland die deutsche Staatsangehörigkeit hinzuerwerben, ohne daß sie die heimatliche Staatsangehörigkeit automatisch verlieren[814]. Da dieses integrative Moment auf der freien Entscheidung jeder Person beruht, ist die doppelte Staatsangehörigkeit besser zur Integration geeignet[815]. Das Staatsangehörigkeitsprinzip respektiert ferner das Recht auf Verbundenheit mit dem Herkunftsland. Es harmoniert schließlich mit dem Anliegen des

---

809 IPRspr. 1995 Nr. 107; *Basedow/Diehl-Leistner*, in: Jayme/Mansel, Staat und Nation, 13, (40f.) nehmen als Befürworter des Domizilprinzips eine Integration nach 4-5 Jahren an.

810 IPRspr. 1995 Nr. 106.

811 *Kegel/Schurig*, 390.

812 *Kegel/Schurig*, 391.

813 *Kegel/Schurig*, 391; *Jayme*, IPRax, 1996, 237 (242f.).

814 Gesetz zur Reform des Staatsangehörigkeitsrecht, BGBl 1999 I 1618; näher hierzu *Fuchs*, NJW 2000, 489 (490);

815 Ebenso *Gruber*, IPRax 1999, 426 (428).

internationalen Familienrechts, möglichst viele Mitglieder einer einheitlichen Rechtsordnung zu unterstellen.

Die alternative Anknüpfung mildert allerdings die Nachteile beider Prinzipien[816]. Das Staatsangehörigkeitsprinzip hat den Nachteil, immer mit einer Vorfrage verbunden zu sein. Allerdings stellt sich das Aufenthaltsprinzip in der deutschen Fassung nicht einfacher dar, da bei der alternativen Anknüpfung alle Rechtsordnungen vom Richter zu ermitteln und im Interesse des Kindes abzuwägen sind. Der gewöhnliche Aufenthalt des Kindes und die Heimatrechte der Eltern entspricht den aufgrund der Vorfrage nach der Staatsangehörigkeit des Kindes in betracht kommenden Rechte.

Im Hinblick auf die kollisionsrechtliche Anknüpfung im Kindschaftsrecht behält das Staatsangehörigkeitsprinzip bzw. das Aufenthaltsprinzip hauptsächlich bei den Kindschaftswirkungen Einfluß, da hier eine ausschließliche Anknüpfung an das Heimatrecht des Kindes in Art. 36 IPRG bzw. das Aufenthaltsrecht des Kindes in Art. 21 EGBGB vorgesehen ist. Hinsichtlich des Abstammungs- und Anfechtungsstatuts relativieren dagegen die Anknüpfungsalternativen die primäre Anknüpfung beider Länder: Insbesondere die Berücksichtigung der jeweiligen Heimatrechte der Eltern in Art. 33 II IPRG und Art. 19 I 2 EGBGB relativiert die Anknüpfung an den gewöhnlichen Aufenthalt (Art. 19 I 1 EGBGB) bzw. die Staatsangehörigkeit des Kindes gemäß Art. 33 I IPRG[817].

c) Ergebnis

Ebenso wie im materiellen Recht bedeutet Kindeswohl auch im internationalen Familienrecht, das insbesondere die Stabilität des Kindes zu seiner Bezugsperson und seiner kulturellen Identität (Herkunft) gewahrt werden soll. Stabilität der Entwicklung des Kindes bedeutet, die Entwicklung des Kindes kontinuierlich zu fördern und nicht durch drastische Veränderungen zu gefährden. Der Gesichtspunkt der Stabilität wird zu Recht als einer der wichtigsten Grundpfeiler im internationalen und nationalen Kindschaftsrecht angesehen[818] und ist klassischer Bestandteil des Kindeswohls[819]. Ein weiterer Aspekt

---

816 Vgl. oben § 17 II 2.

817 Das Staatsangehörigkeitsprinzip und das Aufenthaltsprinzip werden also durch die alternative Anknüpfung modifiziert. Dahinter steht das Ziel, einerseits nach dem Herkunftsland bestehende Eltern-Kind-Verhältnisse aufrechtzuerhalten, bzw. das Kind in seine neue Umgebung zu integrieren. Der Gedanke der Kontinuität bzw. der Flexibilität äußert sich im Familienrecht aber auch in anderer Weise. Grundsätzlich gilt die eheliche Kindschaft als stabiler, auch wenn diese nicht immer der wahren Abstammung entspricht. Siehe näher zu der Frage der Stabilität unten § 18 III 1.

818 *Schwab*, FamRZ 1998, 356.

819 *Gernhuber/Coester-Waltjen*, 1051f.

des Kindeswohls, der insbesondere im internationalen Kindschaftsrecht eine Rolle spielt, ist die Integration des Kindes in sein soziales Umfeld[820].

3. Verhältnis zwischen allgemeinen kollisionsrechtlichen Wertungskriterien und Kindeswohl

Die bereits dargestellten Ordnungsinteressen, Verkehrsinteressen und Parteiinteressen sind klassische Wertungskriterien des Kollisionsrechts, die üblicherweise zu einer optimalen kollisionsrechtliche Lösung herangezogen wurden. Im internationalen Kindschaftsrecht besteht indessen die Besonderheit, daß zu diesen Gesichtspunkten der materiellrechtlich verwurzelte Aspekt des Kindeswohls hinzutritt, dem nach dem Willen des deutschen und italienischen Gesetzgebers entscheidendes Gewicht zukommt[821].

Setzt man das Kindeswohl in Beziehung zu den drei klassischen Wertungskriterien, kann man erkennen, daß das Kindeswohl den Gesichtspunkt der Parteiinteressen überlagert und dahingehend modifiziert, daß das Interesse des Kindes ausschlaggebend sein soll.

Nachdem der Begriff des Kindeswohls und seine Bedeutung im Verhältnis zu den allgemeinen kollisionsrechtlichen Bewertungskriterien geklärt sind, soll nun im folgenden anhand des Kindeswohls sowie der allgemeinen kollisionsrechtlichen Bewertungskriterien die ermittelten Unterschiede des deutschen und des italienischen internationalen Kindschaftsrechts versucht werden, eine optimale Lösung im Interesse des Kindes zu erreichen.

4. Zusammenfassung

Das Kindeswohl, ursprünglich ein materiellrechtlicher Gesichtspunkt, hat in den Reformen des deutschen und italienischen Kollisionsrechts auch im internationalen Kindschaftsrecht durch die alternative Anknüpfung eine zentrale Bedeutung gewonnen. Das Kindeswohl modifiziert die bislang gültigen kollisionsrechtlichen Interessen (Ordnungsinteressen, Verkehrsinteressen und Parteiinteressen), indem als ein Aspekt der Parteiinteressen die Interessen des Kindes dominierend hervortreten.

Ausgehend vom materiellen Recht, wonach persönliche Zuwendung und Verantwortung sowie wirtschaftliche Sicherheit anzustreben sind, läßt sich das Kindeswohl im internationalen Kindschaftsrecht dahingehend definieren, daß die Beziehung des Kindes zu seinen Bezugspersonen und zu seinen kulturellen Wurzeln stabil sein sollen, um seine Entwicklung zu fördern. Ein weiteres Anliegen ist die Integration in sein soziales Umfeld. Ein Gleichgewicht zwischen Kontinuitätsinteresse und Anpassung läßt sich besser auf der Ebene des Staatsangehörigkeitsrechts, als durch eine kollisionsrechtliche Anknüpfung an

---

[820] *Kropholler*, IPR, 267f.

[821] Siehe oben § 3 und § 7.

den gewöhnlichen Aufenthalt erreichen[822]. Hier ist entweder das Staatsangehörigkeitsprinzip vorzugswürdig oder das Aufenthaltsprinzip durch alternativ anwendbare Rechte zu ergänzen, um eine Rechtswahl zu ermöglichen.

Kontinuität setzt ferner eine stabile Eltern-Kind-Beziehung voraus. Kollisionsrechtlich ist zwar auch eine Auflösung der Eltern-Kind-Beziehung durch Anfechtung im Interesse des Kindes notwendig, hier sollte aber auch der Gedanke der Stabilität Vorrang haben und die Anfechtung nur dann durchgreifen, wenn dies im Interesse des Kindes erforderlich ist.

---

822 Ebenso *Benicke*, IPRax 2000, 171 (173); *Jayme*, Recueil des Cours 251 (1995), 171f.

§ 18 Bewertung des deutschen und italienischen internationalen Kindschaftsrechts

Nachdem die Wertungskriterien feststehen, sollen nun die beiden Kollisionsrechte anhand der Ordnungsinteressen (I), Verkehrsinteressen (II) und der Parteiinteressen im Sinne des Kindeswohls (III) näher untersucht werden.

I. Ordnungsinteressen

Ordnungsinteressen sind die Interessen des Rechtsverkehrs an einem geordneten internationalen Recht, wodurch mittelbar auch dem Partei- und Verkehrsinteresse gedient wird[823]. In diesem Zusammenhang sind die Wertungen der Entscheidungsharmonie (1), Rechtssicherheit (2) und Vorhersehbarkeit (3) zu nennen.

1. Entscheidungsharmonie

Entscheidungsharmonie bedeutet, Kollisionsnormen zu entwerfen, die gleichermaßen in anderen Ländern gelten, so daß eine Chance auf Anerkennung der ausländischen Entscheidung besteht[824].

Die alternative Anknüpfung und das Günstigkeitsprinzip könnten diesem Ziel widersprechen, da hierdurch bestimmte materiellrechtliche Ziele (z.B. Kindeswohl) verwirklicht werden sollen. In der Tat werden hierdurch im deutschen und italienischen internationalen Familienrecht die internationale Entscheidungsharmonie zugunsten einer dem Einzelfall angemessenen Lösung zurückgedrängt. Es ist aber zu beachten, daß sowohl die alternative Anknüpfung als auch die zugrundeliegenden Ziele wie z.B. Gleichstellung ehelicher und nichtehelicher Kinder mittlerweile Anliegen der meisten Kindschaftsrechte sind[825]. Dem steht auch nicht entgegen, daß die alternative Anknüpfung vermehrt eine Rechtswahl zuläßt[826], da diese Entwicklung, den Parteiwillen stärker zu berücksichtigen, in beiden Rechtsordnungen vorkommt und deswegen international akzeptiert wird[827]. Jedoch zeigt sich bei näherer Betrachtung der hier untersuchten Rechtsordnungen, daß insbesondere bei der Anfechtung divergierende Entscheidungen auftreten können[828].

Im Ergebnis ist die Entscheidungsharmonie in beiden Rechten somit aufgrund der alternativen Anknüpfung nur teilweise gewahrt.

---

823 *Kegel/Schurig*, 122.

824 *Schröder*, 132f..

825 *Schwab (Hrsg.)*, Entwicklungen im europäischen Kindschaftsrecht, 2. Aufl. 1996, *Thieme*, Kindschaftsrecht im Wandel, 183ff.; *Verschraegen (Hrsg.)*, Gleichheit im Familienrecht, 1997.

826 *Schröder*, 136.

827 BT-Drucks. 10/504, 51 zu Rechtswahlmöglichkeiten im internationalen Familienrecht; ebenso *Schröder*, 135f.

828 Siehe oben § 13.

2. Rechtssicherheit

Jede gesetzliche Regelung muß die größtmögliche Rechtssicherheit anstreben, um Konflikte zu vermeiden.

Das *italienische Kollisionsrecht* knüpft primär an das Heimatrecht des Kindes zur Zeit der Geburt an (Art. 33 I IPRG, Art. 35 I 1 IPRG, Art. 34 I IPRG). Das einmal festgestellte Recht wirkt unabhängig vom Zeitpunkt des Rechtsstreits weiter. Dies bringt für die Parteien, insbesondere für das Kind, ein hohes Maß an Rechtssicherheit mit sich: Das Kind genießt den Schutz der ihm vertrauten Rechtsordnung[829]. Auch soll dem Emigranten immer der Schutz seines Heimatrecht erhalten bleiben[830]. Begünstigt werden die eheliche Abstammung (Art. 33 II IPRG) bzw. die Wirksamkeit eines Eltern-Kind-Verhältnisses (Art. 35 I 2 IPRG, Art. 34 I IPRG). Dahinter steht der Gedanke, daß die Ehelichkeit dem Kind eine sicherere Rechtsposition gewährt. Die Kindschaftswirkungen richten sich ebenfalls nach dem Heimatrecht des Kindes, sind aber nicht an den Zeitpunkt der Geburt gebunden (Art. 36 IPRG).

Das *deutsche Kollisionsrecht* hat dagegen von der Anknüpfung an die Staatsangehörigkeit der Kindes abgesehen und knüpft an dessen gewöhnlichen Aufenthalt an (Art. 19 I 1 EGBGB, Art. 20 S. 2 EGBGB, Art. 21 EGBGB), ohne an einen bestimmten Zeitpunkt gebunden zu sein. Dadurch wird die Anknüpfung wandelbar. Dies wird mit dem häufigen Aufenthaltswechsel und wechselnden Grenzziehungen in einer schnellebigen Zeit begründet, führt aber zu Rechtsunsicherheit. Nur dann, wenn sich das Herkunftsland des Kindes selbst in einem staatlichen Umbruch oder in Auflösung befindet (wie z.B. in vielen osteuropäischen Staaten), bedeutet die Integration in den neuen Aufenthaltsstaat eine größere Rechtssicherheit[831].

Stärkere Rechtssicherheit verspricht dagegen die alternative Anknüpfung an das Heimatrecht desjenigen Elternteils, in Bezug auf den das Abstammungsverhältnis festgestellt werden soll (Art. 19 I 2 EGBGB). Im Interesse der Parteien kann dies auch bei der Anfechtung gelten (Art. 20 S. 1 EGBGB i.V.m. Art. 19 I 2 EGBGB) so daß hier ein gewisses Maß ein Rechtssicherheit gewährleistet ist.

Der Gedanke, durch die Anknüpfung an den gewöhnlichen Aufenthalt Ausländer möglichst leicht zu integrieren, kann jedoch insbesondere bei den Kindschaftswirkungen (Art. 21 EGBGB) zu Rechtsunsicherheit führen. Hier

---

829 Es sei denn, die Staatsangehörigkeit wird bewußt gewechselt; dies beeinträchtigt die Rechtssicherheit aber nicht.

830 Daneben kann der Emigrant zwar auch auf ein anderes alternativ anwendbares Recht zurückgreifen, dieses ist aber fakultativ und greift nur dann ein, wenn es seinen Interessen besser dient.

831 Dabei kann eine Verunsicherung durch den Verlust der kulturellen Wurzeln in Kauf genommen werden; siehe näher hierzu unten § 20 I 4.

stellt der gewöhnliche Aufenthalt einen besonderen Unsicherheitsfaktor dar, da bei nichtehelichen Kindern möglicherweise der Vater nach einer Rechtsordnung feststeht, nach der anderen aber nicht[832].

Im Ergebnis dient damit die italienische Regelung infolge der primären Anknüpfung an das Heimatrecht stärker der Rechtssicherheit als die deutsche Regelung, die in erster Linie an den gewöhnlichen Aufenthalt anknüpft.

3. *Vorhersehbarkeit*

Vorhersehbarkeit bedeutet, daß die Parteien das anwendbare Recht in seinen Voraussetzungen und Konsequenzen vorhersehen können.

Die im *italienischen Kollisionsrecht* gewählte Anknüpfung an das Heimatrecht des Kindes zur Zeit seiner Geburt bestimmt gemäß Artt. 33-36 IPRG das anwendbare Recht sowohl für die Begründung des Eltern-Kind-Verhältnisses, die Anfechtung und die Wirkungen. Unter dem favor filiationis ist ein Renvoi beachtlich. Dadurch können die Parteien das anwendbare Recht in seinen Voraussetzungen und Konsequenzen vorhersehen. Die Vorfrage der Staatsangehörigkeit des Kindes bleibt zwar offen. Da aber grundsätzlich an den Zeitpunkt der Geburt des Kindes angeknüpft wird, stellt sich diese Frage in der Regel nur einmal[833]. Schließlich harmoniert das Staatsangehörigkeitsprinzip mit dem Anliegen des internationalen Familienrechts, möglichst viele Mitglieder einer einheitlichen Rechtsordnung zu unterstellen.

Das *deutsche Kollisionsrecht* hat durch die Anwendung des Aufenthaltsstatuts des Kindes gemäß Artt. 19-21 EGBGB eine wandelbare Anknüpfung geschaffen, da diese zeitlich nicht festgelegt ist. Die Gerichte können in einer ferner eines der alternativ anwendbaren Rechte anwenden, wenn dieses dem Kindeswohl besser entspricht[834]. Durch die alternative Anknüpfung an das Heimatrecht eines Elternteils hinsichtlich der Begründung des Eltern-Kind-Verhältnisses und der Anfechtung können außerdem die Parteien dieses Recht im Sinne eines Vorschlagsrechts wählen, was eine gewisse Vorhersehbarkeit impliziert, da sie mit ihrem Heimatrecht vertraut sind. Allerdings trifft auch hier die endgültige Entscheidung das Gericht.

Gewisse Probleme hinsichtlich der Vorhersehbarkeit bereitet der auslegungsbedürftige Begriff des gewöhnlichen Aufenthalts des Kindes, da dieser je nach Rechtsgebiet unterschiedlich ausgelegt werden kann[835]. Noch stärkere Rechtsunsicherheit resultiert daraus, daß die Anknüpfung an den gewöhnlichen Auf-

---

[832] Siehe oben § 12 II.

[833] Ein späterer Zeitpunkt kommt nur dann in Betracht, wenn dies im Interesse des Kindes sinnvoll erscheint, wie z.B. zur Wirksamkeit der Anerkennung gemäß Art. 35 I 2 IPRG oder bei den Kindschaftswirkungen gemäß Art. 36 IPRG.

[834] *Jayme*, IPRax 1996, 237 (242f.)

[835] Siehe oben § 9 II 1 a.

enthalt nicht an einen bestimmten Zeitpunkt gebunden ist und dadurch wandelbar ist. Dies führt insbesondere bei den Kindschaftswirkungen gemäß Art. 21 EGBGB, speziell bei der Vertretung des Kindes oder der elterlichen Sorge, zu Rechtsunsicherheiten[836].

Im Ergebnis ist daher die italienische Regelung für die Parteien besser vorhersehbar als die deutsche Regelung

4. *Zusammenfassung*

Beide Kollisionsrechte stellen die Entscheidungsharmonie gegenüber dem Kindeswohl zurück, indem sie eine alternative Anknüpfung vorsehen. Im übrigen wird das italienische internationale Kindschaftsrecht durch die primäre Anknüpfung an das Heimatrecht des Kindes den Ordnungsinteressen besser gerecht als das primär am gewöhnlichen Aufenthalt des Kindes orientierte deutsche internationale Kindschaftsrecht.

II. Verkehrsinteressen

Verkehrsinteressen sind die Verkehrsfähigkeit der bestehenden Rechtspositionen und Entscheidungen (1) sowie die Praktikabilität (2).

1. *Verkehrsfähigkeit*

Verkehrsfähigkeit bedeutet, daß eine Rechtsposition oder Entscheidung einem Statutenwechsel standhält.

Die *italienische* Reform zeigt in der stabilen Anknüpfung an das Heimatrecht des Kindes zur Zeit seiner Geburt eine große Verkehrsfähigkeit der Entscheidungen.

Die alternative Anknüpfung an das Heimatrecht eines Elternteils dient dazu, hinkende Rechtsverhältnisse zu verhindern[837]. Die Verkehrsfähigkeit der Entscheidung wird hierdurch betont. Nur wenn das Interesse des Kindes an der Anwendung der lex fori überwiegt, verdrängt der ordre public die alternative Anknüpfung an ein ausländisches Recht. Die Verkehrsfähigkeit einer internationalen Entscheidung wird aus italienischer Sicht ferner dadurch verstärkt, daß ausländische Entscheidungen gemäß Artt. 64-66 IPRG automatisch anerkannt werden.

Das *deutsche internationale Kindschaftsrecht* nimmt dagegen hinkende Rechtsverhältnisse in Kauf, da tendenziell ein nach dem Aufenthaltsstatut bestehendes Abstammungsverhältnis gegenüber dem Heimatrecht Vorrang

---

836 Siehe oben § 14 I und II.

837 Dies gilt insbesondere auch für die Anfechtung, da durch die Anwendung des strengsten Rechts ebenfalls hinkende Rechtsverhältnisse weitgehend vermieden werden können, vgl. oben § 12 II.

hat[838]. Ein bestimmter Zeitpunkt wird nicht berücksichtigt. Auf die Verkehrsfähigkeit der Entscheidung kommt es insoweit nicht an. Ein Zugeständnis an die Verkehrsfähigkeit liegt aber in der alternativen Anknüpfung an das Heimatrecht eines Elternteils, so daß auf diese Weise die Verkehrsfähigkeit der Entscheidung erhöht werden kann. Dies ist aber nicht zwangsläufig, sondern fakultativ. Insbesondere ist die Anknüpfung an den gewöhnlichen Aufenthalt bei den Kindschaftswirkungen problematisch. Der damit häufig verbundene Statutenwechsel berücksichtigt nicht das Bedürfnis nach Verkehrsfähigkeit[839].

Im Ergebnis wird somit die Verkehrsfähigkeit stärker bei der italienischen Anknüpfung an das Heimatrecht des Kindes beachtet, während die deutsche Anknüpfung an den gewöhnlichen Aufenthalt wandelbar ist und durch Statutenwechsel wenig verkehrsfähig ist.

2. *Praktikabilität*

Es lassen sich zwei Gesichtspunkte unterscheiden, die eine praktikable Regelung ausmachen: Zum einen eine leichte Ermittlung des anwendbaren Sachrechts (a), zum anderen eine möglichst häufige Anwendung der den zuständigen Institutionen vertrauten lex fori (b).

a) Leichte Ermittlung des Sachrechts

Praktikabel ist es, wenn das anwendbare Recht schnell ermitteln werden kann[840].

Die im *italienischen Kollisionsrecht* bestehende Anknüpfung an das Heimatrecht des Kindes ist klar fixiert[841]. Da meist das Heimatrecht des Kindes zur Zeit der Geburt des Kindes anwendbar sein soll (Artt. 33 I, 35 I S.1 IPRG), braucht dies nur einmal ermittelt zu werden. Die Anknüpfung an das Heimatrecht des Kindes hat allerdings den Nachteil, daß die Antwort von einer staatsangehörigkeitsrechtlichen Vorfrage abhängt. Erschwerend kann außerdem sein, daß ein ausländisches Recht anwendbar ist, was für die hiermit nicht vertrauten Behörden und Gerichte mühsam sein kann.

Die im *deutschen Kollisionsrecht* gewählte Anknüpfung an den gewöhnlichen Aufenthalt hat zwar den Vorteil, daß häufig das lex fori anwendbar sein dürfte

---

838 Dies wird damit begründet, daß das Kind ein Recht hat, seine wahre Abstammung auch dann feststellen zu lassen, wenn die Heimatrechte des betreffenden Elternteils dies ausschließen.

839 Für eine eingeschränkte Wandelbarkeit unter Hinweis auf Art. 16 KSÜ *Looschelders*, IPRax 1999, 240 (245).

840 BT-Drucks 10/504, 31; *Pirrung*, 107; a.A. Gutachten des MPI, RabelsZ 1983, 647: Hier wird vertreten, daß die Staatsangehörigkeit zwar schnell und einfach feststellbar sei, aber auch der gewöhnliche Aufenthalt bei Statusfragen nicht manipuliert würde.

841 Bei Doppelstaatigkeit enthält Art. 19 IPRG ähnlich wie Art. 5 EGBGB eine klare Auslegungsregel, die im Fall einer italienischen Staatsangehörigkeit diese als effektiv ansieht.

(siehe gleich näher unter 2). Der unbestimmte Begriff des gewöhnlichen Aufenthalts ist aber wandelbar und weniger eindeutig als des Heimatrechtes und insoweit insbesondere im internationalen Familienrecht unpraktikabel[842]. Freilich ist durch die Rechtsprechung und Lehre dieser unbestimmte Begriff mittlerweile stark konturiert worden, weicht aber je nach Rechtsgebiet deutlich voneinander an. Wenig praktikabel erscheint ferner der Aspekt, daß der gewöhnliche Aufenthalt zeitlich flexibel ist, so daß z.B. eine Sorgerechtsentscheidung nicht bindend ist, sobald der gewöhnliche Aufenthalt des Kindes sich verlagert. Da die Eltern den gewöhnlichen Aufenthalt des Kindes de facto bestimmen, ist der gewöhnliche Aufenthalt manipulierbar.

Im Ergebnis haben damit beide Rechtsordnungen Vor- und Nachteile, die sich im Vergleich die Waage halten.

b) Anwendung der lex fori

Tendenziell betont das deutsche Kollisionsrecht durch die Anknüpfung an den gewöhnlichen Aufenthalt, der häufig der lex fori entspricht, dieses Interesse stärker als das italienische Kollisionsrecht, das an die Staatsangehörigkeit des Kindes anknüpft. Die Anknüpfung an den gewöhnlichen Aufenthalt steht aber nicht nur vor dem Dilemma, daß er in verschiedenen Ländern eine unterschiedliche Bedeutung hat, sondern auch je nach Rechtsgebiet unterschiedlich ausgelegt wird. Die Auslegung im Kollisionsrecht ist nicht frei von politischen Einflüssen. Nach dem von der Rechtsprechung vertretenen Begriff des gewöhnlichen Aufenthalts stimmt dieser mit der lex fori überein, wenn Ausländer hier geboren werden oder eine unbefristete Aufenthaltsgenehmigung haben[843]. Dies kann im Extremfall dazu führen, daß Kinder aus derselben Familie unterschiedlichen Statuten unterliegen. Zweifelhaft ist die Praktikabilität der Anknüpfung an den gewöhnlichen Aufenthalt ferner, wenn sie zu hinkenden Rechtsverhältnissen führt. Entsprechend der alternativen Anknüpfung gemäß Art. 19 EGBGB sind hier die Heimatrechte zu berücksichtigen. Eintragungen wie z.B. der Mutterschaftsanerkennung oder der Legitimation erfolgen folglich nach dem Heimatrecht einer Partei auch in Rechtsordnungen, die diese Institutionen nicht kennen[844].

Zudem hat auch im italienischen Recht das Gericht oft die Möglichkeit, das eigene Recht anwenden, nämlich immer dann wenn es unter den alternativ anwendbaren Heimatrechten des Kindes oder der Eltern enthalten ist[845]. Dies ist aber nicht zwangsläufig, da die Favorisierung der ehelichen Abstammung die Anwendung ausländischen Rechts zur Vermeidung hinkender Rechtsver-

---

842 *Pirrung*, 107; a.A. Gutachten des Max-Planck-Instituts, RabelsZ 1983, 647.
843 Siehe oben § 9 II 1 a.
844 *Rauscher*, 195.
845 *Picone*, 356.

hältnisse vorzugswürdig erscheinen läßt. Gleichwohl kann bei konkurrierenden Rechtsordnungen aus praktikablen Gründen eine Prävalenz der lex fori auftreten[846]. Ferner gilt bei Doppelstaatern die italienische Staatsangehörigkeit als effektiv, so daß auch hier die lex fori anwendbar ist (Art. 19 IPRG). Schließlich dient die lex fori als Korrektiv der alternativen Anknüpfung insbesondere bei der Anfechtung, wenn das strengste ausländische Recht insofern die Rechte des Kindes auf Kenntnis der eigenen Abstammung durch enge Fristen oder Ausschluß der Anfechtung des minderjährigen Kindes ausschließt. Hier kann entweder gemäß Art. 16 IPRG auf das mildere Recht, subsidiär auf die lex fori zurückgegriffen werden.

Auch das Ziel, durch die Anknüpfung an den gewöhnlichen Aufenthalt die Integration zu fördern und häufiger die lex fori anzuwenden, wird abgeschwächt, da der gewöhnliche Aufenthalt möglicherweise stärker eine europäische Integration als eine spezifisch innerdeutsche Integration bezweckt.

3. Ergebnis

Im Ergebnis besteht kein entscheidender Vorteil für eine der Regelungen unter dem Gesichtspunkt der Praktikabilität.

III. Parteiinteressen und Kindeswohl

Parteiinteresse bedeutet das Interesse der betroffenen Partei, nach einer Rechtsordnung beurteilt zu werden, der sie eng verbunden ist. Im Kindschaftsrecht sind die betroffenen Parteien das Kind und seine Eltern. Wie jedoch festgestellt worden ist, stellen beide Rechtsordnungen das Kindesinteresse in den Mittelpunkt, so daß das Kindeswohl als das dominierende Parteiinteresse anzusehen ist[847]. Die Staatsangehörigkeit der Eltern tritt allerdings in beiden Rechtsordnungen als alternative Anknüpfung zur Begründung oder Beseitigung eines Eltern-Kind-Verhältnisses hinzu. Lediglich bei den Kindschaftswirkungen wird isoliert an die Staatsangehörigkeit bzw. den gewöhnlichen Aufenthalt des Kindes angeknüpft. Dabei hat das Staatsangehörigkeitsprinzip zwar den Nachteil der Vorfragenanknüpfung, berücksichtig aber dadurch in den meisten Rechtsordnungen das Heimatrecht zumindest eines Elternteil, so daß dadurch die Eltern-Kind-Bindung zumindest indirekt meist mitberücksichtigt wird.

Das Kindeswohl läßt sich im kollisionsrechtlichen Sinne unterteilen in die Gesichtspunkte Stabilität (1) und Integration (2)[848].

---

846 *Picone*, 356.
847 Siehe oben § 3 und § 7.
848 Siehe oben unter § 17 II.

1. Stabilität

Hinsichtlich der Stabilität kann weiter unterschieden werden zwischen der Kontinuität hinsichtlich der das Kind betreuenden Personen (a) und hinsichtlich der Kontinuität des kulturellen Umfeldes des Kindes (b).

a) Stabilität der Familienbeziehung

Weil bei der alternativen Anknüpfung Wertungskriterien des materiellen Kindschaftsrechts auf das Kollisionsrecht ausstrahlen, wird unter dem Aspekt der Stabilität kurz auf die jeweiligen materiellen Kindschaftsrechte eingegangen.

Sowohl in Italien als auch in Deutschland spielt im materiellen Recht der Aspekt der Kontinuität und Stabilität der Familienbeziehung eine Rolle. Dem stehen allerdings weitgehende Anfechtungsrechte gegenüber.

Das italienische Recht sieht seit 1975 ein gemeinsames Sorgerecht für eheliche Kinder, nichteheliche Kinder, und Scheidungskinder vor (Artt. 316, 317, 317bis CC)[849] und betont damit sowohl statusunabhängig das Recht auf beide Eltern als auch die Kontinuität der Beziehung. Gleichzeitig wird durch großzügige Anfechtungsfristen, insbesondere für das Kind, sein Recht auf Kenntnis der eigenen Abstammung garantiert.

Dagegen hält das italienische Kollisionsrecht den Aspekt der Stabilität in Form der ehelichen Abstammung und den Schutz des Familienfriedens für wichtiger. Die Anfechtung der Abstammung soll international restriktiv gehandhabt werden. In der kollisionsrechtlichen Anknüpfung knüpft Italien an die Staatsangehörigkeit des Kindes als relativ fixe Größe an[850]. Als Zeitpunkt für die Anknüpfung ist in der Regel (außer beim Wirkungsstatut gemäß Art. 36 IPRG) die Geburt des Kindes festgelegt, so daß die Ankϋpfung in der Regel stabil ist. Auch der Renvoi dient dazu, die Stabilität der Eltern-Kind-Beziehung zu fördern, indem primär die eheliche Abstammung, sekundär die Begründung eines Eltern-Kind-Verhältnisses überhaupt begünstigt werden soll.

Die Reform des deutschen materiellen Kindschaftsrechts betont ebenfalls das Recht des Kindes auf Stabilität und Kontinuität der Beziehung zu beiden Elternteilen. Dies zeigt sich sowohl in der Möglichkeit eines gemeinsamen Sorgerechts für nichteheliche Kinder durch eine gemeinsame notariell beglaubigte Sorgeerklärung gemäß § 1626a II BGB als auch durch die Möglichkeit der gemeinsamen elterlichen Sorge im Falle der Scheidung[851]. Jedoch wird letzt-

---

849 Siehe oben, *Thieme*, Kindschaftsrecht im Wandel, 183 (200ff.) für nichteheliche Kinder 236ff.

850 Siehe oben § 14 Beispielsfall 1 zu den Kindschaftswirkungen im italienischen Recht

851 Eine Sorgerechtsentscheidung zugunsten eines Elternteils erfolgt nur noch auf Antrag.

lich bei nichtehelicher Kindschaft die Position der Mutter gestärkt[852], da ein gemeinsames Sorgerecht von ihrer Zustimmung abhängt. Die Beziehung zum Vater ist daher weniger gesichert. Dahinter verbirgt sich eine gewisse Instabilität. Der Familienfrieden wird auch bei der Anfechtung für weniger schützenswert gehalten, da hier großzügige Anfechtungsfristen für den Scheinvater, die Mutter und das Kind gelten. Da die Frist erst mit Kenntnis des Anfechtungsgrundes zu laufen beginnt, beinhaltet auch diese Regelung für das Kind eine gewisse Instabilität. Die Begründung der Eltern-Kind-Beziehung zum leiblichen Vater wird dagegen im Interesse des Kindes erleichtert, indem dieser sein Kind bereits während eines anhängigen Scheidungsverfahrens der Ehefrau anerkennen kann. Der Familienfrieden der Familie der Mutter ist aber dann nicht mehr schützenswert.

Diese Tendenz setzt sich nach der Reform im internationalen Kindschaftsrecht fort: Das Aufenthaltsstatut gemäß Artt. 19-21 EGBGB ist wandelbar, so daß eine Kontinuität nicht gewährleistet ist[853]. Dies betrifft zwar nicht die Fälle einer gerichtlichen Vaterschaftsfeststellung, jedoch die nichtehelichen Lebensgemeinschaften. Ferner wird die Anfechtung auch kollisionsrechtlich erleichtert, indem für das Kind durch eine zusätzliche Anfechtungsalternative (Art. 20 S. 2 EGBGB) das Recht auf den wahren Vater stärker betont wird. Instabil ist insbesondere das Wirkungsstatut: Das Problem, daß bald der eine "Vater", bald der andere "Vater" rechtlich dem Kind zugeordnet wird, bricht mit den Grundsätzen der Stabilität. Dieser Nachteil läßt sich auch nicht dadurch rechtfertigen, daß die Neuregelung den Bedürfnissen einer schnellebigen Zeit mit wechselnden Grenzziehungen gerecht werden müsse[854]. Das Aufenthaltsprinzip könnten nur dann zu einer stabilen Anknüpfung führen, wenn die Kindschaftswirkungen an einen bestimmten Zeitpunkt gebunden wären und wie z.B. in Art. 16 KSÜ ein Statutenwechsel ausgeschlossen wäre. Ferner führt die Begünstigung der Anfechtung gemäß Art. 20 EGBGB ebenfalls zu Instabilität.

Hinsichtlich der Stabilität und Kontinuität der betreuenden Person ist folglich sowohl das italienische Personalstatut des Kindes dem deutschen Aufenthaltsstatut als auch die alternative Anknüpfung nach italienischem Modell dem deutschen überlegen.

---

852 Andererseits wird ihre Rolle als alleinerziehende Mutter dadurch erschwert, als die gesetzliche Amtspflegschaft weggefallen ist. Die Mutter kann jetzt dagegen jetzt gemäß § 1712 BGB freiwillig einen Beistand beanspruchen. Dies bedeutet einerseits eine Freiheit von staatlicher Intervention, überläßt aber gleichzeitig die Mutter sich selbst, wenn der Vater des Kindes die Übernahme jeder Verantwortung verweigert.

853 Siehe oben § 14 Beispielsfall 1 zu den Kindschaftswirkungen im deutschen Recht.

854 Art. 16 III KSÜ schließt einen Statutenwechsel insbesondere bei gesetzlich begründeter elterlicher Verantwortung aus. Deswegen für einen eingeschränkten Statutenwechsel *Looschelders*, IPRax 1999, 240 (425).

b) Stabilität des kulturellen Umfelds (Tradition)

Das Interesse des Kindes, durch die Stabilität des kulturellen Umfelds seine Identität zu wahren, ist in Art. 29 I c der UN-Konvention[855] über die Rechte des Kindes konkretisiert: Dem Kind soll "... Achtung vor seinen Eltern, seiner kulturellen Identität, seiner Sprache und seinen kulturellen Werten..." vermittelt werden. Diese Interpretation des Kindeswohls orientiert sich somit an traditionellen Werten der Kultur des Kindes[856].

Das italienische Kollisionsrecht knüpft in Artt. 33-36 IPRG primär an die Staatsangehörigkeit des Kindes an. Eine alternative Anknüpfung an die Staatsangehörigkeit der Eltern ist nur vorgesehen, wenn dadurch die eheliche Abstammung begünstigt wird. Die Staatsangehörigkeit des Kindes, die meist mit dem eines Elternteils übereinstimmt, beinhaltet die Elemente der Sprache, der Bindung an einen bestimmten Kulturkreis, bestimmt die familiären Bindungen, oft die Staatsangehörigkeit und den Namen des Kindes. Der Mikrokosmos des Kindes wird also stark durch sein Herkunftsland geprägt. Damit entspricht die Anknüpfung an seine Staatsangehörigkeit dem Kontinuitätsinteresse des Kindes hinsichtlich der kulturellen Tradition. Dies gilt sowohl hinsichtlich der Stabilität von Sorgeverhältnissen (vgl. *Beispielsfall 1 a* zu den Kindschaftswirkungen) als auch des Eltern-Kind-Verhältnisses bei einer möglichen Vaterschaftsanfechtung (vgl. die *Beispielsfälle 1 a* und *3 a* zur Anfechtung).

Das deutsche Kollisionsrecht knüpft in Artt. 19-21 EGBGB an den gewöhnlichen Aufenthalt des Kindes an. Diese Grundentscheidung des deutschen Gesetzgebers, nicht mehr an das Heimatrecht anzuknüpfen, bildet im internationalen Kindschaftsrecht eine Ausnahme, da grundsätzlich im internationalen Familienrecht das Heimatrecht als naheliegender und den Interessen des Kindes besser entsprechenden Recht angesehen wird[857]. Die Anknüpfung an den gewöhnlichen Aufenthalt findet sich dagegen nur in klassischen Einwanderungsländern wie Argentinien und den USA[858]:

Die Motive für die Abkehr vom Staatsangehörigkeitsprinzip liegen insbesondere in dem Bedürfnis nach Integration von in Deutschland aufwachsenden Kindern ausländischer Gastarbeiter[859] und häufigen räumlichen Veränderungen in einer schnellebigen Zeit. Um dieses Ziel zu erreichen bedarf es aber nicht (mehr) des Aufenthaltsprinzips: Da kürzlich die doppelte Staatsangehörigkeit für in Deutschland geborene Kinder, verbunden mit einem Options-

---

855 BGBl. 1992 II 122.

856 *Jayme*, IPRax 1996, 237 (243), plädiert daher für eine Anknüpfung an die Person des Kindes im Internationalen Privatrecht.

857 *Pirrung*, 106f.

858 *Kropholler*, IPR, 267f.

859 *Kropholler*, IPR, 267f.

recht[860], eingeführt worden ist, läßt sich eine Integration jetzt auch durch eine Anknüpfung an das Heimatrecht erreichen, in dem eine Doppelstaaterregelung nach italienischem Vorbild gewählt wird.

Dies gilt auch für den praktisch wichtigsten Fall der Anfechtung gemäß Art. 20 S. 2 EGBGB. Hierdurch soll die Integration ausländischer Kinder gefördert werden, die in Deutschland ihren gewöhnlichen Aufenthalt haben, indem ihnen die Anfechtung nach deutschem Recht ermöglicht wird[861]. Dies gilt insbesondere für Kinder mit türkischem Heimatrecht, das die Anfechtung nur unter erschwerten Bedingungen zuläßt (kurze Ausschlußfristen, Risiko fehlender Mitwirkung des Scheinvaters). Das Ziel, diesen Kindern die Anfechtung nach deutschem Recht zu eröffnen, läßt sich besser durch eine Anknüpfung an die lex fori[862] oder durch einen Rückgriff auf den deutschen ordre public erreichen.

Im Ergebnis ist daher auch hinsichtlich der kulturellen Kontinuität das in Italien verwendete Personalstatut des Kindes dem deutschen Aufenthaltsstatut überlegen.

2. *Integration*

Integration, Kooperation und friedliche Koexistenz der Völker haben insbesondere in West- und Mitteleuropa zu der Ansicht geführt, daß das Heimatrecht nicht mehr dazu geeignet sei, die persönlichen Verhältnisse des Einzelnen zu regeln. Das Staatsangehörigkeitsprinzip stamme aus der Zeit der rivalisierenden Nationalstaaten. Im Zuge der europäischen Integration sei es zu unflexibel. Vielmehr müsse sich der Einzelne an seine Umwelt anpassen.

Das Bedürfnis nach Integration ist sicherlich ein wichtiges Anliegen, wie sich insbesondere an der zweiten Generation von nach Deutschland immigrierten Ausländern zeigt. Jedoch spricht gegen das Aufenthaltsprinzip, daß die freie Entscheidung jedes Einzelnen für oder gegen die Loslösung von seinen kulturellen Wurzeln seines Herkunftslandes durch staatliche Gesetze beschränkt wird.

Wie bereits soeben dargelegt worden ist, läßt sich das Ziel der Integration der in Deutschland geborenen Kinder auch durch die Einführung von Doppelstaatigkeit besser durch eine Anknüpfung an das Heimatrecht erzielen. Damit ist

---

860 Gesetz zur Reform des Staatsangehörigkeitsrechts vom 15.7.1999, in Kraft seit dem 1.1.2000, BGBl. 1999 I, 1618; siehe dazu *Fuchs*, NJW 2000, 489ff.; *Gruber*, IPRax 1999, 426ff.

861 *Kropholler*, IPR, 267f.

862 Vgl. den Vorschlag von *Lüderitz*, Rn. 361f., der eine Art. 17 EGBGB entsprechende subsidiäre Anknüpfung an das deutsche Recht befürwortet, um Kindern, die weder nach dem Aufenthaltsrecht des Kindes noch nach dem Personalstatut ihrer Eltern oder dem Ehewirkungsstatut nicht oder nur unter erschwerten Bedingungen anfechten könnten, die Anfechtung zu ermöglichen.

die Begründung zur alten Rechtslage des Staatsangehörigkeitsrechts überholt, eine Integration könne nur durch die Anknüpfung an den gewöhnlichen Aufenthalt erzielt werden. Vielmehr ermöglicht die Einführung der Mehrstaatlichkeit, daß der Wille des Einzelnen zur Integration oder Bindung an sein Heimatland respektiert wird. Dazu ist eine staatsangehörigkeitsrechtliche Regelung besser geeignet, da sie ein freies Wahlrecht beinhaltet, ob und wie stark sich der Einzelnen integrieren möchte. Insbesondere durch die Mehrstaatlichkeit in der Reform des deutschen und auch italienischen Staatsangehörigkeitsgesetzes läßt sich ein Ausgleich zwischen Kontinuitätsinteresse und Anpassung erreichen.

IV. Ergebnis

Im Ergebnis läßt sich festhalten, daß beide Rechtsordnungen durch eine Anknüpfung an die Person des Kindes sachnäher und praktikabler geworden sind.

Das klassische Ziel des Kollisionsrecht, internationalen Entscheidungseinklang, eine verkehrsfähige und vorhersehbare Entscheidung herbeizuführen werden durch die alternative Anknüpfung zugunsten einer Günstigkeitserwägung im Einzelfall verdrängt, bleiben aber mit Einschränkung im italienischen internationalen Kindschaftsrecht erhalten.

Das italienische internationale Kindschaftsrecht verwirklicht durch die primäre Anknüpfung an das Heimatrecht die Aspekte der Stabilität und Kontinuität besser als das deutsche internationale Kindschaftsrecht, das primär an den gewöhnlichen Aufenthalt des Kindes anknüpft. Auch der Gesichtspunkt der Integration rechtfertigt die Anknüpfung an den gewöhnlichen Aufenthalt jedenfalls seit der Reform des Staatsangehörigkeitsrechts nicht mehr. Die Reform des internationalen Kindschaftsrechts ist hierdurch überholt worden.

§ 19 Kindeswohl und alternative Anknüpfung im internationalen Kindschaftsrecht

Das Kindeswohl im internationalen Kindschaftsrecht beinhaltet einerseits eine möglichst stabile und kontinuierliche Gestaltung der Beziehung zu beiden Eltern, andererseits das Bedürfnis nach Integration in eine neue Umgebung.

Das erste Ziel läßt sich durch eine Rechtswahl beeinflussen, das zweite durch die Anwendung der lex fori bzw. des Rechts am gewöhnlichen Aufenthalt des Kindes.

I. Abstammungsstatut

1. Rechtswahl

Rechtswahl bedeutet, daß die Rechtsordnung durch die Parteien bestimmt werden kann[863]. Fraglich ist, ob bei der alternativen Anknüpfung eine Rechtswahl der Parteien angenommen werden kann, da auch der Richter ein Gestaltungsrecht ausübt[864]. Die italienische Lehre geht davon aus, daß auch bei der alternativen Anknüpfung jedenfalls in gewissem Rahmen eine Rechtswahl möglich ist[865]. So können die Parteien z.B. gemäß Art. 35 I IPRG das ihnen günstigste Anerkennungsstatut oder gemäß Art. 35 III IPRG das Formstatut der Anerkennung wählen. Auch bei der Abstammung können die Parteien gemäß Art. 33 I, II IPRG ein Recht wählen, z.B. im Hinblick auf möglichst strenge Anfechtungsregeln, um die Stabilität der Eltern-Kind-Beziehung zu gewährleisten. Auch wenn das Gericht nicht an die Rechtswahl der Parteien gebunden ist, kann daher auch bei der alternativen Anknüpfung von einer beschränkten Rechtswahl im Sinne eines Vorschlagsrechts gesprochen werden.

Hinsichtlich der Begründung des Eltern-Kind-Verhältnisses ist auch nach deutschem Recht gemäß Art. 19 I 1 und 2 EGBGB den Gerichten und Behörden eine alternative oder kumulative Anwendung des Gesetzes möglich und gleichzeitig für die Parteien eine beschränkte Rechtswahl eröffnet. Die Parteien können dasjenige Recht vorschlagen, daß für das Kind, seinem Status oder auch den Beziehungen zu seinen wirklichen Eltern, mit denen es zusammenlebt, am vorteilhaftesten ist. Für ein Vorschlagsrecht spricht auch der Wortlaut des Gesetzes. Dieser ist im Gegensatz zur Kegelschen Leiter in Art. 14 I EGBGB nicht an eine subsidiäre Anknüpfung gebunden. Darüber hinaus spricht es auch für das Kindeswohl, wenn eine Regelung getroffen wird, die mit den Vorstellungen der Personen übereinstimmt, bei denen das Kind aufwächst. So könnte das Recht angewendet werden, zu dem aus Sicht der Parteien die engste Verbindung besteht. Allerdings ist der Richter nicht an diese

---

[863] *Baum*, 54.
[864] Für ein Gestaltungsrecht des Richters *Baum*, 83.
[865] *Picone*, 343.

Rechtswahl gebunden, sondern überprüft sie anhand des Kindeswohls. Dies schließt ferner eine kumulative Anwendung mehrerer Rechte im Interesse des Kindes nicht aus, um z.B. hinkende Rechtsverhältnisse zu vermeiden. Wichtig ist ferner im deutschen Recht die Möglichkeit der Rechtswahl bei der Vaterschaftsfeststellung, um eine Gleichlauf von Feststellungs- und Unterhaltsstatut zu erzielen[866].

2. *Lex fori*

Tendenziell dürfte die Anknüpfung an das Aufenthaltsstatut des Kindes sowohl bei ehelichen als auch nichtehelichen Kindern aus praktikablen Gründen dann überwiegen, wenn der gewöhnliche Aufenthalt mit der lex fori übereinstimmt. Die Heimatstatuten der Eltern werden dann im Verhältnis zu jedem Elternteil kumulativ herangezogen, wenn sie besondere Anerkennungsformen oder andere Statusveränderungen vorsehen.

3. *Gewöhnlicher Aufenthalt*

Vergleichbare europäische und internationale Tendenzen zur Gleichstellung ehelicher und nichtehelicher Kinder lassen die Überlegung zu, die einseitige Kollisionsnorm der Anknüpfung an die lex fori durch die allseitige Kollisionsnorm des gewöhnlichen Aufenthalts zu ersetzen. Eine Anknüpfung an den gewöhnlichen Aufenthalt erscheint wünschenswert, wenn der Wille des Kindes zur Integration in eine neue Umgebung gegenüber den kulturellen Bindungen an das Herkunftsland überwiegt. Allerdings birgt der gewöhnliche Aufenthalt das Risiko der Auslegung, so daß in verschiedenen Staaten unterschiedliche Resultate erzielt werden können. Gleichwohl bietet diese Anknüpfung die Möglichkeit, zur Zeit in Auflösung begriffener Staatsgrenzen, die Integration in eine neue Umgebung zu ermöglichen.

II. Anfechtungsstatut

1. *Gegenüberstellung*

Das italienische Kollisionsrecht schränkt gemäß Art. 33 IPRG die Anfechtung insofern ein, als bei konkurrierenden Rechtsordnungen das strengste Recht gelten soll. Das deutsche Kollisionsrecht erleichtert dagegen die Vaterschaftsanfechtung und stärkt das Anfechtungsrecht des Kindes.

Im deutschen Kollisionsrecht ist die Anfechtung der Vaterschaft gemäß Art. 20 S.1 EGBGB immer nach dem Recht möglich, welches die Vaterschaft begründet (Gleichlauf). Dies gilt gleichermaßen für die Ehelichkeitsanfechtung wie für die Anfechtung der Anerkennung. Wird die Vaterschaft nach mehreren Rechtsordnungen gegründet, kann eine Anfechtung alternativ nach

---

866 *Kropholler*, IPR, 358; *Schröder*, 95.

einem dieser Rechte durchgeführt werden. Das Kind kann in jedem Fall nach dem Recht seines gewöhnlichen Aufenthalts anfechten (Art. 20 S. 2 EGBGB).

2. *Alternativ anwendbare Rechte (Rechtswahl)*

Es ist zu unterscheiden zwischen dem Fall, daß nur ein Recht die Ehelichkeit bejaht (a) und dem Fall der Rechtswahl bei mehreren alternativ anwendbaren Rechten (b)

a) Rechtswahl, wenn nur ein Recht die Ehelichkeit bejaht

Das italienische Kollisionsrecht ermöglicht hinsichtlich der Anfechtung eine Rechtswahl. Dies folgt aus dem Gleichlauf von Abstammungs- und Anfechtungsstatut gemäß Art. 33 III IPRG. So kann ein Abstammungsstatut im Hinblick auf die strengsten Anfechtungsfristen gewählt werden. Allerdings ist im Falle der Anfechtung die Rechtswahl insofern begrenzt, als bei konkurrieren Rechten das strengste Recht anwendbar sein soll[867].

Die deutsche Recht ist dagegen in Bezug auf die Anfechtungsmöglichkeiten flexibler. Ist nach dem Recht, das die Vaterschaft begründet, keine Anfechtung möglich, da z.B. die Frist unangemessen kurz oder der Beweis durch die Verweigerung eines Mitwirkungspflichtigen erschwert oder vereitelt wird, kann die Vaterschaft auch gemäß Art. 20 S. 1 EGBGB nach einer Rechtsordnung angefochten werden, die diese gar nicht bejaht. Wird z.B. nach einer Rechtsordnung eine Ehelichkeitsvermutung dadurch widerlegt, daß der wahre Vater das Kind anerkennt, und erhält eine andere alternativ anwendbare Rechtsordnung die Ehelichkeitsvermutung aufrecht, kann die Ehelichkeit auch nach der ersten Rechtsordnung angefochten werden. Diese alternative flexible Anknüpfung dient dazu, hinkende Rechtsverhältnisse zu beseitigen.

Gleichwohl entbindet die alternative Anknüpfung im Beispielsfall das Gericht nicht von der materiellrechtlichen Prüfung, ob die Anfechtung nach dem ersten Recht dem Kindeswohl entspricht[868].

b) Beschränkte Rechtswahl bei mehreren alternativ anwendbaren Rechten

Begründen mehrere Rechtsordnungen die eheliche Abstammung oder die Vaterschaft durch Anerkennung, kann die Partei dasjenige im Sinne eines Vorschlagsrecht das Recht wählen, das ihren Interessen am nächsten steht (sachnächste Verbindung). Widerspricht die Rechtswahl dem Kindeswohl, da sein Recht auf eine kontinuierliche und stabile Beziehung zu beiden Elternteilen,

---

867 Siehe oben § 5 II 4.
868 *Baum*, 83.

bei denen es aufwächst, gefährdet ist, kann der Richter von dem Vorschlag abweichen[869].

Fest steht allerdings, daß die Parteien subjektiv z.B. durch die Wahl einer bestimmten Form das anwendbare Recht bestimmen können. Damit unterscheidet sich die alternative Anknüpfung von der subsidiären Anknüpfung z.B. beim Ehewirkungsstatut in Art. 14 EGBGB[870]. Der Richter wart sich dagegen die Rolle eines objektiven Betrachters, so daß die Rechtswahl nicht unbeschränkt gilt, sondern zum Wohle des Kindes eine Abweichung möglich bleibt. Dies führt zu einer doppelten Prüfung[871], indem die nach dem Wortlaut des Gesetzes zulässigen Alternativen daran gemessen werden, ob dem Sinn und Zweck des Gesetzes, nämlich dem Kindeswohl entsprechen.

c) Lex fori

Ferner kann der Richter bei mehreren anwendbaren Rechten, die zu vergleichbaren Ergebnissen führen, aus Gründen der Praktikabilität das Recht der lex fori anwenden. Ferner kann das Gericht dann die lex fori anwenden, wenn diese dem gewöhnlichen Aufenthalt des Kindes entspricht, auch wenn nach dem Aufenthaltsrecht die Ehelichkeit des Kindes ohnehin verneint wird. Zwar wäre danach eine Anfechtung an sich für entbehrlich, kann aber zur Rechtsklarheit durchgeführt werden, wenn dies dem Kindeswohl entspricht.

d) Anfechtungsrecht des Kindes

Art. 20 S. 2 EGBGB gewährt dem Kind "in jedem Fall" ein Anfechtungsrecht seinem Aufenthaltsstatut. Damit soll dem Kind ermöglicht werden, nach dem Aufenthaltsstatut die Vaterschaft anzufechten und seine wahre Abstammung feststellen zu lassen (Schutz seines Interesses auf Kenntnis der wahren Abstammung). Dies bedeutet zweierlei:

aa) Schutz des Kindes

In Bezug auf die alternative Anknüpfung im Interesse des Kindes bedeutet die Formulierung "in jedem Fall" außerdem, daß weder eine abweichende Rechtswahl noch das Ermessen des Richters die alternative Anknüpfung in der Weise einschränken darf, daß das Kind sein Anfechtungsrecht nach dem Recht seines gewöhnlichen Aufenthalts verliert. Diese Vorschrift dient also dem Schutz der schwächeren Partei und bindet das Ermessen des Gerichts.

---

869 *Baum*, 83.

870 Für eine subsidiäre Anknüpfung auch im internationalen Kindschaftsrecht, *v. Hoffmann*, Rn. 132.

871 *Looschelders*, IPRax 1999, 420 (422); *Jayme*, Ehrenzweig-GdS, 37ff; *ders.*, IPRax 1996, 242f;; a.A. *v. Hoffmann*, Rn. 132.

Die Anknüpfung an den gewöhnlichen Aufenthalt ist mit diesem Ziel vereinbar.

bb) Konkretisierung des ordre public

Die Anknüpfung an den gewöhnlichen Aufenthalt könnte ferner eine Konkretisierung des ordre public bedeuten. Dieser ist im internationalen Kindschaftsrecht so zu verstehen, daß sowohl das Recht auf Familie als auch auf Kenntnis der eigenen Abstammung durchsetzbar ist[872]. Hinsichtlich dieses zweiten Ziels stößt die Anknüpfung an den gewöhnlichen Aufenthalt auf mehrere Unklarheiten:

Der Begriff des gewöhnlichen Aufenthalt ist unbestimmt und damit nicht frei von dem Risiko, daß der Begriff uneinheitlich und möglicherweise diskriminierend ausgelegt wird. Ferner ist der Begriff wandelbar. Beides widerspricht dem einheitlichen Geltungsanspruch und dem allgemeinen Schutzzweck des ordre public[873].

Ferner geht die alternative Anknüpfung von einer Gleichwertigkeit der Rechtsordnungen aus. Dies steht im Widerspruch zum allgemeinen Geltungsanspruch des ordre public[874]. Schließlich hat der ordre public eine negative Abwehrfunktion, um die Grundwerte einer Rechtsordnung zu wahren, während die alternative Anknüpfung eine positive Rechtsanwendung vorsieht. Der ordre public verliert dadurch an Bedeutung, das sich materiellrechtliche Zielvorstellungen bereits durch die alternative Anknüpfung umsetzen lassen[875].

Gleichwohl lassen sich die Ziele der Integration, die die deutsche Reform anstrebt, nicht allein durch die Anknüpfung an den gewöhnlichen Aufenthalt und durch die alternative Anknüpfung erreichen.

III. Wirkungsstatut

Das italienische Wirkungsstatut gewährt gemäß Art. 36 IPRG eine gewisse Stabilität; ein Statutenwechsel tritt nur dann ein, wenn das Kind willentlich durch Wechsel der Staatsangehörigkeit (und bei Doppelstaatern möglicherweise auch durch einen Wechsel des gewöhnlichen Aufenthalts) sich hinsichtlich der Kindschaftswirkungen einer neuen Rechtsordnung unterstellt.

Im Hinblick auf das deutsche Wirkungsstatut gemäß Art. 21 EGBGB zeigen sich auch die Schwächen der Anknüpfung an den gewöhnlichen Aufenthalt. Dieser ist wandelbar. Der Wandel wird meist von Seiten beider Eltern oder eines Elternteils herbeigeführt. Gerade im letzten Fall sind die Rechte und In-

---

872 BVerfG FamRZ 1989, 255 (259); Vgl. ebenso Artt. 30 und 31 Cost.
873 BVerfGE FamRZ 1989, 255 (259).
874 *Kropholler*, IPR, 224f.
875 *Schröder*, 151.

teressen des Kindes manipulierbar und instabil, so daß sie möglicherweise nicht hinreichend geschützt werden. Praktikabel ist diese Anknüpfung zwar in Unterhaltsfragen, da sie mit der Anknüpfung der Haager Unterhaltsabkommen harmoniert. Hier werden die Interessen des Kindes aber bereits durch die Haager Unterhalts- und Unterhaltsvollstreckungsabkommen vorrangig geschützt, so daß dieses Argument hier vernachlässigt werden kann.

Ein Gleichlauf der übrigen Kindschaftswirkungen wie Vertretung und elterliche Sorge mit Unterhaltsfragen überzeugt nicht, da keine Eilbedürftigkeit besteht, sondern eine dauerhafte Lösung gefunden werden muß.

Der Schutz wohlerworbener Rechte greift hinsichtlich der elterlichen Sorge bei einem Statutenwechsel nicht[876]. Ein Schutz vor einem Statutenwechsel aufgrund einer gesetzlich begründeteten Verantwortung, wie Art. 16 III KSÜ ihn gewährt, bietet Art. 21 EGBGB nicht. Hier gewähren das italienische Kollisionsrecht gemäß Art. 36 IPRG und Art. 3 MSA durch eine Berücksichtigung des Heimatrechts des Kindes einen besseren Schutz.

---

876 Ebenfalls mit Bedenken *Looschelders*, IPRax 1999, 240 (245).

§ 20 Anknüpfungskriterien im deutschen Kollisionsrecht und Überlegungen zur Reformierung

Im folgenden wird eine mögliche Perspektive zur Auslegung des Abstammungsstatuts (I) sowie ergänzend ein Gesetzesvorschlag für eine Änderung des Anfechtungs- und das Wirkungsstatuts dargelegt (II).

I. Reformüberlegungen zum Abstammungsstatut

Die Reformüberlegungen zum Abstammungsstatut sind einerseits von der Respektierung der kulturellen Herkunft des Kindes, andererseits von dem Bedürfnis nach Intergration geprägt.

1. Inhalt des geltenden Rechts

Hinsichtlich der Anknüpfung an das Abstammungsstatut enthält Art. 19 EGBGB eine Zusammenfassung der Kriterien des alten Art. 19 EGBGB a.F., welcher die Frage des Status und die Anknüpfung bei der ehelichen Abstammung behandelte, und des Art. 20 EGBGB a.F., welcher die Feststellung der nichteheliche Abstammung behandelte. Zugunsten einer bislang subsidiären Anknüpfung an den gewöhnlichen Aufenthalt des Kindes gemäß Art. 20 I 3 EGBGB a.F. hat sich die Anknüpfung in Art. 19 I 1 EGBGB nunmehr in eine echte Alternative umgewandelt, die sowohl für eheliche als auch nichteheliche Kinder gilt. Ferner ist eine alternative Anknüpfung an die Heimatstatuten der Eltern vorgesehen (Art. 19 I 2 EGBG). Die Anknüpfung an das Ehewirkungsstatut in Art. 19 I 3 EGBGB i.V.m. Art. 14 EGBGB stellt ferner auf das gemeinsame Heimatrecht der Ehegatte, subsidiär auf ihren gemeinsamen bzw. letzten gemeinsamen gewöhnlichen Aufenthalt ab. Während der gewöhnliche Aufenthalt der Ehegatten meist mit dem des Kindes übereinstimmen wird[877], kann das gemeinsame Heimatrecht der Eltern die Abstammung gegenüber jedem Elternteil begründen – im Gegensatz zu Art. 19 I 2 EGBGB, welcher immer nur das Verhältnis zu einem Elternteil betrifft. Nach der hier vertretenen Meinung stehen alle Anknüpfungsalternativen gleichrangig nebeneinander. Entscheidend ist das Kindeswohl.

2. Verzicht auf das Ehewirkungsstatut

Die Anknüpfung an das Ehewirkungsstatut gemäß Art. 19 I 3 EGBGB wiederholt letztlich die Anknüpfung des Art. 19 I 1 und 2[878]: Das gemeinsame Heimatrecht der Eltern gemäß Art. 19 I 3 i.V.m. Art. 14 I Nr. 1 EGBGB stimmt mit dem Heimatrecht eines Elternteils gemäß Art. 19 I 2 EGBGB immer überein. Der gewöhnliche Aufenthalt der verheirateten Mutter gemäß

---

[877] Zu Ausnahmen vgl. IPRspr. 1996 Nr. 90-95, die meist den Fall der Kindesentführung oder eine Gefährdung des Kindeswohls beinhalten.

[878] Vgl. dazu *Eschbach*, 148.

Art. 19 I 3 i.V.m. Art. 14 I Nr. 2 EGBGB und der des Kindes gemäß Art. 19 I 1 EGBGB sind ebenfalls identisch, wenn das nichteheliche Kind bei der Mutter lebt. Ist dies nicht der Fall dürfte es in der Regel im Interesse des Kindes liegen, beim leiblichen Vater aufzuwachsen. Gleiches gilt erst Recht für die Anknüpfung an den letzten gemeinsamen Aufenthalt der Eheleute gemäß Art. 19 I 3 EGBGB i.V.m. Art. 14 I Nr.3 EGBGB. Im Interesse des Kindes erscheint daher die alternative Anknüpfung an das Ehewirkungsstatut gemäß Art. 19 I 3 EGBGB entbehrlich. Gleiches gilt im Fall der Auflösung der Ehe durch den Tod gemäß Art. 19 I 4 EGBGB. Auch hier ist die Anknüpfung an den gewöhnlichen Aufenthalt der Eheleute nur im Interesse des Kindes, wenn dies bei ihnen seinen gewöhnlichen Aufenthalt hatte. Dafür genügt bereits die Anknüpfung an den gewöhnlichen Aufenthalt des Kindes gemäß Art. 19 I 1 EGBGB.

3. *Gewöhnlicher Aufenthalt oder Staatsangehörigkeit des Kindes*

Problematisch ist , daß der Begriff des gewöhnlichen Aufenthalts wandelbar ist. Wie oben dargelegt, entspricht die Anknüpfung an die Staatsangehörigkeit des Kindes zum Zeitpunkt der Geburt wie nach italienischem Kollisionsrecht (gemäß Art. 33 I IPRG) besser dem Bedürfnis nach Stabilität. Der Nachteil dabei ist, daß die Anknüpfung an die Staatsangehörigkeit immmer mit einer Vorfrage verknüpft ist. Bei näherem Hinsehen zeigt sich, daß das deutsche Kollisionsrecht in Art. 19 I 1 und 2 EGBGB alle Alternativen der aufgrund der Vorfrage nach der Staatsangehörigkeit anwendbaren Rechte enthält. Wird die Staatsangehörigkeit nach der ius sanguinis auf das Kind übertragen, entspricht seine Staatsangehörigkeit der eines Elternteils, erwirbt es die Staatsangehörigkeit nach der ius soli entspricht das anwendbare Recht dem Recht seines gewöhnlichen Aufenthalts zur Zeit seiner Geburt. Die alternative Anknüpfung an die Staatsangehörigkeit der Eltern müßte dann aber nicht nur im Verhältnis zu dem betreffenden Elternteil, um dessen Eltern-Kind-Verhältnis es geht, sondern immer möglich sein. Die Reduzierung der Abstammung auf die Person, die ebenfalls vorgeschlagen wurde[879], erscheint zu einseitig, da gerade bei nichtehelichen Kindern in Ländern, die dem Anerkennungssystem folgen, auch die Beziehung zur Mutter nicht automatisch mit der Geburt des Kindes begründet wird[880]. Ferner sollten im Interesse des Kindes alle Rechtsordnungen alternativ anwendbar sein, die aufgrund der Vorfrage nach dem Heimatrecht des Kindes in Betracht kommen.

Dies entspricht ungefähr dem Reformvorschlag von *Eschbach*. Sie möchte auf die Anknüpfungsalternative des Ehewirkungsstatuts verzichten, hält darüberhinaus aber auch eine Anknüpfung an die Staatsangehörigkeit der Mutter für entbehrlich, da ihr Heimatrecht bereits bei ihren Ansprüchen aus der

---

[879] Vgl. Reformvorschlag von *Eschbach*, 185.
[880] Siehe oben z.B. für Italien § 2 I 1.

Schwangerschaft gegen den Kindesvater gemäß Art. 19 II EGBGB berücksichtigt werde. Hiergegen ist einzuwenden, daß der Verzicht einer Anknüpfung an die mütterliche Staatsangehörigkeit wiederum zu einer einseitigen Bevorzugung der väterlichen Staatsangehörigkeit führt. Dies entspräche der Anknüpfung im italienischen Kollisionsrecht vor der Reform. Diese Anknüpfung widerspricht dem Gedanken der Gleichstellung und eines gleichwertigen Verhältnisses zu beiden Eltern. Deswegen ist da Heimatrecht der Mutter ebenfalls als Anknüpfungsalternative beizubehalten. Dafür spricht auch, daß der romanische Rechtskreis dem Anerkennungssystem folgt, wonach auch eine Mutterschaftsanerkennung zur Begründung des Mutter-Kind-Verhältnisses eines nichtehelichen Kindes erforderlich ist. Um Interesse des Kindes das beste Recht anzuwenden, sollten die Heimatrechte der Eltern aber nicht nur im Verhältnis zum jeweiligen Elternteil anwendbar sein. Diesen Erfordernissen würde folgende Anküpfung entsprechen:

Art. 19 I 1 EGBGB: Die Abstammung des Kindes unterliegt dem Recht des Staates, in dem das Kind zur Zeit seiner Geburt seinen gewöhnlichen Aufenthalt hat.

Art. 19 I 2 EGBGB: Sie kann auch nach dem Recht des Staates bestimmt werden, dem ein Elternteil angehört.

4. *Priorität der kulturellen Herkunft*

Diese Anknüpfung kann indesssen dazu führen, daß in einer Familie drei Rechtsordnungen vertreten sind. Ferner ist zu beachten, daß die Übertragung der Staatsangehörigkeit nach der ius soli weitaus seltener ist als nach der ius sanguinis. Gleichwohl kann die Aufenthaltsanknüpfung im Interesse dann hilfreich sein, wenn sich die Herkunftsländer in Auflösung befinden oder ein Bruch mit der Vergangenheit gewollt ist. Überdies ließe sich durch eine Anknüpfung an den gewöhnlichen Aufenthalt des Kindes ein Einklang mit dem Haager Unterhaltsabkommen aufrechterhalten.

Um einerseits ein stabiles Aufwachsen des Kindes und eine Kohärenz mit der elterlichen Staatsangehörigkeit zu fördern, andererseits dem Kind durch Integration auch eine möglichst große Rechtssicherheit trotz staatlichen Umbruch zu gewährleisten, schützt eine Rückkehr zu Staatsangehörigkeitsprinzip verbunden mit einer alternativen Anknüpfung an den gewöhnlichen Aufenthalt die Interessen des Kindes am besten. Deswegen ist folgender Vorschlag plausibel:

5. *Reformvorschlag*

Art. 19 I 1 EGBGB: Die Abstammung eines Kindes unterliegt dem Recht des Staates, dem dieses zum Zeitpunkt seiner Geburt angehört.

Art. 19 I 2 EGBGB: Sie kann auch nach dem Recht des Staates bestimmt werden, in dem das Kind seinen gewöhnlichen Aufenthalt hat.

Art. 19 II EGBGB stimmt hinsichtlich der Unterhaltsansprüche der unverheirateten Mutter aufgrund der Schwangerschaft dagegen mit Art. 18 EGBGB bzw. den Haager Unterhaltsabkommen überein, so daß dieser uneingeschränkt zu bejahen und beizubehalten ist.

II. Reformüberlegungen zum Anfechtungsstatut

Das Anfechtungsstatut sollte dagegen folgender Zielsetzung genügen: Einerseits sollten auch hier die Regelungen nach dem Heimatrecht des Kindes weitgehend respektiert werden (dies bedeutet auch, daß möglicherweise dere Familienfrieden höher als die Kenntnis der wahren Abstammung eingeschätzt werden kann), andererseits sollte im Interesse des Kindes eine Anfechtung dann möglich sein, wenn diese nach seinem Heimatrecht z. B. durch unverhältnismäßig kurze Fristen nahezu ausgeschlossen ist (vgl. *Beispielsfall 4 b* zur Anfechtung), aber das Intersse des Kindes an der Feststellung der wahren Abstammung überwiegt.

1. Gleichlauf mit dem Abstammungsstatut

Bei der Anküpfung der Anfechtung wird der Gedanke des Kindeswohls im Spannungsfeld zwischen favor filiationis und favor veritatis wichtig. Insbesondere das derzeit geltende Recht materielle deutsche Kindschaftsrecht favorisiert den favor veritatis. International führt eine zu starke Gewichtung des favor veritatis zu Instabilität. Deswegen eine Anknüpfung an das Heiamtrecht des Kindes zur Zeit seiner Geburt, einerseits einen weitgehenden Gleichlauf mit dem Abstammungsstatut, so daß eine mögliche Anfechtung für die Parteien vorhersehbar ist.

2. Subsidiäre Anknüpfung an die lex fori

Es kann einerseits dem Interesse des Kindes entsprechen, bei der Familie der Mutter aufzuwachsen, auch wenn der Ehemann nicht der Vater ist. Zum Schutz des Kindes kann aber eine Abweichung von seinem Heimatrecht erforderlich sein. Eine einheitliche gleicher Schutz der Kindesinteressen bei der kollisionsrechtlichen Anknüpfung kann besser durch eine Anknüpfung an die lex fori als durch eine Anknüpfung an den wandelbaren gewöhnlichen Aufenthalt des Kindes erreicht werden[881]. Die Anküpfung an die lex fori gewährt stärkerere Rechtssicherheit und Stabilität.

Durch die Anknüpfung an die lex fori wird die Anwendung zu starrer ausländischer Regelungen vermieden, ohne den favor veritatis zu stark zu favorisieren. Denkbar ist, ähnlich wie in Art. 17 EGBGB und Art. 23 EGBGGB einen ordre public-Vorbehalt zum Schutz des Kindes in die Anknüpfungsnorm aufzunehmen. Eine vergleichbare Lösung enthält z. B. das sehr liberale schwedi-

---

[881] Ebenso *Campiglio*, Art. 33, RDIPP 1995, 1087.

sche Kollisionsrecht[882]. Dieser bindet auf diese Weise einerseits das inländische Gericht und vermeidet andererseits die Anwendung eines ungünstigeren ausländischen Rechts, wenn dies dem Kindeswohl widerspricht. Darüberhinaus ist diese Anknüpfung auch praktikabel. Denn die deutschen Gerichte sind gemäß § 640a II ZPO ohnehin nur dann international zuständig, wenn das Kind Deutscher ist oder seinen gewöhnlichen Aufenthalt im Inland hat. Daraus folgt, dass der gewöhnliche Aufenthalt zu deuschem Recht führt, was der lex fori entspricht. Daraus ergibt sich folgender Vorschlag:

3. *Reformvorschlag*

Art. 20 EGBGB: Die Anfechtung unterliegt dem Recht des Staates, dem das Kind zum Zeitpunkt seiner Geburt angehört. Das Kind kann in jedem Fall nach deutschem Recht anfechten.

III. Reformüberlegungen zum Wirkungsstatut

Das Wirkungsstatut sollte dagegen einerseits Stabilität des Eltern-Kind-Verhältnisses gewährleisten (und deswegen Statutenwechsel möglichst vermeiden), andererseits in Härtefällen ein flexibles Handeln im Interesse des ermöglichen.

1. *Anknüpfung an die Staatsangehörigkeit*

Das Heimatrecht steht den Interessen des Kindes näher[883]. Möchte dieses das Statut wechseln, kann es den Wechsel der Staatsangehörigkeit bzw. eine Option im Fall von Doppelstaatigkeit ausüben. Dies entspricht auch den neusten Entwicklungen im deutschen Staatsangehörigkeitsrecht[884]. Allerdings hat das Heimatrecht den Nachteil, daß es immer mit einer Vorfrage verknüpft ist. Dies kann bei Doppelstaatern in unterschiedlichen Ländern zu unterschiedlichen Ergebnissen führen. Da sich Deutschland für das Aufenthaltsprinzip entschieden hat, spricht eine homogene Anknüpfung ferner dafür, dies auch beim Wirkungsstatut aufrechtzuerhalten. Statt einer einseitigen Kollisionnorm der Anküpfung an die lex fori, wird vorgeschlagen, eine allseitige Kollisionsnorm auch im Hinblick auf vergleichbare Gleichstellungstendenzen in anderen europäischen Ländern eine Anknüpfung an den gewöhnlichen Aufenthalt anstelle an die lex fori aufzurechterhalten.

---

882 Das schwedische Gesetz ist veröffentlicht in Revue critique 1987, 198. Einen allgemeineren Vorbehalt zugunsten der Lex fori enthält z. B. auch das tschechische Kollisionsrecht in § 24 tsch. IPRG und §§ 46, 11 ungar. Gesetzes VO Nr. 13/1979 (beide Rechtsordnungen folgen grundsätzlich dem Heimatrecht.

883 Siehe oben § 17 III 2 b.

884 Siehe oben

2. *Subsidiäre Anknüpfung an den gewöhnlichen Aufenthalt des Kindes*

Fraglich ist, ob hier eine einheitiche Anknüpfung sinnvoll und notwendig ist. Die Nachteile des Aufenthaltsprinzips sind oben aufgezeigt worden. Deswegen erscheint vertretbar, auch hier eine subsidiäre Anknüpfung an die Staatsangehörigkeit des Kindes zuzulassen, wenn dies dem Kindeswohl entspricht. Dadurch kann ein Statutenwechsel verhindert werden. Dieser tritt nur ein, wenn die Parteien ausdrücklich dafür optieren. Das Interesse am Schutz seiner kulturellen Identität, sowie der Kontinuität und Stabilität der Rechtsverhältnisse wiegt im internationalen Kindschaftsrecht stärker als das Bedürfnis nach Flexibilität und Integration. Letztere soll zwar gefördert werden, aber nicht gegen den Willen der Betroffenen. Deshalb erscheint hier im Interesse des Kindeswohls eine alternative Anknüpfung sinnvoll[885]. Eine solche alternative Anknüpfung im Interesse des Kindes erlaubt einerseits eine Rechtswahl, schränkt aber die damit verbundene Flexibilität nach klaren Prämissen ein. Daraus ergibt sich folgender Vorschlag:

3. *Reformvorschlag*

Art. 21 EGBGB: "(1) Die Wirkungen richten sich nach dem Heimatrecht des Kindes.

(2) Sie können jedoch nach dem gewöhnlichen Aufenthalt des Kindes bestimmt werden, wenn dies dem Interesse des Kindes entspricht".

IV. Zusammenfassung

Die Tendenzen, die die Reform mit sich bringt, sind aufgezeigt worden. Diese beinhalten für das Abstammungsstatut eine flexiblere Anknüpfung aller Abstammungsverhältnisse, ohne die eheliche Abstammung als stabilere Rechtsform zu negieren. Einige Überschneidungen der Anknüpfungsalternativen lassen aber eine Vereinfachung der Norm zu.

Hinsichtlich der Anfechtung zur Zeit wird das Recht auf Kenntnis der eigenen Abstammung stärker geschützt. Im Internationalen Kindschaftsrecht ist aber eine stärkeres Bedürfnis nach Stabilität vorhanden. Der Schutz der Interessen des Kindes kann am besten durch eine Anknüpfung an die lex fori gemäß Art. 20 S. 2 EGBGB erreicht werden.

Hinsichtlich des Wirkungsstatuts scheint ebenfalls eine alternative Anknüpfung im Interesse des Kindeswohls angebracht.

---

[885] Ebenso *Jayme*, IPRax 1996, 237 (242f.).

§ 21 Reformvorschlag

Daraus ergibt sich hinsichtlich der einzelnen Statuten folgende Anknüpfung:

Art. 19 I 1 EGBGB: Die Abstammung eines Kindes unterliegt dem Recht des Staates, dem dieses zum Zeitpunkt seiner Geburt angehört.

Art. 19 I 2 EGBGB: Sie kann auch nach dem Recht des Staates bestimmt werden, in dem das Kind seinen gewöhnlichen Aufenthalt hat.

Art. 19 II EGBGB stimmt hinsichtlich der Unterhaltsansprüche der unverheirateten Mutter aufgrund der Schwangerschaft dagegen mit Art. 18 EGBGB bzw. den Haager Unterhaltsabkommen überein, so daß dieser uneingeschränkt zu bejahen ist.

Art. 20 EGBGB: Die Anfechtung unterliegt dem Recht des Staates, dem das Kind zum Zeitpunkt seiner Geburt angehört. Das Kind kann in jedem Fall nach deutschem Recht anfechten.

Art. 21 EGBGB: "(1) Die Wirkungen richten sich nach dem Heimatrecht des Kindes.

(2) Sie können jedoch nach dem gewöhnlichen Aufenthalt des Kindes bestimmt werden, wenn dies dem Interesse des Kindes entspricht".

LITERATURVERZEICHNIS

Andrae, Marianne: Internationales Familienrecht. Baden-Baden 1999.

Allinger, Rainer: Das Haager Minderjährigenschutzabkommen. Frankfurt am Main 1988.

Anzilotti, Dionisio: Corsi di diritto internazionale privato e processuale. Padova 1996.

Arens, Peter / Lüke, Wolfgang: Zivilprozeßrecht. 6. Aufl. München 1994.

Arnold, Thomas / Wüstendörfer, Werner: Interessenvertretungen für Kinder in der Bundesrepublik, FuR 1996, S. 119-123.

Attardi, Aldo: La nuova disciplina in tema di giurisdizione italiana e di riconoscimento delle sentenze straniere, Rivista di diritto civile 1995, S. 727-786.

Baer, Ingrid: Der Entwurf eines Gesetzes zur Reform des Kindschaftsrechts im Lichte der Entwicklung in anderen europäischen Ländern und in internationalen Konventionen, Amtsvormund 1996, Spalte 855-866.

Baetge, Dietmar: Der gewöhnliche Aufenthalt. Tübingen 1997.

Ballarino, Tito: Costituzione e diritto internazionale privato. Padova 1974.

– Diritto internazionale privato. Seconda edizione. Padova 1996.

Bar, Christian von: Internationales Privatrecht I. Allgemeiner Teil. München 1991.

– Internationales Privatrecht II. Besonderer Teil. München 1991.

Barel, Bruno: Commentario Art. 19, NLCC 1996.

Bariatti, Stefania: Commentario Art. 2, NLCC 1996.

Basedow, Jürgen / Diehl-Leistner, Barbara: Das Staatsangehörigkeitsprinzip im Einwanderungsland, in: Jayme / Mansel (Hrsg.): Nation und Staat im Internationalen Privatrecht, Heidelberg 1990, S. 13-43.

Baum, Harald: Alternativanknüpfungen. Tübingen 1984.

Bäumel, Dieter / Bienwald, Walter / Häußermann, Röse / Hoffmann, Jörg / Maurer, Hans-Ulrich / Meyer-Stolte, Klaus / Rogner, Jörg / Sonnenfeld, Susanne / Wax, Peter: Familienrechtskommentar Bielefeld 1998. (Zitiert: Familienrechtskommentar/Bearbeiter).

Beitzke, Günter: Internationalrechtliches zum nichtehelichen Kind, StAZ 1970, S. 235-242.

– Zur Reform des deutschen internationalen Privatrechts, Amtsvormund 1983, Spalte 163-182.

– Neuerungen im internationalen Kindschaftsrecht, ZfJ 1986, S. 477-483, 537-543.

– Rechtsvergleichende Bemerkungen zum künstlich gezeugten Kind in: Gaul, Hans Friedhelm (Hrsg.): Familienrecht in Geschichte und Gegenwart, S. 49-68. Bielefeld 1992.

Benicke, Christoph: Auswirkungen des neuen Staatsangehörigkeitsrechts auf das deutsche IPR, IPRax 2000, S. 171-179.

Bianca, C. Massimo: Diritto civile II. Seconda edizione. Milano 1989.

Bianca, Massimo / Patti, Guido / Patti, Salvatore: Lessico di Diritto Civile. Seconda editione. Milano 1995.

Blomeyer, Arwed: Zivilprozeßrecht. 2. Aufl. Berlin 1985.

Boelck, Stefanie: Reformüberlegungen zum Haager Minderjährigenschutzabkommen von 1961. Tübingen 1994.

– Italiana e l'avvio dei lavori di revisione, RDIPP 31 (1995), S. 607-656.

Boele-Woelki, Katharina: Kodifikation des niederländischen Privat- und Verfahrensrechts, IPRax 1995, S. 264-271.

Böhmer, Christof: Die CIEC-Konferenz 1971 in Den Haag, StAZ 1972, S. 209-231.

– Die CIEC-Konferenz 1979 in der Türkei, StAZ 1980, S. 109-115.

Böhmer, Christof / Siehr, Kurt: Das gesamte Familienrecht. 3. Aufl. Frankfurt/Main 1974ff.

Bonomi, Andrea: La convenzione dell'AJA del 1961 sulla protezione dei minori: Un riesame dopo la ratifica italiana e l'avvio dei lavori di revisione; RDIPP 1995, S. 607-656.

Bosch, Friedrich Wilhelm: Zur Rechtsstellung der mit beiden Eltern zusammenlebenden nichtehelichen Kinder – Bemerkungen aus Anlaß des Beschlusses des Bundesverfassungsgerichts vom 7.5.1991 (FamRZ, 913ff.), JZ 1991, S. 1121-1124.

Boschiero, Nerina: Appunti sulla riforma del sistema italiano di diritto internazionale privato. Torino 1996.

Broggini, Gerardo: Commentario, Art. 72, NLCC 1996.

Brötel, Achim: Der Rechtsanspruch des Kindes auf seine Eltern, Amtsvormund 1996, Spalte 745-766.

Brüggemann, Dieter: Beurkundungen im Kindschaftsrecht. Köln 1994.

Bucher, Andreas: Droit international privé. 2. Aufl. Frankfurt/Main.

Bugla, Martin: Das Sorge- und Umgangsrecht bei nicht bzw. nicht mehr miteinander verheirateten Eltern und dessen Neuregelung durch die Kindschaftsreform. Würzburg 1998.

Buonaiuti, Fabrizio Marougia: Il riconoscimento e l'esecuzione delle sentenze straniere e la circolare ministeriale agli uffici di stato civile, RDIPP 1998, S. 375-390.

Buono, Federico: Neue Entwicklungen des Ehe- und Kindschaftsrechts in Italien, StAZ 1997, 201-205.

Büscher, Patrick: Länderbericht Deutschland, in: Verschraegen (Hrsg): Gleichheit im Familienrecht, Bielefeld 1996, S. 49-71.

Busch, Michael: Schutzmaßnahmen für Kinder und der Begriff der „elterlichen Verantwortung im internationalen und europäischen Recht – Anmerkung zur Ausweitung der Brüssel II-Verordnung, IPRax 2003, S. 218-222.

Busnelli, Francesco Donato: Adoptio una et plena in: Studi Sassaresi. Serie III. VII. Anno Accademico 1979-80, S. 317-325.

Campeis, Giuseppe / De Pauli, Arrigo: La procedura civile internazionale. Seconda editione. Padova 1996.

Campiglio, Cristina: Il rapporto di filiazione nel diritto internazionale prvato italiano. Padova 1990.

Carella, Gabriella: Commentario alla lege di riforma del diritto internazionale privato, NLCC 1996.

Carlevaris, Andrea: La disciplina intertemporale del riconoscimento delle sentenze straniere, RDI 1997, S. 740-761.

Cattaneo, Giovanni: Della filiazione legittima. Bologna 1988.

Cendon, Paolo: L' influsso del diritto comparato sulla legislazione italiana. Rivista critica del Diritto Privato 1983, S. 373-396.

Cian, Giorgio / Trabucchi, Alberto: Commentario breve al codice civile, 4. editione. Milano 1992.

Cicu, Antonio: La filiazione, 2. editione. Torino 1969

Claessen, Martin: Die Reform des Kindesunterhaltsrechts, Rpfleger 1996, S. 381-389.

Clerici, Roberta: Länderbericht Italien, in: Verschraegen (Hrsg.): Gleichheit im Familienrecht, S. 103-124.

Coester, Michael: Das Kindeswohl als Rechtsbegriff, Frankfurt a.M. 1983.

– Neues Kindschaftsrecht in Deutschland, DEuFamR 1999, S. 3-15.

Coester-Waltjen, Dagmar: Zum Begriff „Unterhaltssache" im Sinne der internationalen Zuständigkeit nach § 23 a ZPO, IPRax 1990, S. 26-28.

– Neuerungen im Kindschaftsverfahrensrecht – Zuständigkeit und Instanzenzug, Jura 1999, S. 324-326.

– Einführung in die Reform des Kindschaftsrechts, Jura 1998, S. 436-440.

– Überlegungen zur deutschen Kindschaftsrechtsreform, FS für Stepan, Zürich 1994, S. 17-37.

Cubeddu, Maria: Das neue italienische Staatsangehörigkeitsrecht, Jahrbuch für italienisches Recht 7 (1994), S. 47 ff.

D'Angeli, Fiorella: La familia di fatto. Milano 1989.

Di Blase, Antonietta / Giardina, Andrea: Diritto internazionale privato e procuessuale. Milano 1994.

Dicey & Morris: On the conflict of Laws. Third cumulative supplement to the twelfth edition. London 1996.

Dickmeis, Franz: Einige kurze Anmerkungen zu den bevorstehenden Änderungen des Kindschaftsrechts und ihre Bedeutung für die Planungsvorgaben der Kinder- und Jugendhilfe, Amtsvormund 1996, Spalte 553-568.

Diederichsen, Uwe: Die Reform des Kindschaftsrechts und des Beistandschaftsrechts, NJW 1998, S. 1977-1991.
Dölle, Hans: Familienrecht. Karlsruhe 1964/65.
Dogliotti, Massimo: Affidamento e adozione. Milano 1990.
Dopffel, Peter / Martiny, Dieter: Kindschaftsrecht im Wandel – Rechtsvergleichung, in: Dopffel, Peter (Hrsg.): Kindschaftsrecht im Wandel, Tübingen 1994, S. 573-661.

Erman: Bürgerliches Gesetzbuch. Bd. II. 10. Aufl. Köln 2000 (Zitiert: Erman / Bearbeiter).
Ernst, Rüdiger: Die Vater-Kind-Zuordnung aufgrund der Ehe der Mutter. Frankfurt/Main 1993.
Eschbach, Sigrid: Die nichteheliche Kindschaft im Internationalen Privatrecht. Tübingen 1997.

Ferid, Murad: Internationales Privatrecht. 3. Aufl. Frankfurt/Main 1986.
Ferrando, Gilda: „Status legitimitatis" e riconscimento del figlio naturale compiuto dalla donna coniugata, Giur.it. 1983, S. 371-378.
Finocchiaro, Mario / Finocchiaro, Alfio: Riforma del diritto di famiglia. Commentario teorico e praticoall legge 19 maggio 1975 Nr. 151. Bd. 1-3. Milano 1975-1977.
Fuchs, Angelika: Neues Staatsangehörigkeitsrecht und internationales Privatrecht, NJW 2000, S. 489-492.

Gaaz, Berthold: Ausgewählte Probleme des neuen Eheschließungs- und Kindschaftsrechts, StAZ 1998, S. 241-251.
Gabrieli, Giovanni: Das italienische Kindschaftsrecht, in: Schwab/Henrich: Entwicklungen des europäischen Kindschaftsrechts, 2. Aufl. München 1996, S. 59-76.
Gaja, Giorgio: La Riforma del diritto internazionale privato e processuale. Milano 1994.
Gaul, Hans Friedhelm: Ehelichkeitsstatus und Recht des volljährigen Kindes auf Klärung der eigenen Abstammung in: Gaul (Hrsg.): Familienrecht in Geschichte und Gegenwart, Bielefeld 1992, S. 23-48.
Gebauer, Matthias: Die italienische IPR-Reform – Ein Beispiel für neue Wege europäischer Rechtsangleichung, Jahrbuch für italienisches Recht 9 (1996), S. 62-74.
Geimer, Reinhold: Internationales Zivilverfahrensrecht. 3. Aufl. Köln 1997.
Geimer, Reinhold / Schütze, Rolf: Europäisches Zivilverfahrensrecht. München 1997.
Gernhuber, Joachim / Coester-Waltjen, Dagmar: Lehrbuch des Familienrechts. 4. Aufl. München1994.
Giardina, Andrea: L'eguaglianza dei coniugi nel diritto internazionale privato, RDIPP 1974, S. 6-31.

– Criteri ispiratori e techniche di una eventuale riforma, in: Problemi di riforma del diritto internazionale privato italiano, Milano 1986.

Gottwald, Peter: Grundfragen der Anerkennung und Vollstreckung ausländischer Entscheidungen, ZZP 103 (1990), S. 257-293.

Granelli, Antonio Emanuele: L' azioni di disconoscimento di paternità. Milano 1966.

Greßmann, Michael: Neues Kindschaftsrecht. Bielefeld 1998.

Gruber, Urs: Kollisionsrechtliche Implikationen des neuen Staatsangehörigkeitsrechts, IPRax 1999, S. 426-429.

Grunsky, Wolfgang: Das neue italienische Scheidungsrecht, FamRZ 1988, S. 783-790.

Hausmann, Rainer: Internationale Rechtshilfe in Abstammungsprozessen und Beweisvereitelung im Ausland, FamRZ 1977, S. 302-307.

– Erbrechtliche Aspekte der italienischen Familienrechtsreform von 1975, FamRZ 1978, S. 377-379.

Hausmann, Rainer / Trabucchi, Giuseppe: Die Anerkennung nichtehelicher Kinder im deutsch-italienischen Rechtsverkehr, StAZ 1982, S. 93-105, S. 121-132.

Hay, Peter: Internationales Privatrecht. München 1999.

Heldrich, Andreas: Die gesetzliche Amtspfegschaft im Internationalen Privatrecht, Festschrift Ferid, Frankfurt/Main 1988, S. 131-146.

Henrich, Dieter: Internationales Familienrecht. Frankfurt/Main 1989.

– Eheanfechtung und Günstigkeitsprinzip, IPRax 1993, S. 392-394.

– Die Entwicklungslinien des deutschen Kindschaftsrechts, in: Schwab/Henrich (Hrsg.), Entwicklungen im Europäischen Kindschaftsrecht, 2. Aufl. 1996 (Zitiert: Entwicklungslinien).

– Legitimation nichtehelicher Kinder trotz fehlender Statusverbesserung, IPRax 1996, S. 260-262.

– Änderung der internationalprivatrechtlichen Vorschriften im Regierungsentwurf zur Reform des Kindschaftsrechts, StAZ 1996, S. 356-359.

– Das Kollisionsrecht im Kindschaftsreformgesetz, StAZ 1998, S. 1-6.

– Kindschaftsrechtsreformgesetz und IPR, FamRZ 1998, S. 1401-1406.

Hepting, Reinhard / Gaaz, Berthold: Personenstandsrecht. Frankfurt/Main 1997.

Hoffmann, Bernd v.: Internationales Privatrecht. 6. Aufl. München 2000.

Holl, Volker: Verletzung und tatsächliche Ausübung des Sorgerechts nach Art. 3 Abs. 1 HKÜ, IPRax 1999, S. 185-187.

Holler, Brigitte: Das italienische Abstammungs- Anerkennungs- und Legitimationsrecht im deutsch-italienischen Rechtsverkehr. Regensburg 1996.

Hüßtege, Rainer: Kindesentführungen und kein Ende? IPRax 1992, S. 369-372.

- Internationale Zuständigkeit und anwendbares Recht für den Erlaß von Sorgerechtsentscheidungen: Anerkennung und Vollstreckung ausländischer Sorgerechtsentscheidungen, ZfJ 1994, S. 253-262.
- Internationales Privatrecht. 2. Aufl. München 1995.
- Ausländische Legitimation im deutschen Geburtenbuch, StAZ 1999, S. 97-102.

Jannuzzi, Angelo: Manuale della volontaria Giurisdizione. Settima editione. Milano 1995.

Jayme Erik: Die Neuregelung des ehelichen Güterrechts und des Kindschaftsrechts im italienischen Reformgesetz vom 19.5.1975, StAZ 1976, S. 193-200.
- Rechtsvergleichung im Internationalen Privatrecht, Festschrift Schwind, Wien 1978, S. 103-114.
- Die Entwicklungen des europäischen Familienrechts, FamRZ 1981, S. 221-226;
- Neues Adoptionsrecht in Italien – Sachnormen und internationales Privatrecht, IPRax 1983, S. 305-307.
- Fragen der internationalen Verbundszuständigkeit, IPRax 1984, S. 122-127.
- Gesetzliches Sorgerecht und Hager Minderjährigenschutzabkommen, IPRax 1985, S. 23-24.
- Zur Revision des Konkordats zwischen dem Heiligen Stuhl und Italien – Auswirkungen auf deutsch-italienische Familienrechtsfälle, Festschrift Ferid, Frankfurt/Main 1988, S. 197-218.
- Internationalprivatrechtliche Fragen des neuen italienischen Scheidungsrechts, FamRZ 1988, S. 790-796.
- Pasqual Stanislao Mancini (1817-1888) – Internationales Privatrecht zwischen Risorgimento und praktischer Jurisprudenz. Ebelsbach 1980.
- Zur Wirksamkeit eines Vaterschaftsanerkenntnisses vor dem deutschen Jugendamt nach italienischem IPR, IPRax 1989, S. 326.
- Abstammungsfragen und Auslegung des Art. 23 S. 1 EGBGB bei der Legitimation in Auslandsfällen, IPRax 1990, S. 309-311.
- Nation und Staat im Internationalen Privatrecht – Einführung, in: Jayme / Mansel (Hrsg.), Staat und Nation, 1990, S. 3-12.
- Europäisches Kollisionsrecht 1995. Der Dialog der Quellen, IPRax 1995, S. 343-354.
- Kulturelle Identität und Kindeswohl im internationalen Kindschaftsrecht, IPRax 1996, S. 237-244.
- Die Ehelichkeitsanfechtung nach italienischem Recht vor deutschen Gerichten, Jahrbuch für Italienisches Recht 11 (1998), S. 237-245.
- Zum Jahrtausendwechsel: Das Kollisionsrecht zwischen Postmoderne und Futurismus, IPRax 2000, S. 165-171.

Kegel, Gerhard: Einführungsgesetz. 11. Aufl. Stuttgart 1984.
Kegel, Gerhard / Schurig, Klaus: Internationales Privatrecht. 8. Aufl. München 1999.
Keidel, Theodor / Kunze, Joachim / Winkler, Karl: Freiwillige Gerichtsbarkeit. 14. Aufl. München 1999.
Keller, Max / Siehr, Kurt: Allgemeine Lehren des IPR. Zürich 1986.
Kindler, Peter: Einführung in das italienische Recht. München 1993.
– Internationale Zuständigkeit und anwendbares Recht im italienischen IPR-Gesetz von 1995, RabelsZ 61 (1997), S. 227-284.
Klingelhöffer, Hans: Ehelichkeitsanfechtung im deutsch-österreichischen Verhältnis, IPRax 1993, S. 167-169.
Klinkhart, Horst: Zur Feststellung der Vaterschaft nach dem neuen IPR, StAZ 1986, S. 237-242.
Koch, Harald / Magnus, Ulrich / Winkler von Mohrenfels, Peter: Internationales Privatrecht und Rechtsvergleichung. 2. Aufl. München 1996.
Kropholler, Jan: Das IPR der Kindschaftswirkungen im Lichte der europäischen Rechtsentwicklung, RabelsZ 59 (1995), S. 407-416.
– Internationales Privatrecht. 3.Aufl. Tübingen 1997.
– Europäisches Zivilverfahrensrecht. 6. Aufl. Tübingen 1998.
Kropholler, Jan / Berenbrok, Marius: Studienkommentar BGB. München 1998.
Krzywon, Hagen: Die Anerkennung ausländischer Entscheidungen in Ehesachen, StAZ 1989, S. 93-106.
Kunz, Karl-Heinz: Internationales Privatrecht. 3. Aufl. Köln 1992.

Laskowski, Silke Ruth / Albrecht, Rainer: Das Kindschaftsreformgesetz und seine Bedeutung für familienbezogene Aufenthalte, ZAR 1999, S. 100-108.
Limbach, Jutta: Familienrecht und sozialer Wandel, FuR 1996, S. 200-204.
Lipp, Martin / Wagenitz, Thomas: Das neue Kindschaftsrecht. Stuttgart 1999.
Looschelders, Dirk: Alternative und sukzessive Anwendung mehrerer Rechtsordnungen nach dem neuen internationalen Kindschaftsrecht, IPRax 1999, S. 240-246.
Lorenz, Stephan: Sorgerechtsstatut und Schutzmaßnahmen nach Art. 19 Abs. 3 EGBGB, IPRax 1992, S. 305-309.
Lüderitz, Alexander: Internationales Privatrecht. 2. Aufl. Neuwied 1992.
Luther, Gehard: Die Reformen des deutschen und italienischen Familienrechts im Vergleich, RabelsZ 42 (1978), S. 304-330.
– Das italienische sachliche und internationale Adoptionsrecht nach dem Gesetz vom 4.5.1983, StAZ 1983, S. 333-339.

Maglio, Valentina / Thorn, Karsten: Neues Internationales Privatrecht in Italien, ZVglRWiss 1997, S. 347-385.

Majello, Ugo: Profili costituzionali della filiazione legittima e naturale. Napoli 1965.

Makarov, Alexander: Die Gleichberechtigung von Man und Frau und das internationale Privatrecht, RabelsZ 17 (1952), S. 382-296.

Mansel, Heinz-Peter: Personalstatut, Staatsangehörigkeit und Effektivität. München 1988.

– Neues Internationales Sorgerecht, NJW 1990, S. 2176-2178.

Maresca, Maurizio: Commentario, Art. 64-66, NLCC 1996.

– Prime note sui poteri di controllo della sentenza straniera, Dir. com. int. 1995, S. 829-838.

Martiny, Dieter: Handbuch des Internationalen Zivilverfahrensrechts Bd. 3 1. Hb. Tübingen 1984. (Zitiert: Hdb. IZPR III/1).

– Probleme der doppelten Staatsangehörigkeit im deutschen internationalen Privatrecht, JZ 1993, S. 1145-1150.

Massetani, Giovacchino: Sul riconoscimento delle sentenze straniere di divorzio, Foro it. 1997 V, S. 80-82.

Massfelder, Franz: Das polnische Familienrechtsdekret vom 22.1.1946 in der Praxis des deutschen Standesbeamten, StAZ 1950, S. 146-150.

Menegazzi Munari, Francesca: La disciplina dei rapporti girdici genitori filgli alle luce delle nuove norme di conflitto italiane, Dir. fam. 1998, S. 1220-1239.

Michl, Manfred: Die personalen Rechtsbeziehungen im nichtehelichen Vater-Kind-Verhältnis. Regensburg 1992.

Morelli, Gaiano: Elementi di diritto internazionale privato. 11. editione. Napoli 1982.

Mosconi, Franco: Diritto internazionale privato e processuale. Torino 1996.

Mühlens, Elisabeth / Kirchmeyer, Karl-Heinz, Greßmann, Michael: Das neue Kindschaftsrecht. Köln 1998.

Munari, Francesco: Commentario, Art. 13, NLCC 1996.

– Einige Bemerkungen zum neuen italienischen Privat- und Verfahrensrecht, Jahrbuch für Italienisches Recht 9 (1996) 37-60.

Münchener Kommentar: Kommentar zum Bürgerlichen Gesetzbuch. 2. Aufl. München 1984ff. 3. Aufl. München 1993ff. (Zitiert: Münchener Kommentar / Bearbeiter).

Mutschler, Dietrich: Interessenausgleich im Abstammungsrecht, FamRZ 1996, S. 1381-1386.

Nave-Herz, Rosemarie: Kinder mit nicht-sorgeberechtigten Vätern, FuR 1995, S. 102-106.

Neuhaus, Paul Heinrich: Das Vorfragenproblem bei Feststellung des Status von Kindern nur kirchlich getrauter Ausländer, FamRZ 1995, S. 541-544.

– Die Grundbegriffe des internationalen Privatrechts. 2. Aufl. Tübingen 1976.

Niemeyer, Gisela: Zur Reform des Kindschaftsrechts. Sorgerecht allein oder zu zweit? FuR 1996, S. 221-223.
– Kinder homosexueller Eltern – Kein Ende der Diskussion über die Reform des Kindschaftsrechts? FuR 1997, S. 141-142.
Nivarra, Luca: L'efficacia delle sentenze e degli atti stranieri nella lege di riforma dell diritto internazionale privato, Vita norile 1996, S. 554-564.

Oberloskamp, Helga: Einführung in das internationale Kindschafts- und Jugendrecht, ZfJ 1987, S. 545-570.
– Reformüberlegungen zum Haager MSA von 1961, FamRZ 1996, S. 918-920.
Otto, Günter: Die Schwierigkeit der Anwendung ausländischen Rechts – Besonderheiten des italienischen und französischen Kindschaftsrechts, StAZ 1994, S. 178-186.

Palandt, Otto: Bürgerliches Gesetzbuch. 59. Aufl. München 2000 (Zitiert: Palandt / Bearbeiter).
Pallieri, Giorgio: Diritto internazionale privato italiano. Milano 1974.
Panebianco, Massimo / Martino, Gerardo: La Riforma italiana di diritto internazionale privato. Salerno 1992.
Patterson, Dennis: Postmodernism and Law. New York 1994.
Pesce, Angelo: Die Reform des italienischen Internationalen Privat- und Verfahrensrechts, RIW 1995, S. 977-983.
Peschel-Gutzeit, Lore / Jenckel, Anke: Gleichstellung von ehelichen und nichtehelichen Kindern - Altfälle, FuR 1996, S. 129-137.
Picone, Paolo: I metodi di coordinamento tra ordinamenti nel progetto di riforma del diritto internazionale privato italiano, Festschrift Vitta, Milano 1994, S. 173-242.
– La teoria generale del diritto internazionale privato nella legge italina di riforma della materia, RDI 79 (1996), S. 289-364.
– La nuova convenzione dell'AJA sulla protezione dei minori, RDIPP 1996, S. 705-748.
– La Riforma italiana del diritto internatzionale privato. Padova 1998.
– Le norme di conflitto alternative italiane in materia di filiazione, RDI 80 (1997), S. 277-350.
Picone, Paolo / Focarelli, Carlo: Codice del diritto internazionale privato. Napoli 1996.
Pietrangeli, Pietro: internazionalprivatistico e applicazione del diritto del foro nella costituzione delle adozioni di minori secondo la legge di riforma, RDIPP 1997, S. 557 ff.
Pirrung, Jörg: Internationales Privat- und Verfahrensrecht nach dem Inkrafttreten der Neuregelung der Neuregelung des IPR. Köln 1987.

Pitschas, Rainer: Verfassungsrechtliche Vorgaben für das Staatsangehörigkeitsprinzip des Internationalen Privatrechts, in: Jayme/Mansel (Hrsg.), Staat und Nation im Internationalen Privatrecht, Heidelberg 1990, S. 93-124.

Quantius, Markus: Die Erbschaftsanfechtung durch das künstlich gezeugte Kind, FamRZ 1998, S. 1145-1152.

Raape, Leo / Sturm, Fritz: Internationales Privatrecht. München 1977.

Rabel, Ernst: Das Problem der Qualifikation, RabelsZ 1931, S. 241-288.

Ramm, Thilo: Kindschaftsreform? JZ 1996, S. 987-995.

Rauscher, Thomas: Italienisches Kindschaftsrecht im deutschen Geburtenbuch, StAZ 1985, S. 194-198.

– Ehelichkeitsanfechtung und ordre public, Amtsvormund 1984, Spalte 619-624.

– Amtspflegschaft für ausländische Kinder, Amtsvormund 1988, Spalte 757-762.

– Das Umgangsrecht im Kindschaftsreformgesetz, FamRZ 1998, S. 329-341.

– Internationales Privatrecht. Heidelberg 1999.

Reichard, Heinz: Legitimanerkennung, Anerkennung mit legitimierender Wirkung, Vaterschaftsanerkennung und Legitimation in der standesamtlichen Praxis, StAZ 1986, S. 194-199.

Rescigno, Pietro: Manuale del Diritto Privato Italiano. Sesta editione. Napoli 1984.

Rosenberg, Leo / Schwab, Karl-Heinz / Gottwald, Peter: Zivilprozeßrecht. 15. Aufl. München 1993.

Sacchetti, Lamberto: La convenzione internazionale di Lussemburgo e dell'AJA del 1980 – Confronte e problematiche giuridiche, Dir. fam. 1997, S. 1495-1527.

Salerno, Francesco: La circolare ministeriale „esplicitiva" sull'iscrizione delle sentenze straniere nei registri dello stato civile, RDI 1997, S. 178-181.

Saravalle, Alberto: Commentario, Art. 71, NLCC 1996.

Schröder, Christian: Das Günstigkeitsprinzip im internationalen Privatrecht. Frankfurt/Main 1996.

Schwab, Dieter / Henrich, Dieter (Hrsg.): Entwicklungen des europäischen Kindschaftsrechts. 2. Aufl. Bielefeld 1996.

Schwab, Dieter: Elterliche Sorge bei Trennung und Scheidung der Eltern, FamRZ 1998, S. 457-472.

Schwenzer, Ingeborg: Die Rechtsstellung des nichtehelichen Kindes, FamRZ 1992, S. 121-137.

Schwimann, Michael: Internationales Privatrecht. Wien 1993.

Schwind, Fritz: Der gewöhnliche Aufenthalts im IPR, in Festschrift Ferid, Frankfurt/Main 1988, S. 423-432.

Siehr, Kurt: Die rechtliche Stellung von Kindern aus hinkenden Ehen – Zur alternativen Anknüpfung der Vorfrage in favorem legitimitatis, StAZ 1971, S. 205-213.

– Wechselwirkungen zwischen Kollisionsrecht und Sachrecht, RabelsZ 37 (1973), S. 466-484.

– Rechtsangleichung im IPR durch nationale Kodifikationen, Festschrift v. Overbeck, Fribourg 1990, S. 205-244.

– Die Rechtslage der Minderjährigen im internationalen Recht und die Entwicklung in diesem Bereich – Zur Revision des Hager Minderjährigenschutzabkommens, FamRZ 1996, S. 1047-1052.

– Das neue Haager Übereinkommen von 1996, RabelsZ 62 (1998), S. 464-501.

Simitis, Spiros: Die internationale Kommission für das Zivilstandswesen (CIEC), RabelsZ 33 (1969), S. 30-72.

Soergel: Bürgerliches Gesetzbuch mit Einführungsgesetz und Nebengesetzen. München 12. Aufl. 1985. (Zitiert: Soergel / Bearbeiter).

Staudinger: Kommentar zum Bürgerlichen Gesetzbuch mit Einführungsgesetzen und Nebengesetzen. 13. Bearbeitung. Berlin 1997. (Zitiert: Staudinger / Bearbeiter).

Stein / Jonas: Kommentar zur Zivilprozeßordnung. 2. Band Teilband 2. 21. Aufl.. Tübingen 1989. (Zitiert: Stein / Jonas / Bearbeiter).

Stottmeister, Antonia: Anerkennung eines ausländischen Scheidungsurteils oder eine neue Scheidung in Italien? Jahrbuch für italienisches Recht 9 (1996), S. 117-124.

Sturm, Fritz: Zur Gleichberechtigung im deutschen Internationalen Privatrecht, in: Rechtsvergleichung und Rechtsvereinheitlichung, Heidelberg 1967, S. 155-178.

– Das Straßburger Marckx-Urteil zum Recht der nichtehelichen Kinder und seine Folgen, FamRZ 1982, S. 1150-1159.

– Zur Reform des internationalen Familien- und Erbrechts in der Schweiz und in der Bundesrepublik Deutschland, FamRZ 1984, S. 744-752.

– Der neue § 4 Abs. 1 RuStAG, StAZ 1994, S. 273-280.

Tamburrino, Giuseppe: La filiazione. Torino 1984.

Thieme, Jürgen: Länderbericht Italien, in: Dopffel (Hrsg), Kindschaftsrecht im Wandel, Tübingen 1994, S. 183-296.

– Notiziarium zur italienischen Rechtssprechung auf dem Gebiet des internationalen Privat- und Privatverfahrensrechts für die Jahre 1990 und 1991, Jahrbuch für Italienische Recht 8 (1995), S. 156-207, 259-305.

– Notiziarium zur italienischen Rechtssprechung auf dem Gebiet des internationalen Privat- und Privatverfahrensrechts für die Jahre 1992 und

1993, Teil 1-3, ZvglRWiss 1997, S. 156-207 und 259-305, 1998, S. 57-110.

Torrente, Andrea / Schlesinger, Pierro: Manuale di diritto private. 14. editione. Milano 1994.

Tortorici, Filippo: Nochmals: Zur Mitwirkung des Staatsanwalts in Ehesachen von Italienern, IPRax 1983, S. 252-253.

Trabucchi, Alberto: Obblighi di Mantentmento ed Educazione per i figli iriconoscibli e nessun diritto in corrispondenza, dei genitori

Vercellone, Paolo: La filiazione. Torino 1987.

Verschraegen, Bea (Hrsg.): Gleichheit im Familienrecht, Bielefeld 1997.

Vitta, Eduardo: Memorial e projetto di legge, in: Problemi di riforma del diritto internazonale privato italiano, Milano 1986, S. 3-274.

Vogler, Stephan: Zur Anerkennung ausländischer Ehetrennungsurteile in Italien, Jahrbuch für italienisches Recht 5 (1992), S. 155-162.

Walter, Gerhard: Reform des internationalen Zivilprozesses in Italien, ZZP 109 (1996), S. 3-28.

Wengler, Wilhelm: Überfragte Vorfrage, IPRax 1991, S. 105-107.

Wieser, Eberhard: Zur Anfechtung der Vaterschaft nach neuem Recht, FamRZ 1998, S. 1004-1007.

Winkler von Mohrenfels, Peter: Art. 3 MSA und die gesetzliche Amtspflegschaft für nichteheliche Kinder, IPRax 1989, S. 369-373.

Ziccardi, Piero: Ordine Pubblico e convenzioni internazionali nel riconoscimento di atti stranieri di adozione di minori, RDI 1995, S. 5-16.

Zimmermann, Andreas: Neuere Entwicklungen zum Verhältnis zwischen dem UN-Abkommen über die Rechte des Kindes und nationalem Familienrecht, IPRax 1996, S. 167-174.

Zimmermann, Andreas: Staats- und völkerrechtliche Fragen der Reform des deutschen Staatsangehörigkeitsrechts, IPRax 2000, S. 180-185.

Zimmermann, Stefan: Das neue Kindschaftsrecht, DnotZ 1998, S. 404-437.

Zöller, Richard: Zivilprozeßordnung. 22. Aufl. Köln 2000 (Zitiert: Zöller / Bearbeiter).

Zweigert, Konrad / Kötz, Hein: Einführung in die Rechtsvergleichung. 3. Aufl. Tübingen 1996.

INTERNATIONALRECHTLICHE STUDIEN
Beiträge zum Internationalen Privatrecht,
zum Einheitsrecht und zur Rechtsvergleichung

Herausgegeben von Ulrich Magnus

Band 1 Birgit Reimers-Zocher: Beweislastfragen im Haager und Wiener Kaufrecht. 1995.

Band 2 Lenja Vespermann: Schadensersatz bei Beeinträchtigung rechts- oder sittenwidriger Interessen im deutschen und französischen Recht. 1996.

Band 3 Peter Cypra: Die Rechtsbehelfe im Verfahren der Vollstreckbarerklärung nach dem EuGVÜ unter besonderer Berücksichtigung der Ausgestaltung in Deutschland und Frankreich. 1996.

Band 4 Brigitta Lurger: Regulierung und Deregulierung im europäischen Privatrecht. 1997.

Band 5 Uta Gutknecht: Das Nacherfüllungsrecht des Verkäufers bei Kauf- und Werklieferungsverträgen. Rechtsvergleichende Untersuchung zum CISG, zum US-amerikanischen Uniform Commercial Code, zum deutschen Recht und zu dem Vorschlag der Kommission zur Überarbeitung des deutschen Schuldrechts. 1996.

Band 6 Stefan Abel: Die Qualifikation der Schenkung. Zur Methode der Qualifikation im Internationalen Schuldvertragsrecht. 1997.

Band 7 Daniel Kötz: Verkäuferpflichten und Rechtsbehelfe des Käufers im neuen norwegischen Kaufrecht vom 13. Mai 1988 Nr. 27 im Vergleich zum UN-Kaufrecht vom 11. April 1980 (CISG). 1997.

Band 8 Olaf Beier: Grundsätze eines europäischen transportmittelübergreifenden Schadensrechts für den Gütertransport. Eine rechtsvergleichende Untersuchung unter besonderer Berücksichtigung der CMR, der ER/CIM 1990, des WA/HP und der HVR. 1999.

Band 9 Ulrich Krüger: Modifizierte Erfolgshaftung im UN-Kaufrecht. Die Haftungsbefreiung bei Lieferung vertragswidriger Ware gemäß Art. 79 CISG. 1999.

Band 10 Wolf-Henning Hammer: Das Zurückhaltungsrecht gemäß Art. 71 CISG im Vergleich zu den Kaufgesetzen der nordischen Staaten unter Einbeziehung transportrechtlicher Aspekte. Eine rechtsvergleichende Studie. 1999.

Band 11 Ulrich Quay: Der Consulting-Vertrag im Internationalen Privatrecht. 2000.

Band 12 Axel Halfmeier: Die Veröffentlichung privater Tatsachen als unerlaubte Handlung. Eine rechtsvergleichende Untersuchung. 2000.

Band 13 Stephanie Scholz: Lohngleichheit durch Verfahren. Eine Studie zur Förderung der Lohngleichheit durch verfahrensrechtliche Ansätze. 2000.

Band 14 Tarık Cebecioğlu: Stellung des Ausländers im Zivilprozeß. Eine rechtsvergleichende Untersuchung des türkischen und deutschen Rechts. 2000.

Band 15 Gunnar Straube: Sozialrechtliche Eingriffsnormen im Internationalen Privatrecht. 2001.

Band 16 Daniela de Lukowicz: Divergenzen in der Rechtsprechung zum CISG. Auf dem Weg zu einer einheitlichen Auslegung und Anwendung? 2001.

Band 17 Mohamed Hassan Fadlalla Ali: Das islamische Ehe- und Kindschaftsrecht im Sudan. Mit Hinweisen zu den Lehren der Islamischen Rechtsschule, der anwendbaren Familienrechtsvorschriften für Nichtmuslime im Sudan und im deutschen Familienrecht. 2001.

Band 18 Ole Lando / Ulrich Magnus / Monika Novak-Stief (Hrsg./eds.): Angleichung des materiellen und des internationalen Privatrechts in der EU. Harmonisation of Substantive and International Private Law. 2003.

Band 19 Florian Schulz: Der Ersatzlieferungs- und Nachbesserungsanspruch des Käufers im internen deutschen Recht, im UCC und im CISG. Eine rechtsvergleichende Untersuchung unter Berücksichtigung der Schuldrechtskommission, der EG-Richtlinie 1999/44/EG und des Diskussionsentwurfs eines Schuldrechtsmodernisierungsgesetzes. 2002.

Band 20 Ingo Janert: Die Aufrechnung im internationalen Vertragsrecht. 2002.

Band 21 Armin Jentsch: Die Erhaltungspflichten des Verkäufers und des Käufers im UN-Kaufrecht im Vergleich zum US-amerikanischen Uniform Commercial Code und zum deutschen Recht. 2002.

Band 22 Martin Taschner: Arbeitsvertragsstatut und zwingende Bestimmungen nach dem Europäischen Schuldvertragsübereinkommen. Einheitliche Auslegung. 2003.

Band 23 Klaus Bitterich: Die Neuregelung des Internationalen Verbrauchervertragsrechts in Art. 29a EGBGB. 2003.

Band 24 Sascha J. Morgenroth: Umsetzung der Verbrauchsgüterkaufrichtlinie in Spanien und Deutschland. Umsetzung der Richtlinie 1999/44/EG des Europäischen Parlaments und des Rates vom 25. Mai 1999 zu bestimmten Aspekten des Verbrauchsgüterkaufs und der Garantien für Verbrauchsgüter in Spanien und Deutschland. 2003.

Band 25 Markus Renfert: Über die Europäisierung der ordre public Klausel. 2003.

Band 26 Henning Mordhorst: Die Behandlung vertraglicher Mobiliarsicherheiten im US-amerikanischen und deutschen Insolvenzrecht. 2003.

Band 27 Hans Markus Wulf: UN-Kaufrecht und eCommerce. Problembereiche bei der Anwendung des Wiener Übereinkommens auf Internet-Verträge. 2003.

Band 28 Julia Kaiser: Freiheit oder Schutz? Die Scheidungsfolgenvereinbarung im deutschen und im englischen Recht. 2003.

Band 29 Astrid Hillebrenner: Die private Zustimmung zu Rechtsgeschäften Dritter im englischen, dänischen und deutschen Recht. 2004.

Band 30 Irene von der Heyde: Das deutsche und italienische internationale Kindschaftsrecht im Rechtsvergleich. Favor filii oder favor filiationis? 2004.

Band 31 Sven-Michael Werner: Recht im Systemwandel. *Ein Land, zwei Systeme* und das Kontinuitätsproblem in Hongkong. 2004.

Band 32 Holger Ellenberger: Wirtschaftsrelevante Kollisionsnormen im japanischen internationalen Privatrecht. 2004.

www.peterlang.de

FSC
www.fsc.org
MIX
Papier | Fördert
gute Waldnutzung
FSC® C083411

Kolibri 360 GmbH
Ferdinand-Jühlke-Straße 7
99095 Erfurt, Deutschland
produktsicherheit@kolibri360.de

Druck:
CPI Druckdienstleistungen GmbH
im Auftrag der
Kolibri 360 GmbH
Ferdinand-Jühlke-Str. 7
99095 Erfurt